本书是重庆市社会科学规划博士项目（项目编号：2018BS58）《财税政策影响中国环境质量的机制与效应实证研究》和2019年重庆市教育委员会人文社会科学研究一般项目（项目编号：19SKGH187）《渝东南民族地区可持续生计嵌入生态环保的长效机制研究》的研究成果。

　　特别感谢国家社科基金一般项目《基于极值理论的金融市场动态风险测度研究》（课题编号：14BTJ018）对本书出版的资助。

| 光明社科文库 |

中国财税政策的
环境治理效应研究

朱小会◎著

光明日报出版社

图书在版编目（CIP）数据

中国财税政策的环境治理效应研究 / 朱小会著. --
北京：光明日报出版社，2019.3
ISBN 978－7－5194－5125－7

Ⅰ.①中… Ⅱ.①朱… Ⅲ.①财政政策—研究—中国
②税收政策—研究—中国 Ⅳ.①F812.0②F812.422

中国版本图书馆 CIP 数据核字（2019）第 039857 号

中国财税政策的环境治理效应研究
ZHONGGUO CAISHUI ZHENGCE DE HUANJING ZHILI XIAOYING YANJIU

著　　者：朱小会

责任编辑：史　宁　　　　　　　　责任校对：赵鸣鸣
封面设计：中联学林　　　　　　　责任印制：曹　净

出版发行：光明日报出版社
地　　址：北京市西城区永安路 106 号，100050
电　　话：010－63131930（邮购）
传　　真：010－67078227，67078255
网　　址：http：//book. gmw. cn
E － mail：shining@ gmw. cn
法律顾问：北京德恒律师事务所龚柳方律师

印　　刷：三河市华东印刷有限公司
装　　订：三河市华东印刷有限公司

本书如有破损、缺页、装订错误，请与本社联系调换，电话：010－67019571

开　　本：170mm×240mm
字　　数：260 千字　　　　　　　印　张：17
版　　次：2019 年 6 月第 1 版　　印　次：2019 年 6 月第 1 次印刷
书　　号：ISBN 978－7－5194－5125－7
定　　价：85.00 元

前　言

自改革开放以后,中国经济高速发展,国力大幅度提升,成为世界第二大经济体。但粗放型经济增长方式使中国环境付出了巨大的代价,土地沙漠化、环境污染严重,当前中国环境承载能力已经达到或接近上限(中央经济工作会议,2014 年 12 月 11 日)。经济的转型升级,推动形成绿色低碳循环发展新方式已经成为摆在中国政府面前急需解决的重大现实问题。环境质量是生态环境保护问题的核心与基础,从经济学角度看,环境质量作为一项公共物品,受到环境污染负外部性与环境保护正外部性双向影响。解决环境问题,需要消除或减少环境污染负外部性,加大环境保护正外部性。因为外部性的存在,必须依靠政府干预才能有效解决当前日趋严重的环境问题。

迄今为止,经济手段是国际公认的解决环境问题最为有效的办法,财税政策是政府干预解决环境问题最重要、最直接的经济手段,其中财政政策主要通过正向激励对环境保护正外部性进行补偿,税收政策主要通过逆向约束对环境污染负外部性进行惩罚。财税政策是一个完整的有机整体,如果税收政策不能达到预期的环境治理效果,则需要财政政策来弥补,只有财税政策两者协调发挥作用,方能取得较好的环境治理效果,而基于财税视角对环境问题进行研究的文献较少。根据以上分析思路,研究中国财税政策的环境治理效应,并提出环境财政体制优化与改革的方向与思路,具有重要的理论价值与现实意义。

　　基于此,本书以中国财政支出与税收政策的环境治理效应为主线,在对财税政策与环境质量关系的理论基础和实证研究相关文献梳理基础上,针对中国地域广阔和影响环境质量因素的复杂性使得我国各省环境污染治理效果差异较大,计算了各省环保财政支出的环境治理效应系数;实证检验财税政策的环境治理总体效应;深入分析不同经济因素水平下财税政策对环境质量影响的差异程度,重点考察影响因素的门限效应;同时关于财税政策对环境治理的长期影响、空间溢出效应及环境治理效率进行了实证检验;对比美国、欧盟及日本等发达国家环境治理财税政策实施状况,得出对中国环境财政体制改革的几点启示。具体而言,本书包括五部分八章,各部分及对应章节安排如下:

　　第一部分(第一章)为问题的提出。首先介绍本书研究背景、研究目的与研究意义,其次梳理国内外文献综述并进行评述,然后引出本书研究的主要研究内容与技术路线、研究方法、主要概念界定、创新与不足。

　　第二部分(第二～三章)为本书研究的基础。第二章为本书的理论及机理部分,主要涉及三个问题,一是阐述财税政策促进环境治理的基础理论;二是揭示财税政策影响环境质量以及财税政策通过影响经济发展进而影响环境质量的内在逻辑;三是对比直接管制与经济手段、许可证与财税手段等政策路径。第三章为本书的现状部分,主要解决三个问题:一是全国、东中西部地区以及38个工业行业的工业废水、工业废气、工业固体废弃物等近20年排放总量、排放达标情况及排放趋势;二是从环保财政支出、环境污染治理投资、财政转移支付、生态功能区转移支付、政府绿色采购等介绍中国财政政策实施现状;三是介绍中国环境保护有关的税种、税收政策、正式环境保护税、节能减排税收优惠等税收政策的实施现状。

　　第三部分(第四～六章)为实证研究部分。第四章侧重分析中国财税政策对环境治理的总体影响效应,主要解决三个问题,一是各省环保财政支出的环境治理效应是否有差异? 在区域经济发展理论基础上,参照投入—产出比,利用各地区环保财政支出占全国环保财政支出的比重与各地区工业"三废"排放量占全国工业"三废"排放量的比重之比来代表环保财政支出环境治理效应系数,按系数值域把中国30个省份分成两个区域。二是中国财税政策的环境治理效应究竟如何?财税政策是否通过经济发展影响环境质量?财政政策方面,利用2007~2015年中国30个省份(西藏、港澳台除外)面板数据建立面板模型,考察中国环保财政支出的环境治理直接与间接双重效应,并分区域检验环保财政支出的环境治理总效应、直接效应及间接效应。税收政策方面,选择与环境密切相关的资源税、耕地占用税、城市维护建设税、城镇土地使用税、车船税、排污费等税种,利用2003~2015年省级面板数据考察其环境治理总效应、直接与间接效应。三是税收政策在工业行业中的环境治理效应如何?利用2007~2015年41个工业行业面板数据考察城市维护建设税、城镇土地使用税、车辆购置税、车船税、耕地占用税五种工业行业税种的环境治理效应。第五章侧重分析中国财税政策对环境治理的门槛效应。主要解决两个问题:一是中国财税政策的环境治理效应是否受到其他经济因素的影响?借鉴Hansen面板门限回归模型检验影响财税政策与环境质量之间关系的主要因素、产业结构、能源消费结构、技术创新、经济发展水平、对外开放等是否存在门限效应。二是各经济因素对财税政策的环境治理效应影响程度如何?由门槛值生成虚拟变量,考察加入虚拟变量以后各影响因素的变化趋势。第六章侧重分析中国财税政策对环境治理的长期影响、空间溢出效应及效率。主要解决三个问题:一是中国财税政策对环境治理是否具有长期影响?利用PVAR模型分析财税政策、经济发展水平与环境质量之间的互动关系,利用方差分解方法分析财税政策对工业"三废"排放强度的贡献度。二是财税政策对环境治理是否具有空间溢出效应?利用空间面板杜宾模型考察财税政策除了影响本地区环境治理效果外,是否对周边地区环境质量具有空间溢出效应。三是中国财税政策的环境治理效率如何?将财政与税收政策综合考虑,根据投入产出原理,以中国环境污染治理投入、节能减排税收优惠为投入变量,以一般工业固体废弃物综合利用量、工业二氧化硫去除量、工业废水排放达标量、

"三废"综合利用产品产值、工业烟粉尘去除量为产出变量,利用DEA—BCC模型对中国各省环境治理效率进行测算。并以测算的环境治理效率值为基础,分析地方政府环境治理效率存在的差异及产生差异的原因。

第四部分(第七章)为国际比较研究。侧重借鉴美国、欧盟、日本等发达国家环境治理的财税政策经验并得出启示。主要解决两个问题:一是发达国家环境治理方面的财税政策实施状况如何?介绍美国、欧盟各国及日本等发达国家环境治理相关的财政与税收政策实施状况。二是发达国家环境治理的财税政策对中国有何启示?借鉴发达国家环境治理财税政策的经验,改革中国环境财税政策。

第五部分(第八章)为研究结论及政策建议。在前文研究基础上,得出研究结论并针对我国财税政策特点,构建环境财政体制改革的路径。依据整个分析及研究结论,作者提出以下政策建议:一是基于环境保护需求的财政体制改革;二是完善环境财政支出政策,应从加大环境保护财政支出、完善政府绿色采购制度及完善财政转移支付着手;三是完善环境税收政策方面,应从改革现有环境相关税种与完善环境保护税双管齐下;四是强化环境政策的搭配与组合;五是充分考虑外部经济因素对财税政策环境治理效应的影响。

本书由本人博士论文拓展而来,本人希望本书的出版能够拓展社会各界对中国环境污染问题及环境治理问题的认识和关注,同时也希望本书对丰富中国生态文明建设、实现"人与自然和谐共生"方面的理论研究及环境政策分析上具有一定的学术价值与参考价值。

目　录
CONTENTS

第一章

绪　论

第一节　选题背景与研究意义

一、选题背景

1. 粗放型经济增长模式下，环境污染制约社会经济发展

改革开放以来，中国经济以年均 9.81% 的速度持续高速增长，GDP 从 1978 年 3678.7 亿元增加到 2016 年的 743585.5 亿元，增长 200 倍以上。早在 2010 年中国的经济总量已经超过日本，成为仅次于美国的世界第二经济大国。但与此同时，中国也是能源消耗和二氧化碳排放大国。2015 年中国能源消费总量达到 429905 万吨标准煤，大约是 2000 年（146964 万吨标准煤）的 3 倍。单位 GDP 能耗 2015 年达 0.71 吨标准煤/万元（GDP 按 2010 年可比价格计算）。《中国环境统计年鉴 2016》显示，中国二氧化碳排放量 2011 年达 9019.52 百万吨，高居世界首位（详见表 1 – 1）。2013 年碳排放总量 9524 百万吨，居全球首位，同时人均碳排放量远高于全球平均排放水平①。

《2016 中国环境状况公报》指出，全国 338 个地级及以上城市中，2016 年城市环境空气质量符合标准的只有 84 个，城市空气质量达标率仅为 24.9%；城市环境空气质量超标的有 254 个，超标城市所占比重为 75.1%。根据

---

① 中国产业信息网，2016 年 11 月 26 日。

PM2.5 标准,全国 338 个地级及以上城市中,平均空气质量优良天数为 78.8%,超标天数达 21.2%,其中发生重度污染天数为 2464 天次、而严重污染的达 784 天次,以 PM2.5 为主要污染物的天数,占重度及以上污染天数的 80.3%。依据全国地表水水质监测报告,Ⅰ、Ⅱ、Ⅲ、Ⅳ、Ⅴ、劣Ⅴ类水质断面分别占 2.4%、37.5%、27.9%、16.8%、6.9%、8.6%;在 6124 个地下水水质监测点结果显示,水质监测结果为优良级的监测点仅为 10.1%,良好级的监测点为 25.4%,较好级的监测点为 4.4%,而较差级的监测点达到 45.4%,极差级的监测点占比为 14.7%。全国 417 个近岸海域监测点显示,一、二、三、四、劣五类海水分别占比为 32.4%、41.0%、10.3%、3.1%、13.2%。由此可见,当前中国环境承载能力已经达到或接近上限①,经济的转型升级,推动形成绿色低碳循环发展新方式已经成为摆在中国政府面前急需解决的重大现实问题。

中国环保部环境规划院研究结果认为,2010 年,我国环境污染造成的经济损失达 1.1 万亿元,达到当年 GDP 的 3.5%(不包括医疗卫生费用)。国家环保总局原副局长王玉庆认为,环境污染损失主要是财产险损失,比如企业的污水处理成本和健康损失两大类,健康损失难以计算,并认为 2011 年环境损失占中国 GDP 的比重介于 5%~6% 之间,大约为 2.6 万亿元人民币(折合达 4100 亿美元)。杨继生等(2013)利用经济增长的环境与社会健康成本经济计量模型,对中国粗放型经济增长方式引发的环境与社会健康问题进行分析,结果表明在样本期内中国环境污染的成本占实际 GDP 的比例为 8%~10%。而世界银行最新发布的报告显示,空气污染引起的主要损失分布在亚洲发展中国家经济体上,其中中国是受害最大的国家,环境污染引发过早死亡、相关福利开支增加及劳动时间的损失,空气污染引起的损失达 GDP 的 10%②。OECD 与国家环保总局联合发布《OECD 中国环境绩效评估》认为,预计 2020 年中国由环境污染所导致的健康损失将达到 GDP 的 13%③。

---

① 凤凰网,2014 年 12 月 11 日。
② 联合早报,2016 年 9 月 9 日。
③ 林永生. 中国环境污染的经济追因与综合治理[M]. 北京:北京师范大学出版社, 2016:97.

表 1-1　2011 年世界主要国家二氧化碳排放量

国家或地区	二氧化碳排放量（百万吨）	比 1990 年增减（%）	人均二氧化碳排放量（吨/人）	每平方公里二氧化碳排放量（吨/平方公里）
中国	9019.52	266.5	6.69	939.83
澳大利亚	398.16	44.2	17.66	51.76
巴西	439.41	110.4	2.19	51.61
加拿大	557.29	21.4	16.15	55.81
法国	364.82	-8.5	5.77	661.50
德国	810.44	-22.2	10.08	2269.37
希腊	94.25	13.6	8.45	714.25
印度	2074.34	200.4	1.66	631.02
意大利	413.38	-4.9	6.93	1371.82
日本	1240.63	8.7	9.75	3282.70
墨西哥	466.55	48.4	3.88	237.50
韩国	589.43	138.7	11.94	5892.32
俄罗斯联邦	1650.27	-34.2	11.52	96.52
泰国	303.37	216.6	4.53	591.23
英国	464.04	-21.5	7.35	1913.59
美国	5583.38	9.5	17.87	579.84

数据来源:《中国环境统计年鉴 2016》

2. 我国政府高度重视环境污染的治理

在环境治理方面,中国政府高度重视。

党的十六届三中全会上提出"科学发展观"的概念。在党的十七大报告中确定加快经济发展方式转变的方针,制定了发展循环经济,建设资源节约型、环境友好型"两型社会"的重大战略决策。

2011 年国务院以国发文件印发 6 项规划,环境领域的规划在我国环保历史上绝无仅有的占了两项。

2012 年,党的十八大报告中第一次把生态文明建设置于突出地位。报告认为,生态文明建设,关系人民福祉、民族未来。面临环境污染严重、生态系统退化及资源约束趋紧的严峻局势,把生态文明建设放在首要位置,着力建设美丽中国。

2013 年的政府工作报告提出,着力改善环境质量,维护人民健康及建立我国生态环境补偿制度的建议。

2014 年 3 月 8 日,中国环境保护部原副部长吴晓青在两会记者会上明确提出"向污染宣战"的口号。

2015 年的政府工作明确指出,打好节能减排和环境治理攻坚战,坚持铁腕治理环境污染。

2016 年,李克强总理在十二届全国人大四次会议的政府工作报告中认为,必须强力推进治理污染、保护环境、事关人民群众健康与可持续发展的方针,致力于经济发展与环境改善的双赢之路。

《中华人民共和国环境保护税法》在十二届全国人大常委会第二十五次会议的通过,标志着环境保护税正式面世,该税于 2018 年 1 月 1 日起施行。

2017 年党的十九大报告中提出,着力实现人与自然和谐共生,把生态环境与人的生命一样同等看待,为人民酿造一个好的生产生活环境……提供较多的优质生态产品,满足人民群众日益增长的优美生态环境需要……努力建设美丽中国。

2018 年 3 月 11 日,第十三届全国人代会第一次会议通过的《中华人民共和国宪法修正案》里,"生态文明建设、和谐美丽"首次进入宪法。

综上所述,我国政府对环境污染治理的态度强硬且信心坚定,也从政治高度和科学角度为改善环境质量、实现可持续发展指明了方向。

3. 财税政策是推动环境治理的重要手段

当前,国际上公认解决环境问题最有效的方法是经济手段。环境宏观经济学理论认为,政府可通过环境干预措施改善环境质量:一是建立以碳税、排污许可交易等市场规则,降污减排技术标准等指令规制,命令控制等法律规制相结合的环境规则体系。二是把环境因素纳入宏观经济调控体系中,任力和梁晶晶(2013)研究认为,综合运用货币、财政与环境政策,确保产品、货币与环境市场均衡,在实现产出最大化的同时,可以实现资源环境的可持续利用。国外的实践经验也表明,财税政策是政府宏观调控的主要政策工具,可协同法律与行政手段,通过激励或约束性政策设计引导市场微观主体节能减排,提高资源使用效率,改善环境质量。因此,财税政策作为重要的经济调控手段,一直以来被国内外理论界寄予厚望,被各国政府广泛采用。

中国在环境治理的财税政策方面做了哪些努力呢?

首先,在财政支出政策方面:

一是2007年将环境保护支出作为财政支出单列(2011年以后称为节能环保支出),近十年来环境保护支出不断提高。2007年全国环保财政支出995.82亿元,人均环保支出约为75.3672元/人;2016年全国环保财政支出增加到4734.82亿元,人均环保支出约为342.4304元/人。全国环保财政支出总量和人均环保财政支出10年间增长近5倍。

二是政府的绿色采购规模稳步上升。2002年6月,《中华人民共和国政府采购法》正式颁布并实施,该法规定:政府采购应当有助于国家经济和社会发展政策目标的实现,包括节约能源、保护环境等,是中国政府绿色采购法的法律基础。据不完全统计,2007年政府采购节能、环保两类产品总额达164亿元,占同类产品采购的84.5%[1]。2008~2015年,中国环境标志产品政府采购总规模达7154.5亿元,占政府采购同类产品比重持续提升[2]。

三是我国在环境污染治理方面的投资逐年增加。2003年全国环境污染治理投资1627.7亿元,之后逐步增加,2016年增长到9219.8亿元,平均增速为14.78%。环境污染治理投资主要用于城市环境基础设施建设、工业污染源治理和建设项目"三同时"环境保护等方面。随着中国民众绿色理念的形成,我国生态保护和环境治理的相关投资会快速增长,有效弥补了环境治理的短板。国家统计局最新统计数据表明,2016年生态保护和环境治理业的投资同比增长39.9%,快于全部投资31.8个百分点[3]。

四是环境转移支付稳步增长。中央对地方的转移性补助占很大比重。中

---

① 腾讯网,2008年12月19日。
② 中金在线,2016年12月14日。
③ 人民网,2017年1月20日。

国 2007 年环保转移性支付资金为 747.52 亿元,2016 年上升到 1687.58 亿元,平均增速为 9.47%。环境转移支付包括环境保护专项资金与环境财政补贴,这些费用集中在环境污染防治、自然生态保护、退耕还林、环境监测与监察等方面。

其次,在税收政策方面:

一是多个税种都体现了节能环保的思想。中国目前与环境相关的税种有资源税、城镇土地使用税、车船税及耕地占用税等多个税种,但这些税种在进行税制设计时并不以环境保护作为主要目标。1996 年国家环境相关税费(包括资源税、耕地占用税、城镇土地使用税、城市维护建设税、车辆购置税与排污费)总额为 429.1744 亿元(如图 1-1 所示),2001 年开始征收车辆购置税,环境税费总额增加到 897.630 亿元,2015 年环境税费总额达到 12744.86 亿元。环境税费占总税收的比重呈上升趋势,2000 年最低仅占 4.75%,2013 年突破 10%,2015 年占 10.2%;环境税费总额占财政收入的比重呈缓慢上升趋势,2012 年开始突破 8%,占 GDP 的比例也呈现上升趋势,其中 1996 年不足 0.6%,2004 年突破 1%,之后不断增加,2014 年达到峰值 1.92%。

二是设立独立环境保护税。以节能减排为目的的环境保护税由排污费改制而来,于 2018 年 1 月 1 日起正式实施。

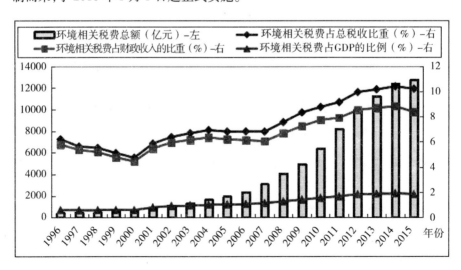

图 1-1 国家环境相关税费及占比情况

财税政策实施以后,环境治理效果又如何呢? 工业三废排放量是否有所下降呢?《中国环境统计年鉴》数据显示:

一是工业废水排放。2003 年全国工业废水排放量为 212.4 亿吨,2007 年达到最大值 246.6493 亿吨,之后开始减少,2015 年全国工业废水排放量为 199.5 亿吨,出现缓慢下降趋势。

二是工业二氧化硫排放。2003 年全国工业二氧化硫排放量为 1791.6 万吨,2006 年达到峰值 2234.8 万吨,之后逐年减少,2015 年全国工业二氧化硫排放量为 1556.7 万吨,呈现出缓慢下降趋势。

三是工业固体废弃物排放。2003 年全国工业固体废弃物排放量为 1940.9 万吨,2010 年全国工业固体废弃物排放量为 498.1976 万吨,减少幅度较为明显。

作为治理环境污染重要"经济手段"的财税政策,其环境治理效应究竟如何? 本书在阐述财税政策治理环境污染作用机理的基础上,利用相关数据对财税政策推动环境治理的效应做出实证检验,根据实证结果和发达国家环境保护财税政策经验借鉴基础上对中国财税政策改革提出相应的对策建议,以期改善生态环境、推动绿色发展,实现"美丽中国、人与自然和谐共生"的目标。围绕以上思路,本书拟回答以下问题:

①财税政策推动环境治理的作用机理是什么?

②中国目前财税政策包含哪些内容? 实施现状如何? 中国环境污染现状如何?

③环境治理效应如何衡量? 中国财税政策对环境治理是否具有直接与间接双重效应? 如果有,以何种效应为主?

④各省(市)财税政策的环境治理效应是否存在显著差异? 如果存在,是什么原因导致了差异? 财税政策对环境治理的效应是否具有门槛效应? 如果有,主要受哪些经济因素的影响?

⑤中国财税政策对环境治理是否具有长期影响? 各省财税政策对临近地区环境质量是否产生影响? 中国财税政策的环境治理效率如何? 地区之间是否具有差异?

⑥发达国家环境治理财税政策实施情况如何? 对中国有何启示?

⑦针对以上分析,中国怎样进行环境财政体制改革与优化?

二、研究意义

1. 理论意义

(1)扩展财税政策与环境质量之间传导机理的研究。在经济学中,关于财税政策与环境质量的研究一般都没有考虑到经济系统与环境质量之间的关系,仅限于财税政策本身对环境质量的影响。本研究认为财税政策对环境质量的影响有两个途径,一是财税政策直接作用于环境质量,二是财税政策通过影响经济发展间接作用于环境质量,即财税政策影响经济发展,经济发展进一步作用于环境质量,丰富了财税政策与环境质量之间传导机理的研究。

(2)从政府财政支出与收入角度,综合运用公共经济学、环境经济学、政府规制经济学、计量经济学等多学科理论与方法,揭示财税政策影响环境质量的内在逻辑,对丰富经济学特别是公共经济学等学科理论知识有重要的理论意义。

2. 实践意义

(1)有利于推动实现环境与经济协调发展

本书在对财税政策与环境质量关系的理论基础和实证研究相关文献梳理基础上,采用多种研究方法,系统全面考察中国现有财税政策的环境治理总体效应、门槛效应,并从财税融合视角,考察财税政策对环境质量的长期影响、对周边地区环境质量的空间溢出效应及环境治理的效率;进一步地在借鉴美国、欧盟、日本等发达国家环境治理财税政策经验的基础上得出对中国的启示,根据实证结果提出相应的对策建议,有助于我国生态环境质量的改善,达到环境与经济的协调发展,助推实现"美丽中国"以及"人与自然和谐共生"的战略目标。

(2)有利于推动环境财税政策改革,提高地方政府环境污染治理绩效

各地方政府目前采用的财税手段主要是环保支出、环境污染治理投资、政府绿色采购、排污收费、环境税等,这些手段有着各自的特点和适用条件。研究财政与税收手段的环境治理效应,有助于推动环境财政体制改革,深入探究影响环境治理绩效的因素,为地方政府在实践中选择和搭配最优环境政策提

供依据,从而达到环境治理目的。

第二节　文献综述

一、国外文献综述

发达国家在工业化之后出现了资源短缺和环境污染问题,从 20 世纪 70 年度开始探索实施环境保护的财税政策,大致可分为三个阶段:20 世纪 70 ~ 80 年代是第一阶段。OECD 国家于 1972 年提出"污染者付费原则",据此实施了相应的环境财税政策,主要涉及的财税政策有环境补偿与污染收费。第二阶段是 20 世纪 80 ~ 90 年代。大多数国家开始征收环境相关税收,主要涉及的种类有污染税、能源税与碳税等等,但这个时期开征环境税收的主要目标是以增加财政收入为主。第三阶段是 20 世纪 90 年代至今。此阶段发达国家环境方面的财税政策发展迅速,一是开征了以资源环境保护为目标的环境税收,二是实行了财政补贴、税式支出等财政支出政策,致力于解决生态环境问题。

国外学者从以下几个方面对环境财税政策进行研究:

1. 环境财税政策的理论依据研究

国外对环境财税政策的研究始于"庇古税"。Pigou(1932)在其《福利经济学》著作中明确提出采用税收和补贴两种形式可以促进私人成本与社会成本达成一致,纠正市场扭曲,提高资源配置的效率,这便是环境税收的起源。庇古税一提出便引起了争议,学者 Knight(奈特)、Ellis(埃利斯)和 Fellner(费尔纳)认为资源财产所有权缺失是外部性产生的原因。科斯(Coase,1960)在《社会成本问题》一文中对庇古外部性理论提出质疑,科斯认为很难用货币衡量污染量和由于污染所引起的损失,而确定排污税标准需参照相关成本信息,由于信息不对称,搜集企业的边际净收益与社会边际成本需要付出巨大成本,并且结果不准确。科斯进一步指出,进行市场交易的前提是产权明确界定,生产者和消费者通过谈判能够解决外部性问题。科斯定理成立的前提是当交易成本为零时,只要对产权充分界定并加以实施,外部性并不会导致资源配置失效。

如果人们基于互惠互利原则进行谈判,反而可使外部成本内部化,实现资源的有效配置。Buchanan(1969)指出,在垄断情形下,企业的产量相较于完全竞争时更低,从而造成社会福利损失,这种状况导致利用税收矫正外部不经济的政策会面对两难选择。在此基础上,Baumol 等(1971)提出一种名为标准收费的方法,庇古税得以在实践中正式运用。Burrows(1980)提出一种逐步控制方法,他认为在不完全或非对称信息条件下,政府能够通过逐步改进的方式实现社会最优目标。

2. 环境政策的环境治理效应研究

观点一:环境政策的实施有助于提升环境质量。Miliman 和 Prince(1983)实证研究了经济手段对环境治理制度改革的影响,认为环境税的实施在改善环境质量基础上还能促进经济发展。Magat 和 Viscusi(1990)运用最小二乘法检验加拿大魁北克省纸浆和纸制品行业的环境规制对生物需氧量、固体悬浮物排放量的影响,结果显示环境规制能促使企业减少 20% 的排放量;Laplante 和 Rilstone(1996)以美国的相关行业为研究对象,研究结果表明环境政策的实施可以减少污染物排放,且这种影响达到28%。Nadeau(1997)指出环境政策可以有效减少美国纸浆和纸制品行业废弃物排放持续时间,从而改善环境质量。Panayotou(1997)利用1982~1994 年 30 个发达与发展中国家面板数据实证分析了环境政策与环境退化的关系,实证结果显示环境政策显著减少了由二氧化硫引起的环境退化,并且在高收入水平国家还能加速环境改进。Peterson(1997)通过研究认为政府提高排污收费标准有助于引导企业减少污染物排放。Wang 和 Wheeler(2005)也指出对空气和水污染进行收费可以促使企业减少污染物排放而且效果十分显著。Hettige(2004)对巴西、印度、美国、中国等12 个发展中国家和发达国家企业工业废水排放数据的分析表明,严格的环境规制对减少工业废水排放量具有显著影响。Dasgupta et al. (2001)的研究指出严格的环境政策相较于没有环境政策时,污染物排放水平显著减少。Conrad 和 Wastl(1995)与 Lombard(2002)的研究结论都认为环境政策与污染密集型产业的全要素生产率水平呈负相关关系,环境政策对限制污染密集产业的发展有积极作用。Bernauer 和 Koubi(2013)探讨了政府规模与公共物品提供(例如环境)的关系。他们提出:假设政府以提供公共服务和矫正外部性作为职能定位,那么公众的需求决定政府支出的规模及支出结构的变化,扩大政府支出的规模将使得社会福利水平增加,环境质量得到改善;相反,假设政府被某些特殊利益集团俘获或具有自我扩张的偏好,那政府支出规模的扩大会导致腐败,对提升社会福利水平产生负向影响。他们通过实证,在控制住行政效率和腐败等因素后,认为扩大政府财政支出与环境质量表现为负相关。OECD(2004)研究报告指出,补贴与环境税收(或收费)是环境财政最主要的政策工具,补贴与环境税收(或收费)手段具有治理环境污染、保护环境资源、和增加政府财政收入三种功能。Goulder 和 Schneider(1999)、Fischer 和 Newell(2008)实证检验欧洲国家与美国的环境政策,得出税收和财政补贴这两项环境政策在改善环境质量方面最具有代表性的结论。Lopez 和 Islam(2011)通过建立财政支出与环境治理的一般均衡模型,主要分析了财政支出结构对环境质量的影响,他们仿照 Grossman 等(1995)分析经济增长对环境的各项效应,将财政支出结构对环境质量的影响分解为直接、规模、替代、监管以及预算等五个效应。实证研究的结果认为偏重于公共服务的财政支出结构有助于减少环境污染。学者 Bjorner 和 Jensen(2002)、Miller 和 Vela(2013)也肯定了环境保护税的积极作用。

观点二:环境政策的实施对环境质量的改善效果不明显。1998 年,Antweiler et al. (1998)对 44 个国家数据的实证结果认为,发达国家的污染性企业转移到贫穷的国家,主要是由于贫穷国家宽松的环境管制,虽然贫穷国家的经济得到发展,但是为了弥补环境破坏产生的损失,往往需要花费更多力气。Eli 等(2001)研究认为"向污染者收费"机制不利于环境治理效率的提高,原因在于企业和政府之间会讨价还价。Goldar 和 Banerjee(2004)研究发现,对印度集群产业的一系列环境政策对其下游的水质量改善没有达到预期效果。Gerlagh 和 Lise(2005)也对环境保护税的作用持怀疑态度。Blackman 和 Kildegaard(2010)研究认为,墨西哥的环保机构环境监察次数显著增加,对刺激企业采用先进的"净化"技术却不显著,即正式环境政策并没有真正发挥作用。Lin 和 Li(2011)认为碳税的实施对芬兰的碳减排起到了显著的积极作用,但碳税对丹麦和瑞典的影响不显著。Halkos 和 Paizanos(2013)把财政支出对环境污染的影响分为直接效应和间接效应,并以 1980 – 2000 年 77 个国家的面板数据实证检验以上两种效应。结果显示,财政支出对环境污染的直接效应会因环境污染物选择不同而结果不同,以生产性污染物二氧化硫作为环境污染变量时,财政支出表现为显著的负直接效应,以消费性污染物二氧化碳为环境污染变量时,财政支出的直接效应方向发生改变。财政支出对环境污染的间接效应受到收入水平的影响,在低收入水平的国家,财政支出对环境污染表现为负的间接效应,即随着收入水平的提高,财政支出对环境的间接效应为正,导致环境污染加剧。

3. 环境税的"双重红利"研究

环境税的"双重红利"是指:开征环境税,一方面,可以抑制环境污染、改善环境质量,达到保护环境的目标,即实现环境的第一重红利;另一方面,通过其收入降低现存税制对资本、劳动形成的扭曲作用,实现更充分的就业与国民生产总值的持续增长,达到降低超额税负的目标,即获得非环境的第二重红利。Tullock(1967)和 Knesse(1968)等学者对水资源研究的命题中首先提出"双重红利"的观点,开启了环境税效应研究的序幕。Nichols(1984)、Terkla(1984)研究发现,征收环境税既能够改善环境质量,又能够减少其他税收扭曲效应,即产生"超额收益"。Pearce(1991)研究表明,二氧化碳税收入应被用来减少现有税收的税率,从而降低现有税收的福利成本,通过税收转移用低福利成本获得环境收益,在碳税改革中用碳税收入代替扭曲性税种可以获得"双重红利"。所谓"双重红利"就是环境改善一重红利和效率损失减小二重红利。对环境税"双重红利"研究的学者有:Bovenberg 和 Van Der Ploeg(1996,1998a,1998b)、Schneider(1999)、Bayindir 和 Raith(2003)等,他们研究认为,工资的刚性、市场非竞争性及非自愿性失业等都会对环境税的双重红利研究结果产生影响。Parry(1995)为 Bovenberg 等学者提出的最优税结果提供了一个直觉性解释,环境税改革可以校正负外部性,但是无法实现"双重红利"。Heerden 和 Gerlagh等(2006)对南非环境税研究表明环境税可以改善环境质量、提高产出水平并缩小贫富差距,实现收入分配的双重红利。Heijdra,Kooiman 和 Ligthart(2006)研究却持相反观点,他们发现环境税改革会形成不公平的代际福利分配,即便环境税的实施实现了改善环境质量的第一重红利,"双重红利"效应也往往也不成立。Takedaa(2007)通过 CGE 模型研究发现,环境税双重红利是有条件的,即当环境税收入用于替代劳动税和消费税时存在双重红利,但用于替代资本税时就不存在双重红利。实证方面,Glomm(2008)运用标准一般动态均衡模型测算,发现美国提高汽油税降低所得税,使得环境质量得到改善,经济效率得以提升,获得了双重红利。

4. 环境质量的影响因素研究

20 世纪 80 年代初期,西方学者 Seskin, Anderson 和 Reid(1983)开始研究环境污染与经济发展的关系。Grossman 和 Krueger(1992)研究人均收入与环境污染的关系时发现,当人均收入水平处于较低水平时,环境污染将随着人均 GDP 增加而增加,当人均收入水平进一步增加时,环境污染将出现下降趋势,即环境污染与人均收入水平呈倒 U 型的关系,这就是著名的环境"库兹涅茨曲线"。Cumberland(1981)、Wilson(1999)、Rauscher(2005)几位学者均认为地方政府竞争与环境污染直接具有联系,他们认为地方政府为了招商引资不惜放松环境管制,从而导致地方政府之间出现"逐底竞争"(Race to the Bottom, RTB)现象。Wang 和 Di(2002)在研究中国 85 个地方政府对环保重视程度与环境治理关系时发现,上级政府对环保的重视程度及辖区内居民的环境投诉与抱怨会影响地方政府对环境污染治理的程度。Cole(2004)发现,国际贸易对环境污染影响很大。经济发展中的规模效应、结构效应及技术效应等经济活动对环境污染的影响的学者有 Bruyn 等(1998)、Lindmark(2002)、Pasche(2002)。Rivera - Batiz(2002)指出,随着城镇化水平提高,市民将降低环境偏好的成本。因为随着城镇化水平的提高,各种影响政府环境决策的集体行动将不断涌现,故城镇居民的环境需求会影响政策制定者环境保护措施的制定。Qian 和 Weingast(1997)、Dean, Lovely 和 Wang(2009)认为财政分权是影响公共产品供给如环境污染治理的重要因素,财政分权会给环境质量带来负面影响。

二、国内文献综述

国内关于环境财税政策的研究起步较晚,始于 20 世纪 90 年代初期,主要原因有两个:一是中国在实行改革开放之前的资源环境问题不太突出,但是改革开放之后,由于中国经济的快速增长,环境问题越发严重,逐步受到关注。

二是 20 世纪 90 年代初期环境财政理论才被引入中国,环境问题逐渐成为研究的热点问题。国内学者对环境财税政策的研究主要集中于以下五个方面:

1. 我国环境财税政策现状及问题研究

樊丽明、李文(2005)研究认为,中国当前存在环保税所占比重较低、调节范围狭窄且计税依据不充分等问题,因此税赋支出没有发挥出应用的作用。苏明(2007)指出,中国缺乏专门的以节约资源和保护环境为目标的独立税种,系统的环境财政政策较少。黄菁(2011)、王宝顺(2011)研究认为,污染治理投资具有区域差异性和时滞性;污染治理投资虽然总量增长,但缺乏正确的引导和有效的监督,在目前环境公共投资不足的情形下,提高节能环保支出效率是提升环境治理能力的出路。田民利(2010)认为中国目前的环境税对污染控制的影响十分有限,环境治理效果欠佳,主要原因是缺乏专门的环境税,受现行的财政体制、地方政府绩效考评机制影响较大。谭光荣、李廷(2008)、高萍(2011)研究指出,目前排污收费作用不显著,原因在于和企业治理污染的成本相比,排污收费征收标准较低、征管的刚性缺乏,征收效率低下等。卢洪友和祁毓(2012)研究认为我国环保支出规模小、比重低、基本环境公共服务的基础保障功能薄弱,各地环保支出差异较大,且基层环境保护能力建设迟缓。赵美丽和吴强(2014)指出我国环境保护支出存在的主要问题有,我国环境保护投资主体单一、环境保护支出总量不够且地区差异较大、私人环境保护投资主体积极性未能很好调动、绿色采购市场规模尚未形成、缺乏对绿色采购市场的监督。张硕(2016)指出,我国环保财政支出重要性不断提高、环保支出结构科学合理,但是仍然存在环保财政支出的稳定增长性不足、地方政府对环保重视程度不高、环保财政支出规模偏小、绩效不高等现实问题。何利辉(2016)认为环境保护财政投入不足、环保财税政策存在缺陷、关于环保的相关费用存在收取是中国环保财税政策存在主要问题。

2. 借鉴国外环境保护财税政策的经验研究

高萍(2005)分析和评价了荷兰、丹麦等国家环境税收的实施状况,提出了中国环境税收的政策建议。童锦治等(2009)分析了英国、法国、德国、丹麦与爱尔兰等五个国家环境税改革的经验,并提出了中国环境税改革的思路。石晓波(2009)以美国、德国、加拿大等国家的政府绿色采购制度为借鉴,提出建立中国政府绿色采购制度。蒋尉(2011)系统研究了欧盟环境经济政策的发展历程,并总结了其环境政策目标得以顺利实施的成功经验。吴江等(2012)通过回顾美国的环保财政支出情况(见表1-2),总结了环保财政支出对环保工作的重要作用,并提出加强环保宣传力度、密切关注经济形势的变化等政策建议。

表1-2 美国联邦环保财政支出结构

目标	清洁水和安全水	清洁空气和全球气候变化	土地保护和修复	相关的服务功能和环境效益	健康的生物群落和生态系统
内容	保护人类健康 保护水质 加强科学研究	健康的户外空气和室内空气 保护臭氧层 辐射物 减少温室气体排放 加强科学研究	保护土地 修复土地 加强科学研究	加强遵守环境法规达到环境保护目标 通过防止污染和鼓励创新来提高环境绩效 改善印第安人的健康和环境 通过科学研究提高可持续发展的社会容量	化学物质和杀虫剂的危害社区 修复和保护危及的生态系统 加强科学研究

3. 环境政策的环境治理效应研究

朱建华、吴舜泽、逯元堂(2009)认为,中国现有环境财税体制与可持续发展相悖,环境事权与财权划分不匹配等,污染控制的作用得不到发挥,当前财税政策环境治理效应不显著。崔亚飞和刘小川(2010)利用1998~2006年面板数据,实证考查中国省级税收竞争与环境污染的关系,他们发现地方政府在税收竞争中对环境污染治理采取"两边平衡"策略,且伴有"逐底竞争"现象,中国的排污收费制度对工业废水和工业固体废弃物具有一定的抑制作用,对工业二氧化硫排放没有起到抑制作用,中央政府制定的环境标准也不能促进地方环境质量的改善。李静等(2011)选取相关指标运用方向性环境距离函数模型对中国各省份在环境规制下的环境效率进行了测算,研究发现与西部相比,东部地区环境污染治理和环境效率均处于优势。沈能(2012)研究认为工业环境规制与环境效率成正相关关系,验证了"波特假说"的正确性,还利用面板数据检验了我国环境规制与环境效率的非线性关系。包群(2013)的研究结果认为环境财政政策对环境污染治理具有显著效应。李胜兰等(2014)认为,2003年以前环境规制行为对区域生态效率没有促进作用,而2003年以后起促进作用。张玉(2014)基于2007～2012年省级面板数据实证检验节能环保财政支出政策的环境治理效应,认为中国节能环保财政支出政策环境治理效应总体有效,对不同种类的工业污染物排放均有明显抑制作用。基于2004～2012年省级面板数据对各种环境税收政策的环境治理效应进行的实证检验表明,中国环境税收的环境治理效应不明显。冯海波和方元子(2014)从理论和实证两个角度考察分权背景下地方财政支出与环境质量的关系。利用2003～2011年中国286个城市的面板数据的实证结果表明,地方财政支出对环境治理的正向直接效应较小且不显著,主要以间接影响效应为主,且受到经济发展水平的影响。中国的绝大部分城市的地方财政支出的净环境效应为负。卢洪友和田丹(2014)认为财政支出通过两条途径影响环境质量,一是财政支出直接作用于环境质量,二是财政支出通过影响经济增长间接作用于环境质量,通过中国30个省(市)1998～2010年面板数据的实证检验说明,中国财政支出对环境质量的间接效应显著,而直接效应不显著。秦昌波、王金南等(2015)采用GREAT-E模拟征收环境税对经济总水平、污染物排放、收入水平及产业结构等影响,结果表明中国环境税的征收对宏观经济影响较小,GDP的减少但在可以接受的范围之内;环境税的征收可以明显减少环境污染物的排放,同时有利于产业结构优化,不足的是对居民福利产生一定的负面影响。李建军、刘元生(2015)利用中国2001～2013年省级面板数据,实证检验环境相关税费的污染减排效应,结果显示只有企业所得税、消费税和增值税分别有助于工业废水、工业废气和工业固体废弃物排量量减少,其他税种均未起到污染减排作用,排污费加剧了工业三废排放量的增加。熊波、陈文静、刘潘等(2016)利用中国2007～2013年省际面板数据检验中国环境财税政策的环境效应,结果表明中国目前的财政政策和税收政策都具有助长空气污染的非正常效应。叶金珍、安虎森(2017)建立包含空气污染的动态均衡模型,利用55个国家的1994～2014年面板数据进行实证分析,结果表明不同环保税对不同国家的影响是不同的。在PM2.5浓度、NO排量及NO$_2$浓度特别高的国家,开征碳税对改善空气质量作用显著;而在空气质量较差的国家,提高汽车环保税不能减少环境污染物排放。

4. 环境税改革研究

宣晓伟(2002)通过构建硫税 CGE 模型模拟硫税征收的效果,结果表明硫税征收能阻碍中国宏观经济发展,但有利于经济结构和能源结构的优化调整,从而有效降低二氧化硫的排放。孙刚(2008)指出,中国环境税收首选水污染税,积累经验后再开征二氧化硫和二氧化碳税。司言武(2010)通过构建理论模型,采用一般均衡分析方法,证明环境税的"双重红利"假说成立,为环境税税率水平的设置提供了依据。魏光明(2010)研究认为我国环境税费制度存在诸多缺陷,应单独开征环境保护税,并就开征独立环境保护税的制度进行了设计。胥力伟(2010)考察了发达国家成功开征环境税的经验,认为考虑到中国国情开征环境税具有环境、经济和社会等风险的可能,不能一步到位,而应采取逐步、分阶段推进的方式减小环境税改革风险。但从长远来看,中国开征环境税收利大于弊,环境税将带来环境、经济和社会等多种效益。苏明(2011)根据中国国情设计了相关环境税种。杨翱等(2014)建立多部门动态随机一般均衡模型,模拟在外生冲击下,碳税征收前后的总产出、环境质量的动态反应,模拟结果表明碳税税率的提高有利于碳减排。李伯涛和马海涛(2015)通过构建激励相容模型,分析在中国式地方政府治理的条件下,应遵循分权治理原则,构建央、地两级环境税体系,分别设置中央性的大气污染税和地方性的环境保护税。俞杰(2015)从环境税政策目标和经济效应分析,认为中国环境税改革应遵循渐进式原则、设计税制要素合理、并构建适宜的收入分享与使用机制。马草原等(2015)基于新经济地理学视角,构建具有污染外部性的新经济地理模型,研究配套型环境税、技术进步与环境污染治理的内在逻辑机理,提出应针对不同纳税群体,采用差别化税收政策的建议。中国开征环境税不会对经济产生负面影响,能够实现"双重红利",因此应改革财政体制,使政府财政收支更加绿色化(卢洪友、张靖姝和许文立,2016;范庆泉、周县华和张同斌,2016)。

5. 完善环境保护财税政策的对策建议研究

财政政策方面,卢洪友和祁毓(2012)建议,各级地方政府建立政府环保支出稳定增长的保障机制,优化环保财政支出结构,加强环保财政支出效益、效率评估,环保财政支出的重点领域应是基层环保能力建设。赵美丽和吴强(2014)提出应加大政府绿色投资力度、加强政府绿色采购力度、公布绿色采购相关信息并建立有效监管机制、增加财政对绿色投资的补贴力度等。杨芷晴和柳光强(2014)认为,准确界定环境类公共产品,划清环境类公共产品政府投入与扶持环保产业发展的投入的界限;加大财政对环境保护产业的投入力度并完善扶持环境保护产业发展的税收体系,提高环境保护产业财政与税收政策的实施效果。张硕(2016)认为应加强环保顶层设计、明确中央与地方环境保护的事权、明晰政府与市场的环保职责、建立制度性增长机制并逐步扩大环保支出的规模、提升环境保护财政支出的效率。

税收政策方面,学者们呼吁单独开征环境保护税早已达成共识(李小捧、段国旭,2007;孙刚,2008;张玉,2014;黄韬,2015;李伯涛等,2015;熊波等,2016),并且已经得到正式实施。然而现阶段的环保税法由排污费改制而来,还需要进一步完善,如现阶段环境保护税法征收对象还未涉及个人,税目仅为4大类(大气、水、固体废弃物与噪声),但分类需进一步细分,如增加针对化石燃料的碳税等(叶金珍、安虎森,2017)。在绿化环境保护相关税种方面,郭焦锋、白彦锋(2014)提出资源税改革应着力确定合理的税负标准,加强生态环境保护,逐步扩大开征范围,完善实施的相关配套措施等。

三、文献评述

国内外学者对财税政策的环境治理效应进行了广泛的探讨,研究成果丰硕,为本书研究提供了有益的借鉴。但是也不可避免地存在一些不足。

第一,国外对环境税的研究较多,对环境财政支出政策的研究较少。西方学者的研究主要涉及环境税,而对环境财政支出的研究相对较少。环境财政支出同样对环境治理发挥着重要作用,不可忽视。

第二,国内外学者对环境财税政策的理论分析多,实证研究相对较少。西方学者关于环境税方面的研究,主要采用一般均衡与局部均衡等理论分析,而实证研究较少。国内学者关于财税政策的经济效应研究较多而环境效应的研究略显不足。财税政策改革需要规范分析与实证分析相结合,共同分析财税政策的环境治理效应。

第三,国内学者关于环境税费多从全国性的视角展开研究,基于省级视角的研究较少,基于工业行业视角的研究更是鲜有涉及。在实践中,环境污染的治理地方政府发挥非常重要的作用,各工业行业环境税的征收效果如何也需要实证检验,因此从省级和工业行业视角研究财税政策的环境治理效应十分重要且必要。

综上可知,到目前为止利用省级和工业行业面板数据对财政和税收政策的环境治理效应研究十分缺乏。本书在国内外学者研究成果的基础上,通过规范分析与实证分析相结合的研究方法,系统研究我国财税政策的环境治理效应,并根据实证结果提出环境财税政策改革的对策建议。

第三节 研究内容与技术路线

一、研究内容

本书在对财税政策与环境质量关系的理论基础和实证研究相关文献梳理基础上,针对中国地域广阔和影响环境质量因素的复杂性使得我国各省环境污染治理效果差异较大,计算了各省环保财政支出的环境治理效应系数;实证检验财税政策的环境治理总体效应;深入分析不同经济因素水平下财税政策对环境质量影响的差异程度,重点考察影响因素的门限效应;同时关于财税政策对环境治理的长期影响、空间溢出效应及环境治理效率进行了实证检验;对比美国、欧盟及日本等发达国家环境治理财税政策实施状况,得出对中国环境财政体制改革的几点启示。结合以上问题,本书研究内容做出如下安排:

第一章 绪论。首先介绍本书研究背景、研究目的与研究意义,其次梳理国内外文献综述并进行评述,然后引出本书研究的主要研究内容与技术路线、研究方法、主要概念界定、创新与不足。

第二章 "财税政策—经济增长—环境质量":理论及机理。主要涉及三个问题,一是阐述财税政策促进环境治理的基础理论;二是揭示财税政策影响环境质量以及财税政策通过影响经济发展进而影响环境质量的内在逻辑;三是对比直接管制与经济手段、许可证与财税手段等政策路径。

第三章　中国环境污染现状与财税政策实施状况。主要解决三个问题：一是全国、东中西部地区以及38个工业行业的工业废水、工业废气、工业固体废弃物等近20年排放总量、排放达标情况及排放趋势；二是从环保财政支出、环境污染治理投资、财政转移支付、生态功能区转移支付、政府绿色采购等介绍中国财政政策实施现状；三是介绍中国环境保护有关的税种、税收政策、正式环境保护税、节能减排税收优惠等税收政策的实施现状。

第四章　中国财税政策的环境治理总体影响效应分析。主要解决三个问题，一是各省环保财政支出的环境治理效应是否有差异？在区域经济发展理论基础上，参照投入—产出比，利用各地区环保财政支出占全国环保财政支出的比重与各地区工业"三废"排放量占全国工业"三废"排放量的比重之比来代表环保财政支出环境治理效应系数，按系数值域把中国30个省份分成两个区域。二是中国财税政策的环境治理效应究竟如何？财税政策是否通过经济发展影响环境质量？财政政策方面，利用2007～2015年中国30个省份（西藏、港澳台除外）面板数据建立面板模型，考察中国环保财政支出的环境治理直接与间接双重效应，并分区域检验环保财政支出的环境治理总效应、直接效应及间接效应。税收政策方面，选择与环境密切相关的资源税、耕地占用税、城市维护建设税、城镇土地使用税、车船税、排污费等税种，利用2003～2015年省级面板数据考察其环境治理总效应、直接与间接效应。三是税收政策在工业行业中的环境治理效应如何？利用2007～2015年41个工业行业面板数据考察城市维护建设税、城镇土地使用税、车辆购置税、车船税、耕地占用税五种工业行业税种的环境治理效应。

第五章　中国财税政策对环境治理的门槛效应分析。主要解决两个问题：一是中国财税政策的环境治理效应是否受到其他经济因素的影响？借鉴Hansen面板门限回归模型检验影响财税政策与环境质量之间关系的主要因素，产业结构、能源消费结构、技术创新、经济发展水平、对外开放等是否存在门限效应。二是各经济因素对财税政策的环境治理效应影响程度如何？由门槛值生成虚拟变量，考察加入虚拟变量以后各影响因素的变化趋势。

第六章　中国财税政策对环境治理的长期影响、空间溢出效应及效率分析。主要解决三个问题:一是中国财税政策对环境治理是否具有长期影响? 利用PVAR模型分析财税政策、经济发展水平与环境质量之间的互动关系, 利用方差分解方法分析财税政策对工业"三废"排放强度的贡献度。二是财税政策对环境治理是否具有空间溢出效应? 利用空间面板杜宾模型考察财税政策除了影响本地区环境治理效果外,是否对周边地区环境质量具有空间溢出效应。三是中国财税政策的环境治理效率如何? 将财政与税收政策综合考虑,根据投入产出原理,以中国环境污染治理投入、节能减排税收优惠为投入变量,以一般工业固体废弃物综合利用量、工业二氧化硫去除量、工业废水排放达标量、"三废"综合利用产品产值、工业烟粉尘去除量为产出变量,利用DEA - BCC模型对中国各省环境治理效率进行测算。并以测算的环境治理效率值为基础,分析地方政府环境治理效率存在的差异及产生差异的原因。

第七章 发达国家环境治理的财税政策经验借鉴与启示。主要解决两个问题:一是发达国家环境治理方面的财税政策实施状况如何? 介绍美国、欧盟各国及日本等发达国家环境治理相关的财政与税收政策实施状况。二是发达国家环境治理的财税政策对中国有何启示? 借鉴发达国家环境治理财税政策的经验,改革中国环境财税政策。

第八章 研究结论、政策建议及研究展望。在前文研究基础上,得出研究结论并针对我国财税政策特点,构建环境财政体制改革的路径。从研究方法、研究内容等方面提出本书进一步研究的方向。

二、技术路线

遵守问题导向(提出问题、分析问题、解决问题)原则,综合运用规范分析和实证分析方法,梳理相关理论与文献,分析财税政策促进环境治理的作用机理,分析中国环境污染现状与财税政策实施状况,运用两阶段回归、门槛回归、面板向量自回归、空间面板杜宾模型与数据包络分析等方法分析财税政策的环境治理双重效应、门槛效应、长期影响、空间溢出效应及效率,根据实证结果及借鉴发达国家环境治理财税政策经验基础上提出中国财税政策改革的针对性政策建议。研究的技术路线如图1 - 2所示:

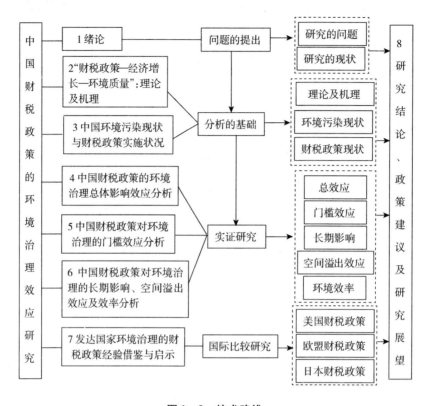

图1-2 技术路线

第四节 研究方法

本书在研究中主要采用以下几种方法:

一是文献研究法。查阅国内外研究相关文献,总结当前研究成果,把握环境政策与环境污染治理研究的最新动态,找到研究的切入点。

二是规范分析与实证分析相结合。利用规范分析方法分析财税政策对环境治理的作用机制,挖掘各省财税政策与环境治理效果差异的背后制约因素。运用一般面板线性分析、面板门限效应、PVAR 模型、空间面板杜宾模型与数据包络分析等实证分析方法检验财税政策对环境治理的直接效应、间接效应、总

效应、门限效应、长期影响、空间溢出效应以及效率。运用的软件主要有 Sta-
ta13.1、Matlab R2016a、ArcGIS 10.2、Deap2.1 等。

三是历史分析与比较分析相结合。利用历史分析方法,从纵向角度展现
中国 20 多年来环境污染状况(包括工业废水排放、工业废气排放、工业二氧化
硫排放、工业烟粉尘排放以及工业固体废弃物排放等)、环境治理的财税政策
(包括财政政策与环境相关税费政策)实施现状。通过比较分析方法对全国三
大经济区域(东、中、西部地区)、38 个工业行业环境污染物排放及环境治理现
状,利用省级面板数据构建环保财政支出的环境治理效应系数并按系数值域
把中国 30 个省份分成两个不同区域,根据所分的区域检验环保财政支出的环
境治理效应。同时对比美国、欧盟各国以及日本等发达国家环境治理财税政
策实施状况,得出对中国环境财政体制改革的启示。

第五节　主要概念界定

为了更好地开展研究,对本书涉及主要相关概念进行界定。

一、环境污染

人们在享受工业高度发达带来的便利时,却忽视了其带来的遍及全球的
三大危机:一是资源短缺,二是生态破坏,三是环境污染。所谓环境污染是指
由于自然力或人为的破坏,向环境中添加了某种物质,这种物质超出了环境的
自我净化能力于是产生危害的行为。或者由于人为因素改变环境的构成或者
状态,使环境素质降低,导致生态系统破坏、扰乱人类的正常生产和生活条件
的现象。目前世界公认的环境污染主要包括六种,表 1 - 3 列示了大气污染、
水污染等六种环境污染的种类、含义以及主要来源。

表1-3 环境污染的种类及主要来源

种类	含义	主要来源
大气污染	空气中污染物的浓度已经达到或者超出了有害程度,对生态系统造成破坏,影响甚至危害人类和生物的正常生存与发展。	二氧化硫、烟尘、粉尘、工业废气、氮氧化物
水污染	因某种物质介入水体,使其化学、物理以及生物等方面特性发生改变,水的有效利用受到影响,对人体健康造成危害,生态环境遭到破坏,造成水质恶化。	废水、废液与一般废物、水体污染
土壤污染	排入土壤的"三废"物质以及侵入土壤的有毒有害物数量明显超出土壤的自我净化能力,土壤成分、结构与功能变化均达到一定程度的现象。	"三废"物质、侵入土壤的有毒有害物
固体废弃物污染	人类在生产和生活过程中抛弃的固体形状的废弃物。	重金属,砷
噪声污染	所产生的环境噪声高出国家规定的环境噪声的排放标准,并干扰他人正常工作、学习、生活的现象。	工厂、建筑施工、道路交通、飞机、火车
放射性污染	人类活动造成场所、人体、环境介质表面或内部出现高出国家标准的射线或者放射性物质。	射线、放射性物质

　　环境污染按不同标准分类结果不同,如果按环境要素分,环境污染可分为大气污染、土壤污染和水体污染三类;如果按属性分,环境污染可分为显性污染与隐性污染二类;如果按人类活动分,环境污染可分为工业环境污染、城市环境污染和农业环境污染三类;如果按造成环境污染的性质来源分,环境污染可分为陆地污染、海洋污染、空气污染、水污染、噪污染与放射污染。历史数据表明,中国70%以上的环境污染来自工业污染,因此本书重点关注工业环境污染,即由于经济增长、工业化、城镇化引起的以废水、废气和一般固体废弃物为主的环境污染。

二、环境治理

　　环境治理是指运用经济学、环境科学及社会科学理论对受到污染或破坏的生态环境通过人为的强制、辅助或自然力净化使环境恢复到与污染前接近或一样的社会化管理行为。

在1956年,中国就提出对工业废物的"综合利用",这是首个关于对环境污染进行治理的政策法规。针对环境污染刑事案件办理中的取证难、鉴定难、认定难等问题,2016年11月7日最高人民法院审判委员会第1698次会议、最高人民检察院第十二届检察委员会2016年12月8日第58次会议通过司法解释法案。规定《关于办理环境污染刑事案件适用法律若干问题的解释》(以下简称《解释》)自2017年1月1日起施行。《解释》规定,环境污染导致三人以上轻伤或1人以上重伤就构成"严重污染环境",将以污染环境罪追究刑事责任。从法律角度对环境污染犯罪定罪量刑做出了新规定。自此从严惩治和防范环境污染有了依据。

崔亚飞等(2009)指出,第二产业是经济增长的支柱,环境污染的主要来源是工业,所以环境治理的关键也在于工业环境污染的治理。林永生(2016)认为除了生活源加剧了废水排放外,废气、固体废弃物等主要污染物排放绝大部分都来自于工业源头,要实现经济与环境双赢必须使工业污染减排。因此为了避免研究内容过于分散,本书的环境治理主要针对工业污染治理与预防。

三、财税政策

财税政策本身并非标准用语,可从字面意义理解为财政政策与税收政策,而税收政策是包含在财政政策里面的。但是由于税收在财政收入中占有举足轻重的地位,且财政政策的有效执行往往有赖于税收的多寡,鉴于此税收政策通常被提高到很高级别来研究。

财税政策包含的内容相当丰富,具体有财政投资、财政补贴、税收及国债等政策。中国从20世纪70年代着手环境污染治理工作以来,已出台了系列法律法规,在实施层面主要以促进环境治理的财税政策为主。为避免研究内容太过分散,本书的财税政策主要指与环境保护和环境治理相关的财税政策,即环境财税政策。本书中提到的财税政策均指与环境有关的财税政策。

财税政策包括财政政策与税收政策(如图1-3)。本书财政政策是指财政支出政策,由投资性环境财政支出、转移性环境财政支出与消费性环境财政支出等构成。税收政策主要指环境税收、排污费征收及相关税收优惠。

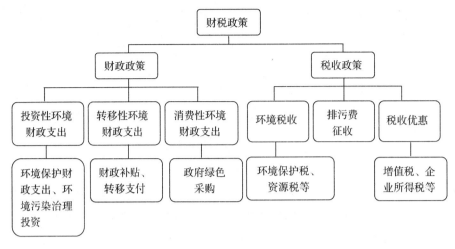

图 1-3 财税政策主要内容

　　财政政策是财税政策的重要内容,其中投资性环境财政支出主要包括环境保护财政支出与环境污染治理投资。转移性环境财政支出主要包括财政补贴与财政转移支付。消费性环境财政支出主要指政府绿色采购。

　　税收政策主要是指与环境保护相关的税收,一般有独立型环境税收和融入型环境税收。环境税的定义至今学界没有统一的标准,《国际税收辞汇》(International Tax Glossary,1998)第二版对环境税的定义如下:环境税指对污染物的使用行为与对污染行业所征的税,或对投资于防治污染或者环境保护的纳税人给予的投资减免。欧盟统计局(EUROSTAT,1996)认为:环境税是针对某种被使用或释放时对环境造成一定负面影响的物质的单位使用或释放量而征的税。独立的环境税指单独为节能减排、保护环境而征收的独立税种,如碳税、硫税等。融入型环境税指没有单独设立环境税种,环境保护的思想体现在其他税种中,如资源税、车船税等均体现了一定的节能减排思想。中国从 2018 年 1 月 1 日起才正式开征独立的环境保护税,在这之前主要实行的是融入型环境税收,即环境税收体系有资源税、土地使用税、城市维护建设税、耕地占用税等税种。排污费具有环境税收的相关特点,而且排污费在国外多以税的形式存在,所以本书把排污费包含在环境税收里面。税收优惠主要体现在增值税、企业所得税、消费税等税种之中。

四、效应

效应,其英文单词为 effect,是指由某种动因或原因所引起的一种特定的科学现象。在经济学中,常见的效应是经济效应。环境治理效应包括了经济效应,经济效应是环境财政政策发挥污染治理作用的表现,是环境治理效应的中介。环境税收主要通过消费者需求效应、厂商产出效应与替代效应等经济效应达到改善环境质量、减轻环境污染的目的。

田丹(2014)认为环境治理效应即对"环境质量"的影响效应。故关于环境治理效应的度量,即对"环境质量"的度量。康芒纳被称为宏观经济学的奠基人,他这样定义"环境质量":每一年所排放的环境污染物的数量。学者们(沙文兵等,2006;周历等,2013)也普遍认为,应用环境污染物排放量来表征"环境质量"。考虑数据可获得性与本书研究目的,本书与多数学者对环境治理效应的理解一致,采用环境污染物排放量来度量,主要包括工业废水、工业二氧化硫、工业固体废弃物等单项环境污染物排放水平。

综上,本书研究的环境治理效应,主要指政府通过环境财政支出、环境税收等一系列手段,通过经济效应的中介作用,实现改善环境质量,减少污染物排放,并分析各种手段的显著性及作用强度并衡量政策手段的有效性,以便为环境财税政策改革提供方向和建议。

五、效率

效率,其英文单词为 efficiency,指有用功率与驱动功率的比值。《经济学词典》(2013)对效率的确切定义是:如果不同生产商之间的稀有资源配置以及使用所获得的产品总体达到了这样的程度,以至于每种产品数量超过该总体的其他产品一般不存在,那么,这种情况就是效率。

该概念可以引申扩大到消费者,假设他们拥有某种效用函数,后者具有用以测定他们对所消费产品获得满意程度的某些限制特性,如果生产商之间的稀有资源配置和消费者之间的产品配给达到如此程度,任何其他形势都不能比这种态势带给每个消费者以更大的满足,那么,这种态势就是最优社会效益或者帕累托(Pareto)最优,否则就不是帕累托最优。

公共经济学的一般研究方法是分析公共政策的需求与供给,也可以借助微观经济学的边际估算工具测定稀缺资源优化配置规则及其分配效果,这就是效率的另一层含义,即以较小的投入达到一定的产出,或者以一定的投入获得最大的产出,即投入最小化—产出最大化。本书研究的效率主要从该角度进行,并且认为财税政策效率高低直接反映政府利用有限的财政资金提供高水平环境治理公共服务、达到环境质量的优化程度。因此,对财税政策效率的测度可作为财税政策环境治理效应的间接考量。

第六节　创新与不足

本书的创新在于:

第一,研究视角上,从财政政策与税收政策两个维度,同时研究其环境治理效应。克服以往从财政或税收政策单一维度研究环境治理效应的不足,以往单维度研究环境税收文献较多,单维度研究财政政策的文献较少,从财政与税收政策两个维度进行研究的文献更少。

第二,研究内容上,揭示财税政策影响环境质量的内在机制。环境质量是一种公共物品,依靠市场的力量无法自发改善环境质量。通过财税政策的"一支一收"环境外部性问题得以矫正。本研究认为财税政策主要通过两条途径影响环境质量,一是财税政策直接作用于环境质量;二是财税政策通过影响经济发展间接作用于环境质量,即财税政策影响经济发展,经济发展影响环境质量。在此基础上,运用相关数据对上述机制进行实证检验。

第三,研究方法上,对目前文献的研究方法进行拓展,利用多种研究方法对财税政策的环境治理效应进行系统研究。①运用两阶段回归方法测算财税政策的环境治理直接效应、间接效应及总效应。现有文献主要通过构建交乘项检验环境政策的间接效应,本书认为交乘项难以精确捕捉财税政策对环境治理的间接效应,运用两阶段回归方法对财税政策的环境治理间接效应进行测算,更加科学与贴近实际。②运用面板门限回归模型系统研究财税政策作为核心解释变量,其他各影响因素作为门槛变量对应的门槛值特征。考虑到财税政策的环境治理效应可能受制于其他经济因素,本书运用面板门限回归模型系统研究环保财政支出与资源税作为核心解释变量,产业结构、能源消费结构、经济发展水平、对外开放等影响环境质量的因素作为门槛变量对应的门槛值特征,并且引入虚拟变量检验门限效应的影响程度。③运用 PVAR 模型考察中国财税政策、经济发展水平与环境质量的互动关系。克服现有文献未对财税政策的环境治理影响进行长期分析的不足,利用 PVAR 模型全面分析中国环境污染治理投资、排污收费、经济发展水平与工业"三废"排放强度的互动关系,利用脉冲响应函数和方差分解考察财税政策对环境治理的长期影响。④利用空间计量方法考察中国财税政策对环境治理的空间溢出效应。利用空间面板杜宾模型考察环境财政政策除了影响本地区环境治理效果外,是否对周边地区环境治理具有空间溢出效应,克服以往研究中忽视空间因素导致的模型估计偏误,或者即使考虑空间因素但是未考虑外生交互效应等不足。

本书的不足在于:

由于细分数据的缺乏,本书未对环境财政支出中的财政转移支付和政府绿色采购进行环境治理效应分析。环境保护税自 2018 年 1 月 1 日起正式实施,无法检验环保税的环境治理效应,待数据统计完善后再做进一步研究。

第二章

"财税政策—经济增长—环境质量"：
理论及机理

环境治理是一种具有正外部性的公共物品,具有非竞争性和非排他性,具有正外部性的公共物品往往都面临严重的供给不足问题,最终会发生"公共地悲剧"。如何有效的破解"公共地悲剧"？宏观经济学认为,市场失灵的领域,政府可以通过适当的市场干预,解决市场失灵问题。因此,政府在环境治理领域的适当干预正是破解"公共地悲剧"的关键。一方面,政府可通过环境财政支出,从供给方面增加环境污染治理基础设施建设,直接进行环境治理。另一方面,政府可通过征税,提高污染企业的私人成本,迫使排污企业减少污染排放物;通过给予改进生产技术、购买环境保护设备、废物循环利用、产业转型升级的企业税收优惠,鼓励企业减少污染物排放,间接进行环境治理。

第一节 财税政策促进环境治理的基础理论

市场经济体制下,经济主体追求自身最大化利益,但其追逐利益的行为选择通常会产生外部性。在高额利润的驱动下,一些内部成本低、能耗高、污染大且外部成本较高的企业相继准入,这将导致社会总福利水平的下降,而这些企业并未承担引起社会福利水平下降的成本。环保财政支出对污染企业具有激励作用,环境税收政策在理论上能够产生"双重红利"。因此,环境财税政策对促进社会公平与效率都是有益的。国内外学者的研究为财税政策的实践奠定了坚实的理论基础,研究成果主要涉及外部性与公共物品理论、庇古税与可持续发展理论。

一、外部性理论

外部性理论是构成福利经济学的重要部分之一。《经济学词典》(2013)给外部性下的定义是:个人或企业的行为对他者产生后果(不可能补偿)的情况。外部性的存在意味着,与发起者之行为后果相关联的私人边际成本(或私人边际效用)与反映社会成员之行为后果的社会边际成本(或社会边际效用)之间存在着差别。英国经济学家阿尔弗雷德·马歇尔(1890)在其巨著《经济学原理》中首次提出外部性理论,将外部性称为"外部经济"。马歇尔指出:"由于扩大货物的生产规模而产生的经济效率提高有两类,一是有赖于某产业中个别企业自身的资源禀赋、经营效率及组织结构所带来的经济称为内部经济;二是依靠该产业的一般性发达所形成的经济,称为外部经济,它一般由许多性质相似的小企业集聚在特定的地方而获得。在那里,先进的生产工具、生产工艺和生产技能等能得到快速应用,辅助工业也相应产生,提供种种服务。"然后英国经济学家庇古(Arthur Cecil Pigou,1920)发展和丰富了这一理论。庇古认为外部性是市场交易对非参与者造成了影响却没有在价格中得到反映,它是市场失灵的一种表现。外部性表现为正外部性和负外部性。个人行为对他人产生正面影响称为正外部性;个人行为对他人产生负面影响称为负外部性。果园因为旁边的养蜂场大获丰收,但是果园的主人却不用支付费用给养蜂场的主人,这种情形为正外部性。化工厂排放大量废气严重影响周围居民健康,但周围居民却没有得到任何补偿,这种情形为负外部性。环境的外部性问题主要有环境污染造成的负外部效应以及环境保护带来的正外部效应,下面分别分析两种外部性所带来的后果。

1. 供给过量——以环境污染的负外部性为例

环境污染是比较典型的负外部性问题。当不存在外部成本时,生产某一物品全部成本可由私人成本表示;当存在负外部成本时,私人边际成本小于社会边际成本,在边际收益不变的前提下,边际成本小于边际收益,则污染产品供给过量,如图 2-1 所示,PMC 表示私人边际成本,SMC 表示社会边际成本,PMR 和 SMR 分别指私人边际收益和社会边际收益,XC 指外部边际成本,由于环境污染产生负外部性,故有 SMC = PMC + XC。如果不存在环境污染的外部性时,XC 为零则 PMC = SMC,于是 PMC = PMR 的交点 E_1,决定的能够获得最大利润的产量为 Q_1。如果存在环境污染的外部性时,XC 不能内化,厂商不承担外部成本,此时的产量是 PMC = PMR 决定的 Q_1,如果污染引起的外部成本 XC 完全内化为厂商的生产成本,边际成本曲线由 PMC 上升至 SMC,此时的产量为 Q_2。可见,当环境污染的负外部性存在时,Q_1 远大于 Q_2,$Q_1 - Q_2$ 即是外部成本无法内化的污染产品过度供给产量。

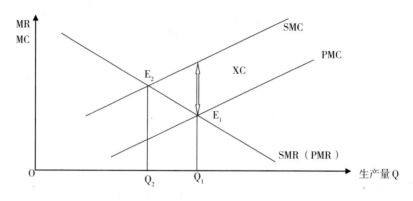

图 2 - 1　供给过量—环境污染的负外部性

2. 供给不足——以环境保护的正外部性为例

环境保护是典型的正外部性实例,当不存在外部收益时,全部收益表现为私人收益;当存在外部收益时,社会边际收益大于私人边际收益,当边际成本不变的前提下,会引起产品供给不足。环境保护产生的收益有很大部分不能内化于厂商的私人收益,所以 PMR 小于 SMR,其差额为外部收益 XR,有 SMR = PMR + XR。当外部收益存在时,如果外部收益没有完全内部化,环保投资者按照 PMR = PMC 确定最优产量 Q_1;如果外部收益完全内部化,环保投资者的收益由 PMR 上升至 SMR,此时最优产量为 Q_2。如图 2 - 2 所示,Q_1 远远小于 Q_2,环保投资行为,由于正外部性不能完全内部化,会导致供给不足问题。

综上可知,外部性的存在使得资源环境无法在市场条件下实现最优配置,环境污染产品的过度供给是由环境污染的负外部性引起的;环境保护的正外

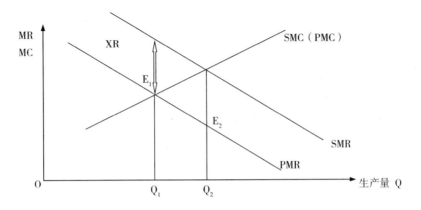

图 2 - 2 供给不足—环境保护的正外部性

部导致环保供给不足;两者共同作用导致环境污染更加严重。市场机制虽然是目前公认最有效率的机制,但是却无法解决外部效应内部化问题,对于外部性矫正,目前最有影响力的是庇古税和科斯定理两种理论。

1960 年科斯在其巨著《社会成本问题》一文中认为,"通过产权界定解决外部性引起的无效率"问题,它的理论核心被概括为科斯定理。科斯指出,当交易成本为不存在时,不管初始产权界定给哪一方,外部性都可通过谈判协商解决,且结果都有效,不用政府干预。但是实际情况是,交易费用不存在的假设往往不成立,所以科斯定理的成立含有严格的假设。按照科斯的想法,用市场交易手段可以替代庇古税、政府管制及法制手段,达到解决外部经济的目的。庇古税是解决外部性问题的另一种思路,将在后续内容中进行介绍。

二、公共物品理论

经济学理论中把商品分为两大类,一类公共物品,另一类是私人物品。1954 年,萨缪尔森在《经济学与统计学评论》杂志上发表《公共支出的纯理论》一文,开创性地指出,公共物品指个人消费该物品不会减少其他人对该物品的消费。卢洪友(2003)认为公共物品的存在是市场失灵或市场配置无法实现帕累托最优的重要原因之一,为政府干预市场提供理论依据。本书认为,所谓的公共物品是指集体拥有、共同消费与使用,产权特征不明确,具有消费的非竞争性、非排他性特征,形体上很难分割和分离。而私人物品具有消费的排他性和竞争性。消费排他性指一个使用者在使用某一物品时排斥他人同时使用的权利,竞争性指一个人对某物品的消费会减少或影响其他人对该物品的消费。公共物品不具有竞争性,每个消费者增加使用或消费公共物品不增加自身成本,但社会提供该物品却要承担边际成本,这就出现社会成本与私人成本的不一致。

公共产品包含纯公共品与混合公共品两类,前者具有效用不可分割、受益非排他性、消费非竞争性特征,是典型的公共品,又称为纯公共品,如国防。如果只具备其中的某一个特征或者两个特征,则称为混合公共物品,如高等教育。不具备以上任何一个特征的物品则为私人物品,如手机、衣物等。

在环境领域,空气资源和空气污染治理属于纯公共物品,环境基础设施建设则属于混合公共物品,因其在消费上具有某种程度的竞争性。因环境具有纯公共物品或混合公共物品的特征,市场机制与公共财政都有其发挥作用的空间。因私人企业无法实现排他性的收益,故环境污染治理公共品供给不足。由于环境具有公共物品的属性,要对其进行有效管理,由政府代替社会作为自然环境的产权主体,通过财政政策建立起保护环境的经济体制,使其造成的外部性内部化。而科斯则从产权角度出发,提出通过合理界定环境产权建立产权市场交易的思路。

三、庇古税

经济学家庇古(1950)在《福利经济学》一书中认为,政府应给予正外部性的生产者财政补偿,对于负外部性的生产者征税,通过私人成本等于社会成本手段,实现因负外部性引起的资源配置的非帕累托最优问题,即用征税方式迫使经济主体将经营过程引起的外部性内部化。对企业征税,企业会比较保持当前污染水平所要增加的成本和为了避免减少污染所要增加的成本,如果前者大于后者,企业就会为了避税而转向污染治理,直至边际污染控制成本等于税负。从长期看,庇古税可以形成导向的示范效应,使企业通过技术创新减少污染产品的使用,或者转而选择更加环保的替代品。征收环境税是政府解决环境外部性的有效手段,它迫使人们为其造成的环境负外部性承担责任。征收污染税费引导企业减少污染物排放,遵循"谁污染,谁付费"的原则;征收资源税,则可引导经济主体减少使用那些会产生污染物的能源,合理利用和开发自然资源。实施优惠税收政策,可激励企业废弃物的回收利用,或者采用先进的环保工艺和技术生产环保产品。

下面用图 2-3 来说明庇古税。横轴表示生产量,纵轴表示价格费用,DD表示商品的需求曲线、PMC 表示供给曲线(边际私人成本曲线)。假设当前这种商品的生产出现了外部不经济,则生产商品的私人成本与外部成本之和等于社会成本。社会边际成本曲线为 SMC,私人边际成本 + 边际外部成本位于私人边际成本曲线(PMC)的上方。私人边际成本与社会边际成本不一致,外部成本随着生产总量的增加而增加。社会所期望的生产总量为 SMC 与 DD 构成均衡的 Y_1,但是因为外部成本并不由商品生产者或消费者承担,而是由第三者承担,如果没有政府介入,将导致生产总量达到 PMC 与 DD 构成均衡额剩余生产量 Y_0。此时产生的福利损失为三角形 E_0E_1F,无法实现资源的最优配置。如果政府介入对最佳的生产总量为 Y_1 产生的私人边际成本与社会成本的产额部分 t 征税,私人边际成本曲线将上移为 PMC′,私人边际成本与社会边际成本在 E_1 点形成新的均衡,实现了最优的资源配置。

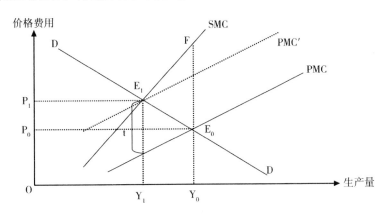

图 2-3 庇古税

四、可持续发展理论

20 世纪 80 年代,国际自然保护同盟、世界环境与发展委员会分别发布了《世界自然资源保护大纲》及《我们共同的未来》纲领性文件,都强调自然、社会、生态、经济及自然资源的协调发展理念。提出的可持续发展理论是对传统经济发展理论的继承与拓展,是在满足当代人的需要前提下,又不构成危害子孙后代满足其需要能力的发展,坚持公平性、持续性、共同性三大发展理念。科学发展观是可持续发展的基本体现。中国在《中国21世纪人口、资源、环境与发展白皮书》中,首次把可持续发展战略融入我国经济和社会发展的长远规划中。党的十五大提出可持续发展战略必须落实到我国现代化建设中。党的十六大坚持把可持续发展能力列为评价全面建设小康社会的主要目标。

如图2-4所示,保护生态环境是可持续发展的基础,以推动社会经济发展为条件,以提高人类生命质量为目标,是一种全新的价值观、发展观和道德观。可持续发展理论涉及的内容有发展与经济增长、发展的水平、公平、环境和自然资源总和与发展的关系等问题,以便缓解生态资源供给的有限性与经济社会发展需求的无限性之间的矛盾,达到经济社会与生态环境的协调发展。

经济学家指出,如果一个国家物资资本增加的同时环境资本在减少,那么总资本就可能为零或者负数,这种发展是不可持续的。环境财政政策能够大力推进可持续发展,引导社会生产节能化、法规绿色化,提高社会企业的责任感。

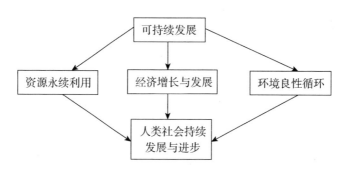

图2-4　可持续发展示意图

第二节 "财税政策—经济增长—环境质量": 作用机理

一、财政政策对经济增长与环境质量的作用机理

1. 环境污染治理投入影响经济增长与环境质量的数理推导

环境污染治理投入对环境质量有较大影响,足够的投资可以建立起环境保护监管体系,保证各类主体自觉履行环境治理的职责,对于环境污染严重的区域直接给予财政资金扶持,用以弥补不同区域环境治理的投资。环境治理具有正外部性,但其非排他性和非竞争性的特征容易产生"搭便车"现象。因此,环境污染治理投入是政府实施环境治理职能的独特手段,有助于环境质量的改善。

本书借鉴 Stokey(1998)、Taylor(2004)与李凯杰(2014)等学者的研究成果,考察环境污染治理投入对经济增长和环境质量改善的作用机制。

考虑一个由存活有限期个体与完全竞争厂商构成的无穷期经济。假定每个时期 t 新出生一代人数为 N_t,且每一代可以存活两期。人口数量以 n 的固定速度增长,即 $N_t = (1 + n) * N_{t-1}$。个体具有非利他性,即老年一代和青年一代互不关心。在时期 t 出生的个体偏好为:

$$U_t = \ln c_{1t} + \rho \ln c_{2t+1} \tag{2-1}$$

(2-1)式中,ρ 表示时间的贴现率,c_{2t+1}、c_{1t} 分别表示老年期和青年期的消费。每个年轻人拥有 1 单位的初始劳动禀赋且无弹性地向厂商提供,可获得工资收入为 W_t,W_t 用于青年期的消费 c_{1t} 与储蓄 s_t。青年期预算约束方程为:

$$c_{1t} + s_t = w_t \tag{2-2}$$

个体储蓄向厂商无弹性供给,在老年期获得的回报为 $(1 + r_{t+1})s_t$,其中 r_{t+1} 表示储蓄率,老年期将储蓄获得的收入用于两部分,一是老年消费 c_{2t+1},二是健康成本 h_{t+1}。假设 t 时期老一代(即 $t-1$ 期出生)健康总成本为 H_t,且取决于当前污染存量水平 P_t 与政府医疗支出 M_t,环境污染水平的增加会增加老

年人健康成本。假设 $H_t = \xi P_t - M_t$，ξ 表示每单位污染所带来的健康成本增量，那么 t 期每位老人支付的健康成本是 $h_t = (1+n)(\xi p_t - m_t)$，$h_t = H_t / N_t$，$p_t = P_t / N_t$，$m_t = M_t / N_t$，以上分别表示人均健康成本、人均污染物存量与人均政府医疗支出。老年期的预算约束方程为：

$$c_{2t+1} + (1+n)(\xi p_{t+1} - m_{t+1}) = (1+r_{t+1})s_t \qquad (2-3)$$

根据柯布道格拉斯生产函数有：

$$Y_t = F(K_t, N_t) = A K_t^\alpha N_t^{1-\alpha} \qquad (2-4)$$

其中，A 表示技术进步，是常数；Y_t 表示总产出；N_t 表示劳动投入；K_t 表示物质资本投入；假设资本完全折旧，$0 < \alpha < 1$ 表示资本产出弹性。人均生产函数为：$y_t = f(k_t) = A k_t^\alpha$，$y_t = Y_t / N_t$，$k_t = K_t / N_t$，分别表示 t 期人均产出、人均物质资本存量。T 期污染存量水平 P_t 受三方面因素影响：一是产出导致污染物排放增加，与生产技术的清洁程度有关；二是污染物自身有一定衰减（Forster，1980），即大自然具有自身净化能力可以减少污染；三是政府可通过提供环境相关公共服务减少污染物排放，从而改善环境质量。那么 t 期污染存量 P_t 方程为：

$$P_t = (1-\delta)P_{t-1} + \varphi Y_t - E_t \qquad (2-5)$$

其中，$0 \leq \delta \leq 1$ 表示污染物自身衰减率；$\varphi > 0$ 代表生产技术清洁程度，其值越大，表示清洁程度越低，则每单位产品生产污染物排放越多；E_t 表示政府环境财政支出，随着环境财政支出的提高，将不断减少污染物存量。人均污染物存量 p_t 为：

$$p_t = \frac{1-\delta}{1+n}P_{t-1} + \varphi f(k_t) - e_t \qquad (2-6)$$

政府对最终产品征税税率为 $\tau \in [0,1]$。政府收入 G_t 用于两部分支出，一是医疗支出 H_t，二是环境财政支出 E_t，如果用于环境方面支出的数额为 $m \in [0,1]$，那么 $(1-m)$ 部分就是用于医疗方面的支出。则每一时期政府收入与支出平衡：

$$G_t = \tau Y_t = \underbrace{m\tau Y_t}_{E_t} + \underbrace{(1-m)\tau Y_t}_{H_t} \qquad (2-7)$$

一个竞争性均衡即是一系列配置 $\{k_t, c_{1t}, c_{2t+1}, w_t, r_t, s_t, p_t\}$，给定任意的 k_0 与 p_0，满足个体效用最大化、厂商利润最大化与市场出清条件。

假定 t 期出生的个体其工资 w_t、利息率 r_t 与污染物存量水平 p_t 是既定的，那么选择青年期消费 c_{1t} 与老年期消费 c_{2t+1} 最大化效用水平为：

$$\underset{(c_{1t},c_{2t+1})}{\max}\ (\ln c_{it}+\rho\ln c_{2t+1}) \tag{2-8}$$

s. t. $\begin{cases} c_{1t}+s_t=w_t \\ c_{2t+1}+(1+n)(\xi p_{t+1}-m_{t+1})=(1+r_{t+1})s_t \end{cases}$

对个体储蓄 s_t 求一阶导数得：

$$s_t=\frac{\rho}{1+\rho}w_t+\frac{1+n}{(1+\rho)(1+r_{t+1})}(\xi p_{t+1}-m_{t+1}) \tag{2-9}$$

可见，污染物排放水平的增加会提高老年期健康成本，使得个体增加储蓄；然而政府医疗支出会减少个体健康成本，使得个体降低储蓄。

产品市场上，完全竞争的厂商最大化利润 $\pi_t=(1-\tau)Y_t-(1+r_t)K_t-w_tN_t$，市场出清时 $K_{t+1}=s_tN_t$，人均形式为：

$$(1+n)k_{t+1}=s_t=\frac{\rho}{1+\rho}w_t+\frac{1+n}{(1+\rho)(1+r_{t+1})}\cdot(\xi P_{t+1}-m_{t+1}) \tag{2-10}$$

稳态均衡时，人均污染物存量与人均资本存量均固定不变，即 $P_{t+1}=P_t=\overline{P}$，同时 $k_{t+1}=k_t=\overline{k}$，由（2-9）式、（2-10）式以及稳态均衡条件得到：

$$\overline{P}=\frac{(1+n)(\varphi-m\tau)}{n+\delta}f(\overline{k}) \tag{2-11}$$

由（2-7）式、（2-11）式以及稳态均衡条件得到人均资本存量为：

$$\overline{k}=\left[\frac{A\rho(1-\tau)^2\alpha(1-\alpha)(n+\delta)}{(1+n)(1+\rho)(1-\tau)\alpha(n+\delta)-\xi(1+n)(\varphi-m\tau)+(1-m\tau)(n+\delta)}\right]^{\frac{1}{1-\alpha}}$$
$$\tag{2-12}$$

由此可以得出，每单位产品生产污染物排放得越多，污染存量就越多，即污染物排放与每单位产品生产污染物排放量 φ 呈正相关关系；同时，环境财政投入占政府收入份额的增加，污染水平会下降，即污染物排放与环境财政投入呈负相关关系。

由 $\overline{y}=f(\overline{k})=A\overline{k}^\alpha$ 得到人均产出为：

$$\overline{y}=A\left[\frac{A\rho(1-\tau)^2\alpha(1-\alpha)(n+\delta)}{(1+n)(1+\rho)(1-\tau)\alpha(n+\delta)-\xi(1+n)(\varphi-m\tau)+(1-m\tau)(n+\delta)}\right]^{\frac{\alpha}{1-\alpha}}$$
$$\tag{2-13}$$

对(2-13)式关于m求偏导得到环境财政支出对稳态均衡时人均产出的影响：

$$\frac{\partial \bar{y}}{\partial m} = A \frac{\alpha}{1-\alpha} [\ \cdot\ ]^{\frac{2\alpha-1}{1-\alpha}} [A\rho(1-\tau)^2\alpha(1-\alpha)(n+\delta)]$$

$$\frac{(1+n)[(n+\delta)\tau - \xi\tau(1+n)]}{[(1+n)(\cdot)]^2} \qquad (2-14)$$

(2-14)式中，

$$[\ \cdot\ ] = \frac{A\rho(1-\tau)^2\alpha(1-\alpha)(n+\delta)}{(1+n)(1+\rho)(1-\tau)\alpha(n+\delta) - \xi(1+n)(\varphi-m\tau) + (1-m\tau)(n+\delta)},$$

$$(\cdot) = (1+\rho)(1-\tau)\alpha(n+\delta) - \xi(1+n)(\varphi-m\tau) + (1-m\tau)(n+\delta)。$$

由(2-14)式可得，当$n+\delta > \xi(1+n)$时，有$\partial y/\partial m > 0$;同时，当$n+\delta < \xi(1+n)$时，有$\partial y/\partial m < 0$。即政府的环境财政投入对经济增长具有推动与阻碍双重作用，这取决于人口增长率、环境自我净化能力与环境污染对老年健康成本的影响之比较。之所以出现这一情况，原因有两个方面：一是政府环境财政投入来自于征税，政府环境财政投入增加表明税收增加，征税会减少个体的要素回报(如工资、利息)，从而使得个体消费与储蓄减少;另一方面，政府环境财政投入的增加可改善环境质量，减少老年人的健康成本，从而个体消费增加，促进经济增长。可见，政府环境财政投入对经济增长的影响需要权衡以上两个效应，当环境财政投入增加所带来的要素回报降低，对经济增长的负面作用小于环境质量改善所带来的健康成本减少对经济增长的正面作用时，政府环境财政投入能够促进经济增长，同时实现降低污染物排放水平的目的，真正实现环境与经济的可持续发展;反之，环境财政投入会对经济增长起阻碍作用，但仍然可以降低环境污染水平，实现环境质量的改善，发挥对环境污染治理的积极作用。

2. 财政补贴对环境质量的作用机理

促进环境质量改善的财政补贴政策既可以是对研发降污减排技术和生产节能减排产品的厂商进行的财政补贴，也可以是对采取减少污染物排放的生产者进行的财政补贴。如图2-5(b)所示，对于生产节能减排产品的厂商，在没有财政补贴的条件下，根据边际收益等于边际成本MR=MC原理，单个厂商的节能减排产品产量为 Q_0,为了实现社会效益最大化,由社会边际成本等于社会边际收益确定最优产量 Q_1,很明显 $Q_0 < Q_1$。为增加节能减排产品的产量,政府对生产节能减排产品的生产企业进行财政补贴,对生产的每单位节能减排产品提供补贴 XR,单个厂商的边际收益向上移动至 SMR,再由边际收益与边际成本相等原理,得到新的产品生产量 Q_1。

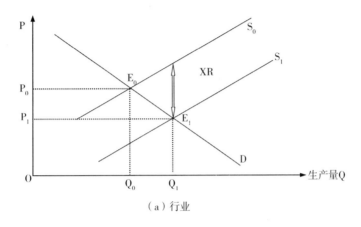

（a）行业

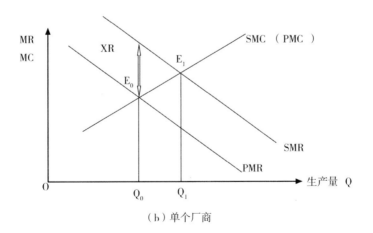

（b）单个厂商

图 2-5 财政补贴政策对行业和单个厂商的作用机制

厂商提高产量使整个行业供给增加,导致图 2-5(a)中供给曲线由 S_0 右移至 S_1,均衡价格由 P_0 降至 P_1,更多消费者开始购买节能减排产品。均衡产量由 Q_0 增加至 Q_1,提高了厂商的收益和利润,在利益机制驱动下,促使更多资金投入,产量进一步增加,社会效益增大。

对于高污染、高能耗的厂商主动减少污染物排放的行为,政府可利用财政补贴政策给予激励,作用机制如图 2 - 6。假设厂商在没有政府财政补贴政策激励时产品产量为 Q_0,为了促进降污减排,厂商主动减少产量至 Q_1,政府对每减少单位产品提供财政补贴 X,这种通过对高污染和高排放生产厂商提供财政补贴的方式可减少厂商生产量降低整个行业污染产品供给量,实现降污减排、改善环境质量的目的。

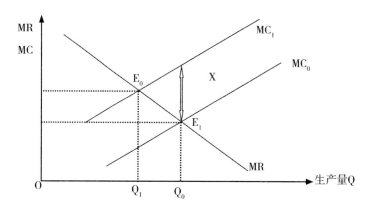

图 2 - 6 财政补贴政策对降污减排行为的作用机制

根据财政补贴政策的作用机理,对生产者进行补贴可以在一定程度上减少生产降污减排产品的成本进而直接影响产品的销售价格,同时还可以间接影响生产者的降污减排技术研发规模以及资金投入规模;而对消费者进行补贴,可降低消费者使用节能产品以及降污减排技术的消费成本,对消费者的消费习惯和消费行为产生影响,间接引导厂商投其所好生产节能减排产品。

3. 政府采购对环境质量的作用机理

在政府采购时,可以选择购买绿色产品或非绿色产品,由于绿色产品投入成本高于非绿色产品,因此绿色产品价格相对较高。假定与具有相同功能的非绿色产品相比,每个绿色产品需多支付△P,政府采购 Q 单位产品需多支付成本△P×Q。根据边际收益等于边际成本原理,政府在绿色产品上的超额支出需要收获同等的社会减排收益,即政府购买该绿色产品必然获得△P×Q 的减排收益。生产绿色产品的厂商因为政府消费 Q 单位产品,企业利润增加,消费者剩余增加。不仅如此,由于政府购买力在整个消费者中处于首要地位,政府绿色采购这种行为可为企业提供相对稳定、清晰的市场预测,降低企业生产绿色产品的风险与不确定性,使得企业生产规模得以扩大。再者,政府对绿色产品的采购标准,会较快转化为行业质量与检验标准,对全社会的消费者起到示范与引领作用,进而从生产与消费两个方面助推降污减排绿色产品的良性发展。

二、税收政策对经济增长与环境质量的作用机理

1. 税收影响经济增长的定性分析

从宏观理论上讲,税收收取会抑制经济增长。但是考虑税收的使用与安排,税收又会促进经济增长,即税收对经济具有汲取与替代效应,故税收与经济增长呈双向影响关系。税负与经济增长的关系研究是公共经济学的研究重点,(美)阿瑟·拉弗的"拉弗曲线"具有重要影响(见图2-7),横轴表示税收,纵轴表示税率,税率为零时,税收为零,税率为100%时,政府将无税可征,税收也为零。"拉弗曲线"说明经济增长、宏观税负与税收三者存在最佳结合点,要获得最优经济增长速度,税率要适度,不能过高或过低。A点为最佳税率点,CD线征税额相等,但C点高税率而D点低税率,EF线也存在类似情况,因此图中的阴影区域AGB为税率禁区。

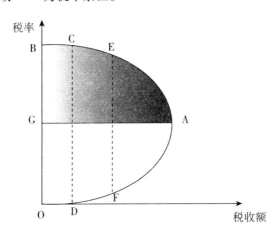

图2-7 拉弗曲线

具体到环境税而言,环境税对经济增长具有调节作用,王金霞(2015)研

究认为,环境税收主要通过两个方面调节经济增长:一是环境税对其他税种具有"替代"效应,政府在考虑经济发展不影响财政收支平衡基础上,降低对扭曲性税种(如企业所得税)的征收,从而刺激 GDP 总量上升。二是征收环境税可以有效促进新型能源产业发展,推动产业结构升级,提高对新能源的消费需求,促进经济增长。图 2-8 显示,环境税通过投资、生产和消费三个渠道影响绿色经济的发展。

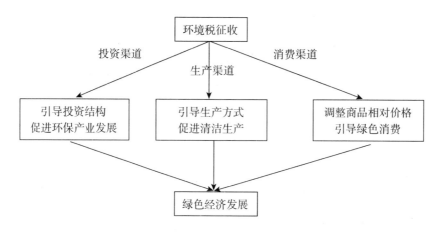

图 2-8　环境税收影响经济发展的机理

从短期来看,逐步提高环境税率或排污费率,直到环境治理成本得到填平为止,需要大幅度增大征收力度,迫使污染性企业外部成本内部化,从而增加其生产经营的成本,如果市场价格不变,那么加征的环境税负不能转嫁,企业利润降低,其竞争力会受到影响。所以在环境税费改革初期,对受到影响较大的能源密集型企业一定程度的减税,对积极采用技术达到一定标准的企业减免优惠,会减小对纳税人税收负担影响。

从长期来看,环境税征收对投资、就业与生产效率将产生影响,从而促进经济增长。首先,从投资方面来看,环境税征收使得投资方向发生变化,高污染、高能耗产业由于其成本增加会使其减少投资,同时,环境保护相关行业因为得到资金支持,行业竞争力明显增加,经济增长方式的转变可保持经济可持续增长。其次,从就业方面看,环境税征收带来"双重红利",增加社会就业,从而促进国民经济增长。最后,从生产效率来看,环境税征收会提高社会生产效率。污染企业在成本增加的重大压力之下,要想求得生存就必须引进先进工艺和生产设备,转变生产的增长方式,提高生产技术。从技术角度看,环境税征收督促高污染、高能耗企业走技术创新之路,刺激企业技术改造、节能减排,整个污染行业的生产效率会随着技术进步不断得到提升,还会带动其他行业发展,整个社会生产效率提高,从而促进经济增长。

2. 税收政策促进环境质量改善的博弈论分析

税收政策主要包括环境税收和排污收费,二者在理论上对减少污染物排放与改善环境质量的作用机理是相同的,所以下面主要介绍环境征税对促进降污减排进而改善环境质量的作用机理。

环境税征收对促进降污减排的作用机制可从经济学理论角度和博弈理论角度两个方面来理解。环境税收的经济学分析对高污染、高排放生产厂商的降污减排行为进行财政补贴的作用机理相似,在此不再累述,下面通过博弈分析对环境税收政策手段的作用机理加以说明。

假设有两个理性经济主体甲和乙,在对降污减排行为进行征税前,甲和乙进行降污减排经济行为的收益为:

$$R = I_1 + \frac{I_2}{(1+a)^n} - C \qquad (2-15)$$

(2-15)式中,I_1 代表甲或乙从降污减排行为中获得的当期收益,具有外部性,I_2 代表甲或乙从降污减排行为中获得的未来收益,a 代表贴现率,n 代表期数,C 代表实施降污减排经济行为的成本,在从事降污减排经济行为的初期,由于成本高昂且当期收益较小,故收益往往会出现负值,即发生亏损。如果甲和乙都没有发生降污减排经济行为,则两人收益均为0。如果甲实施了降污减排经济行为而乙没有实施,则甲的收益如公式所列;乙由于 I_1 的外部性,同样可以获得 I_1 的收益且不需要付出成本 C,反正亦然。

表2-1 不征收环境税时甲和乙的降污减排经济行为收益博弈矩阵

降污减排经济行为		甲	
		实施降污减排	不实施降污减排
乙	实施降污减排	R,R	I_1,R
	不实施降污减排	R,I_1	0,0

假设对不符合降污减排经济要求的行为计证单位税额为 t 的税收,如果甲和乙都实施了降污减排经济行为,二人同时获得收益 R,如果双方都不实施降污减排经济行为,同时缴纳环境税款 Qt(Q 为产品数量),R 等于 0,此时收益为 R − Qt = −Qt。如果甲和乙其中一方实施降污减排经济行为,而另一方不实施,则实施降污减排经济行为的一方收益为 R,不实施的一方收益为 I_1 − Qt。如果 Qt > I_1,那么不实施降污减排经济行为的一方会发生亏损,所以甲和乙都会采取降污减排的经济行为。

从环境税收政策的作用机理看,博弈分析的角度意味着,如果行为主体想实现降污减排经济行为的纳什均衡,征税的税收调控力度起着关键作用。

经济学理论角度简要分析如下,从生产者角度看,征税给高污染、高排放企业造成超额负担,污染产品产量减少,生产者剩余降低;从消费者角度看,征税引起高污染、高排放产品价格上升,对消费者也产生了超额负担,消费者剩余也较少。污染产品每减少一单位产量,就降低了税率 t 的外部成本,提高了 t 的环境收益,实现了污染物排放减少进而改善环境质量的目标。

3. 环境税"双重红利"效应发生机制数理推导

借鉴陈素梅、何凌云(2017)等学者的研究成果,考察环境税、环境污染物排放及居民健康与经济增长的内在关联。

表 2 − 2 征收环境税时甲和乙的降污减排经济行为收益博弈矩阵

降污减排经济行为		甲	
		实施降污减排	不实施降污减排
乙	实施降污减排	R,R	I_1 − Qt,R
	不实施降污减排	R,I_1 − Qt	− Qt,− Qt

基于世代交叠(OLG)模型,考虑一个由存活有限期个体的无穷期经济。假定每个时期 t 分为老年和青年两个不同群体,且每一代可以存活两期。个体具有非利他性,即老年一代和青年一代互不关心。

(1)消费模块:在时期 t 出生的每代人终身效用函数为:

$$U_t = \ln c_{1t} + \rho \ln c_{2t+1} \qquad (2-16)$$

(2 − 16)式中,ρ 表示时间的贴现率,c_{2t+1}、c_{1t} 分别表示老年期和青年期的消费。每个年轻人拥有 1 单位的初始劳动禀赋且无弹性地向厂商提供,可获得工资收入为 W_t;政府将环境税收入的其中一部分(I_t)返还给居民(即转移支付)。青年期、老年期预算约束方程分别为:

$$c_{1t} + s_t = w_t + I_t \qquad (2-17)$$

$$c_{2t+1} = (1 + r_{t+1})s_t \qquad (2-18)$$

(2-18)式中 r_{t+1} 表示储蓄率。

个体终身效用最大化时: $\max_{(c_{1t}, c_{2t+1})} (\ln c_{it} + \rho \ln c_{2t+1})$ $\qquad (2-19)$

$$\text{s. t.} \begin{cases} c_{1t} + s_t = w_t + I \\ c_{2t+1} = (1 + r_{t+1})s_t \end{cases}$$

对个体储蓄 s_t 求一阶导数得: $s_t = \dfrac{\rho}{1+\rho}(w_t + I_t)$ $\qquad (2-20)$

(2)生产模块:根据标准柯布道格拉斯生产函数有:

$$Y_t = A K_t^\alpha (h_t^\varepsilon L_t)^{1-\alpha}, 0 < \alpha < 1, \varepsilon \geqslant 0, A > 0 \qquad (2-21)$$

(2-21)式中,A 表示技术进步,是常数;Y_t 表示总产出;α 表示资本产出弹性,ε 为居民健康对劳动质量影响的系数。人均产出表示为:

$$y_t = A k_t^\alpha (h_t^\varepsilon)^{1-\alpha} \qquad (2-22)$$

完全竞争厂商根据产出多少缴纳环境税率 $\tau \in (0,1)$。其追求利润最大化目标 $\pi_t = (1-\tau)y_t - (1+r_t)k_t - w_t$,其中:

$$w_t = A(1-\tau)(1-\alpha)k_t^\alpha (h_t^\varepsilon)^{1-\alpha} = (1-\tau)(1-\alpha)y_t \qquad (2-23)$$

$$1 + r_t = A(1-\tau)\alpha k_t^{\alpha-1}(h_t^\varepsilon)^{1-\alpha} = (1-\tau)\alpha y_t / k_t \qquad (2-24)$$

可见,征收环境税会使企业负担加重,居民收入扭曲,环境税税率越高,居民收入扭曲性越严重。

(3)政府模块:政府将一部分环境税收入用于治理环境污染 D_t 从而减少其负外部性,剩下的将返回给居民(转移支付)I_t,政府收入为:

$$\tau y_t = D_t + I_t, D_t = (1-\beta)\tau y_t, I_t = \beta \tau y_t \qquad (2-25)$$

$\beta \in [0,1]$ 为环境税收入中用于返还给居民的比例。

(4)环境模块:假定人均污染物排放量为人均产出的函数,那么有:

$$E_t = z y_t \qquad (2-26)$$

z 表示污染的强度。

第 $t+1$ 时期人均污染存量为：

$$P_{t+1} = \left[\frac{E_{t+1}}{D_{t+1}}\right]^\gamma + (1-\mu)P_t, \gamma > 0, \mu \in (0,1] \qquad (2-27)$$

γ 表示环境污染物排放与减排比例 (E/D) 对污染物存量的外生弹性，μ 表示环境自净率，进一步地，有：

$$P_{t+1} = \left[\frac{z}{(1-\beta)\tau}\right]^\gamma + (1-\mu)P_t, \gamma > 0, \mu \in (0,1] \qquad (2-28)$$

由此可见，环境污染影响公众健康，故第 t 时期的人均居民健康水平与人均环境污染物存量呈反向关系。

(5)稳态均衡：市场出清条件下，人均资本动态过程如下：

$$k_{t+1} = s_t + \frac{\rho}{1+\rho}(w_t + \beta\tau y_t) = \frac{\rho}{1+\rho}[(1-\alpha)(1-\tau) + \beta\tau]y_t \quad (2-29)$$

即环境税征收会使居民收入扭曲，储蓄减少，影响资本累积及稳态经济增长。在稳态均衡时，人均资本、居民健康、环境污染物存量、人均产出及工资率的均衡点分别为 k^*、h^*、P^*、y^*、w^*。人均污染存量是个常数，把 $P_t = P_{t+1} = P^*$ 代入 $(2-28)$ 式中，得到：

$$P^* = P(\beta) \equiv \frac{1}{\mu}\left[\frac{z}{(1-\beta)\tau}\right]^\gamma \qquad (2-30)$$

很明显看出，环境污染物存量与环境税税率呈现负相关关系，即环境税征收越是严格，环境污染物存量就越小，即环境质量越好。故环境税征收能够改善环境质量，可以实现"第一重红利"效应。

稳态条件下居民健康、人均资本存量、工资率及人均产出分别为：

$$h^* = H(\beta) \equiv \frac{\eta\theta\mu^\varphi}{\xi}\left[\frac{(1-\beta)\tau}{z}\right]^{\varphi\gamma} \qquad (2-31)$$

其中 η 表示服务于健康的效率，且为正数，θ 为常数且为正，ξ 表示系数且为正，φ 表示环境污染对居民健康的影响系数。

$$k^* = k(\beta) \equiv \left\{A\frac{\rho}{1+\rho}[(1-\alpha)(1-\tau) + \beta\tau]\right\}^{\frac{1}{1-\alpha}}(h^*)^\varepsilon \qquad (2-32)$$

$$w^* = w(\beta) \equiv \varphi(1-\alpha)(1-\tau)[(1-\alpha)(1-\tau) + \beta\tau]^{\frac{\alpha}{1-\alpha}}(1-\beta)^{\varphi\gamma\varepsilon}$$

$$\qquad (2-33)$$

$$y^* = y(\beta) \equiv \varphi \left[(1-\alpha)(1-\tau) + \beta\tau \right]^{\frac{\alpha}{1-\alpha}} (1-\beta)^{\varphi\gamma\varepsilon},$$

$$\varphi = A^{\frac{1}{1-\alpha}} \left(\frac{\rho}{1+\rho} \right)^{\frac{1}{1-\alpha}} \left(\frac{\eta\theta\mu^\varphi}{\xi} \right)^\varepsilon \left(\frac{\tau}{z} \right)^{\varphi\gamma\varepsilon} \qquad (2-34)$$

联立(2-16)~(2-18)、(2-21)及(2-30)~(2-34)式,得到居民终身福利稳态均衡点为:

$$U^* = \ln(1-\delta)\varphi^{\frac{1}{1-\delta}} \left[\alpha(1-\tau) \right]^{\frac{\delta}{1-\delta}} + \ln Z(\beta) \qquad (2-35)$$

上式中,$Z(\beta) = \left[(1-\alpha)(1-\tau) + \beta\tau \right]^{\frac{\alpha}{(1-\alpha)(1-\delta)}+1} (1-\beta)^{\frac{\varphi\gamma\varepsilon}{1-\delta}}, \delta = \frac{\rho}{1+\rho}$。

根据(2-34)、(2-35)两式,得到稳态均衡下,存在环境税收入的最优分配机制可同时实现产出与居民福利最大化。具体结论如下:如果环境税收入中用于补给居民比例小于$\hat{\beta}$,补给比例越高,人均产出水平也越高;反之同样成立。当人均产出实现最大化时,环境税征收的经济损失降至最低,此时实现了经济增长的"第二重红利"效应。

从理论上讲,环境税收入分配既可能推动也可能阻碍经济增长,这取决于环境税税率、环境污染对居民健康的损害以及居民健康对劳动生产的影响等综合效应。环境税收通过两种途径影响人均产出:一是将环境税收入补贴减排改善居民健康,提升劳动质量,产出水平增加;二是将环境税部分返还给居民,缓解居民收入扭曲,增加储蓄和资本存量。即如果增加一个单位居民收入补贴导致减少税收扭曲对经济增长的正效应高于增加一个单位减排补贴导致健康质量提升对经济的正向作用,那么增加环境税收入对居民收入补贴所占比例有助于经济增长,反之则阻碍经济增长。$\hat{\beta}$用于补贴居民,剩余部分补贴减排获得,可以实现稳态时人均产出最大化。

三、经济增长影响环境质量的机理—环境库兹涅茨曲线理论

理论方面,Lopez(1994)、Selden 和 Song(1995)、Andreoni 和 Levinson(2001)、Hartman 和 kwon(2005)、Brock 和 Taylor(2010)等构建不同理论模型证明环境污染与经济增长"倒 U 型"曲线的可能性。Bruyn 等(1998)、Lindmark(2002)、Pasche(2002)探讨了规模、技术及结构三种效应在经济活动对环境污染的影响。以上研究的理论建模方法中有静态模型、有动态跨际交叠模型(Overlapping Generations Model)、动态无穷生命代理模型(Infinitely Lived Agent Model)等,但其背后隐含着与环境库兹涅茨曲线形成机制一致。即人们对环境质量与消费品同时具有偏好,个人效应是环境质量与消费品的函数。在经济的各个发展阶段,人们要在既定的社会总产出背景下在改善环境质量与增加消费之间进行权衡与取舍。在经济发展早期,人们可消费的产品有限,污染物排放也较低,环境质量较好。在此阶段,环境治理边际效用较低,而消费品边际效用较高,因此人们愿意牺牲环境质量来达到增加消费的目的,从而获得更高的社会效用。这将导致随着收入提高而环境质量下降。随着收入的增加,消费品逐渐增多环境质量持续下降,消费品的边际效用逐渐降低,而环境质量的边际效用逐渐提高,这将导致人们愿意减少消费增加环境投资,即到经济发展后期,环境质量随收入提高而提高。以下借鉴 Brock 和 Taylor(2005)的研究成果,考察经济增长影响环境质量的作用机理。

从生产角度看,环境污染主要由经济生产总量、技术水平、产业结构三个因素共同决定。因此一个经济体的污染物排放总量(E)方程为:

$$E = \sum_{i=1}^{n} E_i = \sum_{i=1}^{n} \rho_i s_i Y \qquad (2-36)$$

其中,E_i 表示第 i 产业所产生的污染,E 表示一个经济体总的污染物排放,ρ_i 表示该经济体内第 i 产业单位 GDP 的污染物排放量,s_i 表示第 i 产业 GDP 所占比重,且满足 $\sum_{i=1}^{n} s_i = 1$,Y 表示一个经济体的 GDP 产出。

对(2-36)式公式两边分别对时间 t 求导数,则环境污染的变化可分解为:

$$\hat{E} = \sum_{i=1}^{n} \pi_i(\hat{\rho}_i + \hat{s}_i) + \hat{Y} \qquad (2-37)$$

其中,$\hat{x} = dx/dt \cdot 1/x$,$x = \{E, Y, \rho_i, s_i\}$ 表示各变量在相邻时间上的变化量,$\pi_i = E_i/E$ 为第 i 产业所产生污染与总污染的比。显然,$\hat{\rho}_i$、$\hat{s}_i$、$\hat{Y}$ 三者决定了环境污染的变化,以上三个变量分别表示了影响环境污染变化的三种效应:即技术进步效应、产业结构效应以及经济增长效应。如果分别假定其他两个因素不发生变化的情况下,那么经济增长无疑会增加环境污染,低污染产业所占比重的增加会减少环境污染,技术进步带来的单位 GDP 污染的减少也会降低环境污染。然而,由于环境问题存在外部性,导致单位 GDP 污染减少的技术进步不会自动实现,在一定程度上,政府环境政策诱导导致了这种技术进步。故依据上述决定环境污染因素的讨论,如果单独用收入指标对环境污染排放指标回归,则有可能会出现遗漏变量问题(Stern,2004)。因此,Grossman 和 Krueger(1995)在发现可能存在环境库兹涅茨曲线"倒 U 型"证据的时候,曾特别强调,经济增长不会自动改善环境质量,而是因为经济增长引起产业结构转型、技术进步等才会导致环境质量的提升。这也是在模型中控制其他因素,单独看经济增长对环境污染影响时"倒 U 型"曲线可能不存在的原因。反之,则可能存在。

综上可得,"财税政策—经济增长—环境质量"作用机理如图 2 - 9 所示。财税政策通过两条途径影响环境质量,一是财税政策通过改变产业结构、促进技术改进与创新、引导消费者需求等直接作用于环境质量改善,即财税政策对环境质量产生直接影响,该条途径上可通过测算财税政策的环境治理直接效

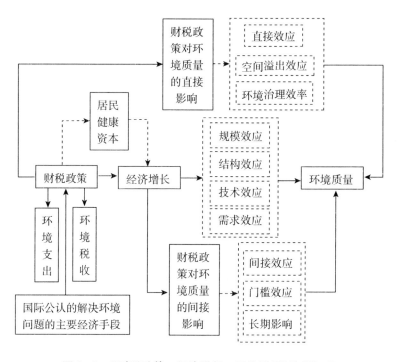

图 2 - 9 "财税政策 - 经济增长 - 环境质量"作用机理

应、对周边地区的空间溢出效应以及环境治理效率来进行实证检验;二是财税政策首先通过影响居民健康资本进而影响经济增长,其次经济增长通过其规模效应、结构效应、技术效应和需求效应作用于环境质量,即财税政策对环境质量产生间接影响,该条途径上可通过测算财税政策的环境治理间接效应、门槛效应以及长期影响来进行实证检验。

第三节　环境政策路径选择

针对复杂的环境问题,政府介入具有必要性和重要性,但是政府介入可以采用诸多的政策手段,如财政补贴与环境税收、排放许可证交易(统称为经济手段)与直接管制等。与排放许可证交易和直接管制等相比,财税政策具有不可比拟的优势。

一、直接管制与经济手段对比

相比直接管制,经济手段在费用效率上具有优势,下面从图 2 – 10 进行说明。假设企业 1、2 在同一程度上进行排放(排放量为 100),由于技术原因,以上两个企业排放削减费用的形状不同。图 2 – 10 中向右上倾斜和右下倾斜的曲线分别代表企业 1 和 2 的边际排放削减费用。横轴表示排出量,排出量越接近于 0,边际费用递减。假设两个企业排出量的总值需由 200 减少到 100,如实行直接管制,则要求两企业一律分别从 100 缩减到 50。如实行经济手段,则按照税率 t 征税环境税,实现排放总量达到 100 的目标。假设为使排出量达到 100,规定税率为 t,企业 1 和 2 各种根据税率 t 和边际排放削减费用相一致的点决定排出量的结果是,企业 1 排放量为 30,而企业 2 的排放量为 70,两企业总排出量刚好 100。

比较直接管制与经济手段的费用效率问题,在直接管制下两企业负担的总削减费用是 A + C + D,按环境税计算的总费用为 A + B + D,很明显可以看出 C > B,因此在排放总量相同的情况下,直接管制手段下总削减费用较高,环境税手段具有费用效率性。原因在于实施环境税的情况下,以税率 t 为媒介,企

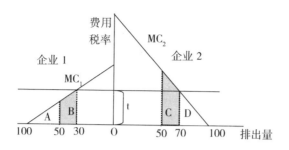

图 2-10 经济手段的费用效率性

业之间边际排放削减费用被均等化,而边际削减费用均等化是费用最小化的前提。

即使被采用的经济手段不是环境税,而是财政补贴或者排放许可证交易制度,仍可以相同形式进行讨论,结果不会改变。

二、许可证与财税手段对比

下面以财政补贴、环境税与排放许可证交易作为分析对象,以上三种经济手段满足静态效率性,即至少在短期内,各手段都具有完全相同的效用,因此称为静态效率性上的"等价"。如图 2-11 所示,右下倾斜的曲线 MC 代表各企业边际排放削减费用的总和,即为社会全体边际排放削减费用水平,假设政策当局也掌握这条曲线。社会全体排放量为 P,目标是将这一水平削减到 Q,如采用征税手段实现,采用税率 OT 即可,企业费用最小化行动的结果是污染排放水平被制定到 Q。如采用许可交易制度实现,当局只要开出正好与排放量 OQ 相等的许可证即可,则图 2-11 中通过 Q 点的曲线就是许可证供给曲线,许可证需求曲线与边际削减费用曲线 MC 一致,故许可证供需在 E 点达到均衡。此时许可证均衡价格与环境税率相等,均为 OT。采用环境财政补贴是,相对于每一单位的排放量都设定与环境税率相等的补贴率,则每减少一单位的排放量会按照补贴金率 OT 得到补助,排放者减少排放时得到的补贴金为削减的排放量×每削减单位排放量的补贴金率。相比边际排放削减费用而言,补贴金率 OT 更高,所以对排放者来说削减排放更有利。但是当削减到超过 Q 点时,边际削减费用高于补贴金,因此对于排放者来说最近排放水平仍是 Q 点。因此无论采用哪种经济手段,只要将价格水平定在 OT,实现既定排放水平

Q 是完全等价的。

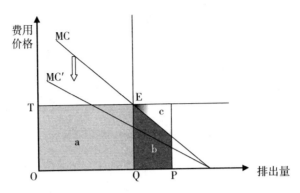

图 2 - 11　经济手段等价性及在经济负担上的差异

从经济负担效果看,采用环境税和排放许可证交易的情况下,排放者的负担是 a(= 剩余排放量 OQ × 税率 OT)的税金负担或许可证的购入额,以及排放量 P 减少到 Q 的削减费用 b 的总值 a + b。如采用财政补贴,排放者负担的削减费用为 b,得到 b + c(= 排放削减量 PQ × 补贴金率 OT)的补贴金。对于排放者而言可以得到超额利润 c,因此除非采用环境政策将会对本地区产生极大影响等特别情况外,补贴金应慎用。

在环境税下污染者的负担一定会相当于 a + b,但在排放许可证交易制度下,由于初期分配的规则设定不同,污染者的负担可能从 a + b 降低到 b。如果政府将许可证以竞买的方式出售,此时两种手段下负担完全相同,都是 a + b。如果政府将污染许可证无偿发放,则污染者承担费用为 b,但是新进入者必须重新购买许可证,负担加重,造成不公平。同时从动态效率性上看,为减小经济手段加在污染者身上的负担促使污染者进行技术革新,结果如图 2 - 11 所示,使得排放削减边际费用曲线下移至 MC′,这是相较于直接管制手段更有优势的理由之一。使用环境税收时污染者负担更大(为 a + b),技术革新的动机越强烈,而采用无偿的初期分配许可交易制度时,污染者的负担和直接管制时完全相同,均为 b,故许可交易制度的动态效率性降低。

表 2 - 3 总结了在征收环境税、补贴及污染物排放交易许可等各手段之间做出选择时应考虑的因素,以不同标准来衡量,各种经济手段都有其优势和不足。通过对财税手段、直接管制手段和污染排放交易许可证手段的对

比分析发现,单一的环境政策手段或多或少存在局限和缺陷,因此应致力于政策搭配。正如张洪翔(2015)所言,德国的排污费制度包含了收费、直接管制、财政补贴等多种政策搭配。美国实施的排污许可交易项目也包括许可证交易制度和直接管制的政策搭配。日本的直接管制同样包含了许可证交易制度要素的直接管制与政策搭配。

表2-3 各种经济手段的对比

	征收环境税	补贴	污染排放交易许可证
技术可行性	污染物排放量可监测,则可行	污染物排放量可监测,则可行;如果补贴用于投入品或工艺技术,则可行性依赖于监测能力	污染物排放量可监测,则可行
特定排放最少成本(均衡边际原则)	是	是,如果直接用于降污减排	是
谁拥有环境污染的权利	政府	排污者	得到许可证者
对排污者利润的影响	多为负面影响,因排污者要为减排和现存剩余污染付费	多为正面影响,如果用于减排,排污者赚取费用将高于他们为减排的支付	取决于交易许可证的初始分配
是否鼓励创新	是(可能大部分是)	是(可能小部分是)	是

资料来源:Peter Berck,Gloria Helfand 著,吴江、贾蕾译.2013."十一五"国家重点图书出版规划项目经济科学译丛《环境经济学》[M].北京:中国人民大学出版社:260.

第三章

中国环境污染现状与财税政策实施状况

　　历史数据表明,中国 70% 以上的环境污染来自工业污染,因此本书重点关注工业环境污染,即由于经济增长、工业化、城镇化引起的以废水、废气和一般固体废弃物为主的环境污染。本章对环境污染现状进行描述性统计分析,具体指标选择 1991－2015 年我国整体、东中西部地区及 2001－2015 年 38 个工业行业分组的废水、废气、固体废弃物排放等数据,2004 年以前、2004 年以后的原始数据分别来自于《中国环境年鉴》以及《中国环境统计年鉴》。

　　本章东、中、西部地区与《中国环境统计年鉴》口径一致①。辽宁、吉宁、黑龙江属于东北部地区,西藏地区因数据严重缺失,不包含在上述三大经济区域。

　　工业行业细分数据 2011 年前后发生变化,增加了三个行业,分别是 B11 开采辅助活动、C36 汽车制造业与 C43 机械、金属制品和设备修理业,故本章的工业行业细分数据不包括以上三个行业,具体行业代码及名称如表 3－1 所示。

---

　　① 东部地区包括北京、天津、河北、上海、江苏、浙江、福建、山东、广东与海南 10 省(自治区、直辖市);山西、安徽、江西、河南、湖北、湖南 6 省(自治区、直辖市)属于中部地区;内蒙古、广西、重庆、四川、贵州、云南、陕西、甘肃、青海、宁夏、新疆 11 省(自治区、直辖市)属于西部地区。

表3-1 38个工业行业代码及名称

行业代码	行业名称	行业代码	行业名称
B06	煤炭开采和洗选业	C26	化学原料及化学制品制造业
B07	石油和天然气开采业	C27	医药制造业
B08	黑色金属矿采选业	C28	化学纤维制造业
B09	有色金属矿采选业	C29	橡胶与塑料制品业
B10	非金属矿采选业	C30	非金属矿物制品业
B12	其他采矿业	C31	黑色金属冶炼及压延加工业
C13	农副食品加工业	C32	有色金属冶炼及压延加工业
C14	食品制造业	C33	金属制品业
C15	饮料制造业	C34	通用设备制造业
C16	烟草制品业	C35	专用设备制造业
C17	纺织业	C37	交通运输设备制造业
C18	纺织服装、鞋、帽制造业	C38	电气机械及器材制造业
C19	毛皮、皮革、羽毛(绒)及其制品业	C39	计算机、通信设备及其他电子设备制造业
C20	木材加工及竹、木、藤、草、棕制品业	C40	仪器仪表和文化、办公用品机械制造业
C21	家具制造业	C41	工艺品及其他制造业
C22	纸制品及造纸业	C42	废旧材料回收和废弃资源加工业
C23	印刷业和记录媒介的复制	D44	电力、热力的生产和供应业
C24	文教体育用品制造业	D45	燃气生产和供应业
C25	炼焦、石油加工及核燃料加工业	D46	水的生产和供应业

第一节　中国环境污染现状

一、废水排放

1. 中国整体工业废水排放现状

中国工业废水排放总量自 20 世纪 90 年代以来一直较大。从图 3 - 1 可以看出,1991 年中国工业废水排放量为 2358687 万吨,2007 年为 2466493 万吨,之后出现下降趋势,总体走势相对平稳。中国工业废水排放达标率自 1991 年以来逐步上升,1991 年中国工业废水排放达标率为 50.1%,2010 年中国工业废水排放达标率为 95.3%(2010 年以后环境统计指标发生变化,没有提供工业废水排放达标率指标)。虽然中国工业废水排放量出现下降趋势且工业废水排放达标率不断上升,但是工业废水排放总量绝对数值仍然较大,中国工业废水污染治理形势并不乐观。

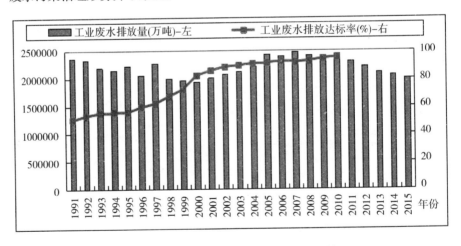

图 3 - 1　1991 - 2015 年中国工业废水排放情况

2. 中国分区域工业废水排放现状

分区域来看(见图 3 - 2),东部地区工业废水排放量最多,中部地区与西部地区相对持平,但是从 2010 年以后,中部地区工业废水排放量明显高于西部地区。西部地区包括11省市,而中部地区只有6个省市,说明中部地区工业废水排放总量较大。从趋势上看,自1992年以来,东部地区工业废水排放量从931397万吨增加到2015年968295万吨,西部地区从1992年500543万吨减少到391646万吨,中部地区从1992年630552万吨减少到476718万吨。除东部地区有所增加外,中部与西部地区均表现为下降趋势。

从工业废水排放达标率看,图3-3显示,东部地区>中部地区>西部地区。从排放达标率趋势上看,均表现为上升趋势,说明工业废水排放治理取得了一定的成效。

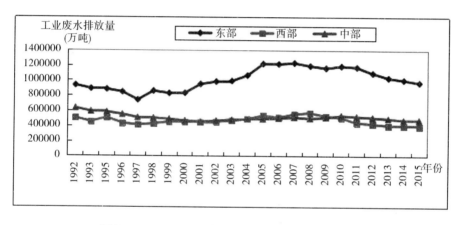

图3-2 1992-2015年中国工业废水分区域排放量

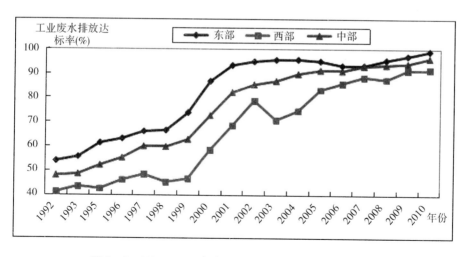

图3-3 1992-2010年中国工业废水分区域排放达标率

3. 中国工业内部不同行业废水排放现状

图 3 - 4 显示,工业废水排放存在显著的行业差异。2001~2015 年,造纸及纸制品业工业废水排放量和 38 个工业行业平均废水排放量分别从 309804、48873.6 万吨下降到 236684、47777 万吨,造纸及纸制品业工业废水排放量是同年工业各行业废水平均排放量的 5~6 倍。电力、热力的生产和供应业,黑色金属冶炼和压延加工业,化学原料及化学制品制造业的废水排放量分别从 222997、191745、330514 万吨降到 88108、91159、256428 万吨,仍然显著高于各行业废水排放量均值。工业品及其他制造业、其他采矿业、废弃资源和废旧材料回收加工业分别从 2418、1187、604 万吨到 7932、357、2153 万吨,显著低于各行业废水排放量均值。年均定基增长速度较快的有计算机、通信设备及其他电子设备制造业,鞋、帽、纺织制造业,工艺品及其他制造业,分别达到 10.18%、11.65%、8.86%。年均定基下降速度较快的有燃气生产和供应业、石油和天然气开采业、其他采矿业、家具制造业,年均定基下降率分别为 13.76%、8.07%、8.22%、8.07%。

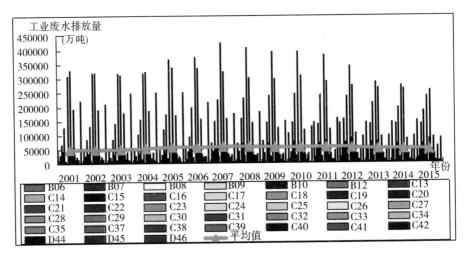

图 3 - 4 2001 - 2015 年中国 38 个工业行业废水排放量及平均值变化趋势

二、废气排放

1. 中国整体工业废气排放现状

自 20 世纪 90 年代以来,中国工业废气排放总量呈现增长趋势(见图 3 -5),1993 年中国工业废气排放量为 93423 亿标立方米,2015 年增加到 685190 亿标立方米,平均增长速度为 9.48%。工业二氧化硫排放量从 1993 年 1292 万吨增加到 2015 年 1556.7 万吨,平均增幅为 0.85%,工业烟粉尘排放量 1993 年为 1497 万吨,2015 年减少为 1232.6 万吨,平均下降幅度为 0.88%。国家于 1997 年扩大对工业"三废"排放量的统计范围,由原来只对县与县以上有污染物排放的工业企业进行统计,扩大到对乡镇工业企业及以上污染物排放的企业进行统计,因此 1997 年各类工业废气排放量呈现出历史新高,但是增幅不一。与 1997 年相比,除工业烟粉尘排放量出现下降趋势外,工业废气排放总量呈现上升趋势,工业 SO_2 排放量在 2006 年达到最大值,之后缓慢下降,但是绝对数量仍然较大,说明中国工业废气排放治理力度函需进一步加大。

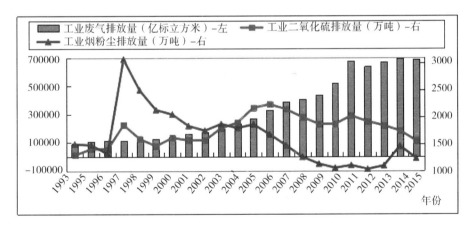

图 3 - 5　1993 - 2015 年中国工业废气排放情况

2. 中国分区域工业废气排放现状

图 3 - 6 报告的是中国工业废气分区域排放情况。从废气排放量变化趋势看,东、中、西部地区均呈现不断上升趋势。从绝对数量上看,东部地区 > 西部地区 > 中部地区,东部地区省份比西部地区少一个,但是工业废气排放总量

却高出西部地区较多,这与东部地区较快的经济发展有关。

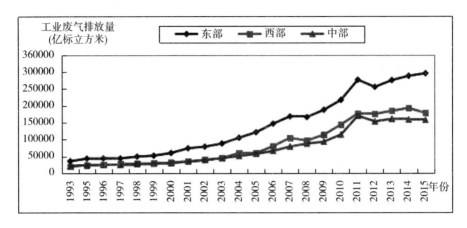

图 3 - 6　1993 - 2015 年中国工业废气分区域排放情况

图 3 - 7 报告的是 1993~2015 年中国工业二氧化硫分区域排放情况。从排放趋势上看,各区域均表现为先上升后下降。从排放绝对数量上看,中部地区最少,这与中部地区本身只包含 6 个省份有关,东西部地区在 2007 年前后呈现不同的排放情况,2007 年以前,东部地区高于西部地区,2007 年以后西部地区高于东部地区,说明西部地区工业二氧化硫排放总量不断增加,环境治理任务较为艰巨。

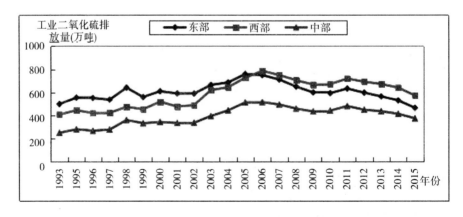

图 3 - 7　1993 - 2015 年中国工业二氧化硫分区域排放情况

1993~2015 年中国工业烟粉尘分区域排放情况见图 3 - 8。东西部地区出现下降趋势,中部地区呈现上升趋势。具体来看,东部地区 1993 年工业烟粉尘排放总量为 451.6156 万吨,2015 年减少到 377.2926 万吨,减少了 74.3234 万吨;1993 年,西部地区工业烟粉尘排放总量达到 450.9494 万吨,2015 年减少到 355.1091 万吨,减少了 95.8403 万吨;中部地区 1993 年工业烟粉尘排放总量为 333.783 万吨,2015 年增加到 345.384 万吨,增加了 11.601 万吨。东、西部地区工业烟粉尘排放总量控制较好,中部地区需要进一步加强。

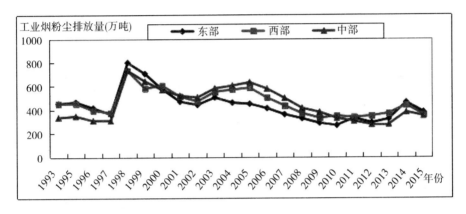

图 3-8　1993-2015 年中国工业烟粉尘分区域排放情况

3. 中国工业内部不同行业废气排放现状

工业废气排放存在显著的行业差异(见图 3-9)。2001~2015 年,电力、热力的生产及供应业废气排放量和 38 个工业行业废气平均排放量分别从 53647、4243.37 亿标立方米增加到 207431、18031.32 亿标立方米,造纸及纸制品业工业废气排放量大约是当年工业各行业废气排放量均值的 4 倍。其中非金属矿物制品业、黑色金属冶炼及压延加工业两个行业的废气排放量分别从 34062、25015 亿标立方米增加到 124687、173826 亿标立方米,显著高于各行业废气排放量均值。石油和天然气开采业、有色金属矿采选业、煤炭开采和洗选业三个行业分别从 218、1064、1543 亿标立方米增加到 920、1575、1908 亿标立方米,显著低于各行业废气排放量均值。工艺品及其他制造业、金属制品业、通信设备、计算机及其他电子设备制造业,三个行业年均增长速度较快,分别为 30.85%、20.26%、14.95%,显著高于工业废气行业均值年均增长率 10.88%。化学纤维制造业、燃气生产和供应业样本期出现了负增长,年均下降速度分别为 2.23%、1.39%。交通运输设备制造业、文教体育用品制造业、石油和天然气开采业,年均增长率分别为 0.10%、4.46%、2.84%,显著低于工业废气行业均值年均增长率。

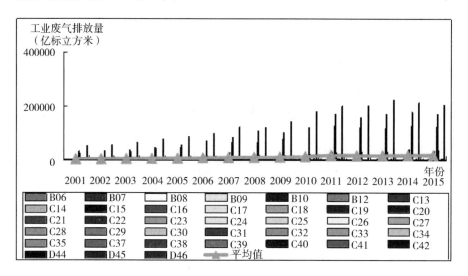

图3-9 2001-2015年中国38个工业行业废气排放量及平均值变化趋势

图3-10显示,工业二氧化硫排放存在显著的行业差异。2001~2015年间,电力、热力的生产和供应业二氧化硫排放量和38个工业行业平均二氧化硫排放量分别从725.54、35.43万吨到505.8302、36.86万吨,电力、热力的生产和供应业二氧化硫排放量大约是当年工业各行业二氧化硫排放量均值的14-20倍。非金属矿物制品业、黑色金属冶炼及压延加工业的二氧化硫排放量分别从157.3617、73.2578万吨增加到208.6269、203.7839万吨,显著高于各行业二氧化硫排放量均值。文教体育用品制造业、橡胶与塑料制品业、专用设备制造业分别从0.3102、5.7954、2.6653万吨到0.6615、7.601、1.7718万吨,显著低于各行业排放量均值。文教体育用品制造业、石油和天然气开采业、其他采矿业,年均增长速度较快,分别为24.12%、8.77%、17.52%,显著高于工业二氧化硫行业均值年均增长率0.28%。煤炭开采和洗选业、黑色金属矿采选业、非金属矿采选业等三个行业样本期内表现为负增长,年均下降速度分别为20.77%、6.06%、8.09%。

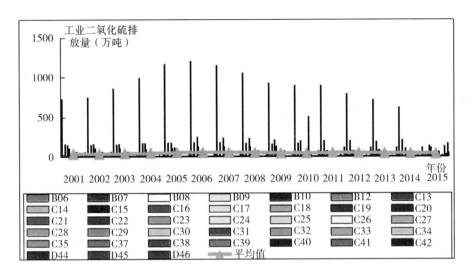

图 3 - 10　2001 - 2015 年中国 38 个工业行业二氧化硫排放量及平均值变化趋势

三、固体废弃物排放

1. 中国整体工业固体废弃物排放现状

图 3 - 11 报告的是中国 1990 - 2015 年中国工业固体废弃物排放情况。
1990 年中国工业固体废弃物排放量为 4767 万吨,之后出现下降趋势,1998 年
达到峰值 7048.2 万吨,然后不断下降,2010 年减少到 498.1976 万吨,之后《中
国环境统计年鉴》不再提供一般工业固体废弃物排放量指标,而增加了一般工
业固体废弃物倾倒丢弃量指标,本书参照林永生(2016)的做法,2011 年及以后
的工业固体废弃物排放量均以固废倾倒丢弃量代替。2015 年工业固体废弃物
排放量为 56 万吨,说明工业固体废弃物排放量得到了较好的控制。工业固体
废弃物综合利用率逐年回升,其中 1990 年中国工业固体废弃物综合利用率只
有 29%,2015 年达到 60.3%,进一步说明工业固体废弃物治理能力得到了明
显提高。

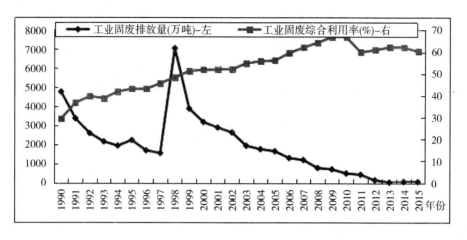

图 3 – 11 1990 – 2015 年中国工业固体废弃物排放情况

2. 中国分区域工业固体废弃物排放现状

工业固体废弃物排放量存在显著的区域差异(见图 3 – 12),中国工业固体废弃物产生量逐年增加,2010 年以后,西部地区工业固体废弃物产生量超过了东部地区,排第一。图 3 – 13 显示,西部地区工业固体废弃物排放量也处于第一位,这与西部经济快速发展有关。但是各区域工业固体废弃物排放量均表现为下降趋势。东、中、西部地区工业固体废弃物综合利用率不断上升(见图 3 – 14),排序上看,东部 > 中部 > 西部。综合来看,西部地区工业固体废弃物产生量和排放量双高,但是综合利用率较低,因此西部地区工业固体废弃物治理面临严峻形势。

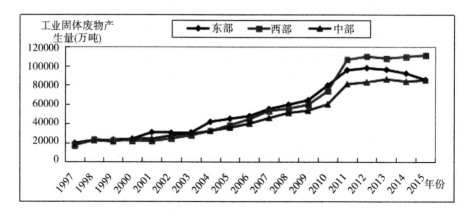

图 3 – 12 1997 – 2015 年中国分区域工业固体废弃物产生量

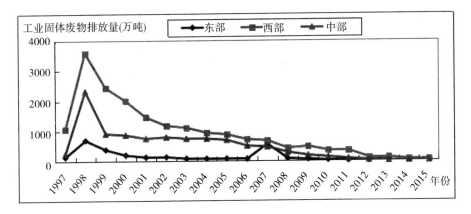

图 3-13　1997-2015 年中国工业固体废弃物分区域排放情况

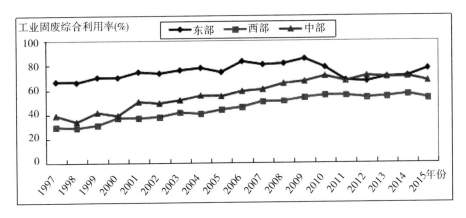

图 3-14　1997-2015 年中国分区域工业固体废弃物综合利用率

3. 中国工业内部不同行业固体废弃物排放现状

图 3-15 显示,工业固体废弃物排放存在显著的行业差异。2001-2015 年,煤炭开采和洗选业固体废弃物排放量和 38 个工业行业平均固体废弃物排放量分别从 619、52.92 万吨降低到 5.06、1.36 万吨,煤炭开采和洗选业固体废弃物排放量大约是当年工业各行业固体废弃物排放量均值的 5～11 倍。黑色金属冶炼及压延加工业、黑色金属矿采选业的固体废弃物排放量分别从 254、146 万吨减少到 8.46、5.64 万吨,显著高于各行业固体废弃物排放量均值。农副食品加工业、烟草制品业、食品制造业分别从 13、3、2 万吨减少到 1.17、0.16、0.31 万吨,显著低于各行业固体废弃物排放量均值。石油加工、炼焦及核燃料加工业、通用设备制造业、化学原料及化学制品制造业年均减少速度较

快,分别为41.46%、38.95%、37.22%,显著高于工业固体废弃物行业均值年均降低率23%。农副食品加工业、食品制造业、有色金属冶炼及压延加工业,年均降低率分别为15.8%、12.47%、8.89%,显著低于工业固体废弃物行业均值年均降低率23%。

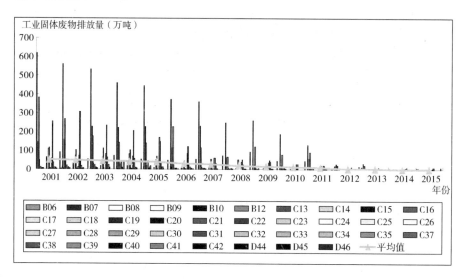

图3-15　2001-2015年中国38个工业行业固体废弃物排放量及平均值变化趋势

第二节　促进环境治理的财政政策实施状况

从财政支出类别划分的角度来看,中国环境治理的财政政策主要由三部分构成:分别是投资性环境财政支出、转移性环境财政支出与消费性环境财政支出。

一、投资性环境财政支出实施状况

环境保护财政投资是环境财政支出政策的重要组成部分,也是政府履行环境治理职能的重要保障。具体由环保财政支出与环境污染治理投资两种政策组成。中国从2007年开始把环境保护支出作为财政单项单列(2011年及以后称为节能环保支出),为环境治理提供稳定且可靠的资金来源,主要涵盖环

境保护管理事务、环境监测与监察、污染防治、自然生态保护、天然林保护、退
耕还林、风沙荒漠治理、退牧还草、已垦草原退耕还草、能源节约利用、污染减
排、可再生能源、循环经济、能源管理事务、其他节能环保支出等15类子目。如
表3-2所示,中国环保财政支出从2007年995.82亿元增加到2016年
4734.82亿元,平均年增长速度达到18.91%。中央环保财政支出从2007年
34.59亿元增加到2016年295.49亿元,平均增长速度为26.91%。地方财政
环保支出从2007年961.23亿元增加到2016年4439.33亿元,平均增长速度
为18.53%。从平均增长速度来看,中央财政环保支出最快,国家其次,地方最
慢,但是均超过了GDP的名义增长速度。国家财政环保支出占GDP的比重从
2007年0.37%增加到2016年0.64%,平均占比为0.55%,虽然国家环保财政
支出占GDP的比重在逐年缓慢上升,但是比重仍然低于1%。而发达国家的
这一比重基本都在2%以上,因此还需要进一步加强。

表3-2 国家环境保护财政支出(决算数)

年份	中央财政环保支出(亿元)	地方财政环保支出(亿元)	国家财政环保支出(亿元)	GDP(亿元)	国家财政环保支出占GDP比重(%)
2007	34.59	961.23	995.82	270232.3	0.37
2008	66.21	1385.15	1451.36	319515.5	0.45
2009	37.91	1896.13	1934.04	349081.4	0.55
2010	69.48	2372.5	2441.98	413030.3	0.59
2011	74.19	2566.79	2640.98	489300.6	0.54
2012	63.65	2899.81	2963.46	540367.4	0.55
2013	100.26	3334.89	3435.15	595244.4	0.58
2014	344.74	3470.90	3815.60	643974.0	0.59
2015	400.41	4402.48	4802.89	689052.1	0.70
2016	295.49	4439.33	4734.82	743585.5	0.64
平均增长速度(%)	26.91	18.53	18.91	11.90	—

资料来源:国家统计局网站。

从节能环保财政支出占财政总支出比重来看(见表3-3),地方节能环保支出占比最高,中央节能环保财政支出占比最低,可见环境治理主要是以地方政府为主。国家节能环保财政支出占总财政支出的比重逐年缓慢增加,均在2%以上。国家节能环保财政支出占全社会固定资产投资比重2007年为0.73%,2015年增加至0.85%,呈现上升趋势,2016年有所减少,为0.78%。

表3-3 环境保护财政支出占财政总支出的比重 单位:%

年份	中央财政环保支出/中央财政支出	地方财政环保支出/地方财政支出	国家财政环保支出/全国财政支出	国家财政环保支出/全社会固定资产投资
2007	0.30	2.51	2.00	0.73
2008	0.50	2.81	2.32	0.84
2009	0.25	3.11	2.53	0.86
2010	0.43	3.21	2.72	0.97
2011	0.45	2.77	2.42	0.85
2012	0.34	2.71	2.35	0.79
2013	0.49	2.79	2.45	0.77
2014	1.53	2.69	2.51	0.75
2015	1.57	2.93	2.73	0.85
2016	1.08	2.77	2.52	0.78

资料来源:国家统计局网站。

环境污染治理投资与环境保护财政支出不同,主要包括三个部分,分别为城市环境基础设施建设投资、工业污染源治理投资与建设项目"三同时"(指建设项目与环境保护设备同时设计、同时建设、同时投入使用)环保投资。其中城市环境基础设施投资由五个方面组成,分别是城市燃气建设投资、城市集中供热建设投资、城市排水建设投资、城市园林绿化建设投资和城市市容环境卫生建设投资等。工业污染源治理投资主要用于治理废水、废气、固体废弃物、噪声及其他等五个方面。随着国家对环境治理工作的高度重视,环境污染治理投资呈不断上升趋势(如图3-16),城市环境基础设施建设投资占比重最高,自2000年以来该比重达50%以上,2010年高达68%。1991年环境污染治

理投资资金为 170.1 亿元,占 GDP 比重为 0.78%,1999 年该比重首次突破了
1%,之后逐年增长,2010 年环境污染治理投资资金为 7612.19 亿元,占 GDP 比
重为 1.84%,占全社会固定资产投资比例为 3.02%,达到历史最高。2000~
2016 年,环境污染治理投资资金总额增加了 7 倍,但是对比国际经验,资金缺
口仍然较大。从中国三大经济区域环境污染治理投资看出(如图 3-17),东部
地区 > 西部地区 > 中部地区。

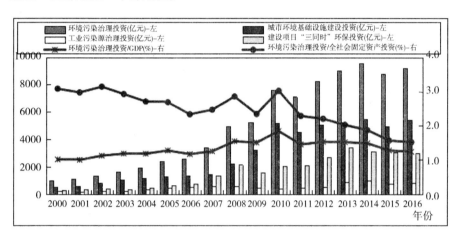

图 3-16 2000-2016 年中国环境污染治理投资

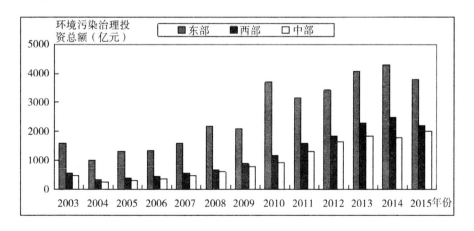

图 3-17 2003-2015 年中国三大区域环境污染治理投资

二、转移性环境财政支出实施状况

环境转移支付是一种无偿性支出,是二级分配的重要手段,也是实现区域环境公平的必然要求。目前中国存在区域环境质量差异、环境不公等现象,如长江流域、黄河流域上下游地区环保与收益不均等,东、中、西部地区资源环境利用与责任承担不协调,生态功能区环境开发与利益不对等,对经济、社会与环境的协调发展及可持续发展产生重要影响等,因此转移性环境财政支出对实现区域环境均衡发展起重要作用。

一般性转移支付和专项转移支付是中央对地方财政转移支付的两种形式,前者没有明确规定用途,地方政府可自由支配,目的在于均衡区域间财力差距,而后者有指定的用途,是委托地方政府代理行政事务进行补偿设立的专项资金,为实现特定的宏观政策以及事业发展目标而设立。专项转移支付是转移性环境支出的主要形式,是指中央对地方政府环境污染治理事权的专门资金补助,用途以发展地方环保事业,地方环境治理,改善生产和生存环境,提升环境质量为主。

中国转移性环境财政支出至 2007 年以来逐年上升,如表 3－4 所示,2007年环保转移性支付资金为 747.52 亿元,2016 年上升到 1687.58 亿元,其中2012 年达到最大值 1934.77 亿元。从最近十年的平均增长速度来看,转移支付、一般性转移支付、专项转移支付和节能环保转移支付分别为 15.85%、32.65%、12.99%、9.47%,其中一般性转移支付增长速度最快,而环境保护转移支付最慢。

表3－4　中央对地方转移支付(决算数)

年份	转移支付(亿元)	增长率(%)	一般性转移支付(亿元)	增长率(%)	专项转移支付(亿元)	增长率(%)	节能环保(亿元)	增长率(%)
2007	13991.00	—	2505.00	—	6898.00	—	747.52	—
2008	18708.60	33.72	3510.51	40.14	9962.39	44.43	974.09	30.31
2009	23677.09	26.56	11317.2	222.38	12359.89	24.07	1113.9	14.35

年份	转移支付（亿元）	增长率（%）	一般性转移支付（亿元）	增长率（%）	专项转移支付（亿元）	增长率（%）	节能环保（亿元）	增长率（%）
2010	27347.72	15.50	13235.66	16.95	14112.06	14.18	1373.62	23.32
2011	34881.33	27.55	18311.34	38.35	16569.99	17.42	1548.84	12.76
2012	40233.64	15.34	21429.51	17.03	18804.13	13.48	1934.77	24.92
2013	42973.18	6.81	24362.72	13.69	18610.46	-1.03	1703.67	-11.94
2014	46509.49	8.23	27568.37	13.16	18941.12	1.78	1688.29	-0.90
2015	50078.65	7.67	28455.02	3.22	21623.63	14.16	1854.40	9.84
2016	52573.86	4.98	31864.93	11.98	20708.93	-4.23	1687.58	-9.00
平均增长速度（%）	15.85	—	32.65	—	12.99	—	9.47	—

数据来源：中华人民共和国财政部网站

从表3-5的支付明细来看，2010～2013年污染防治资金从263.93亿元增加到314.84亿元，资源节约利用资金从281.7亿元增加到447.04亿元，自然生态保护、天然林保护资金、风沙荒漠治理资金、可再生能源资金及资源综合利用资金也表现为上升趋势。退耕还林和退牧还草资金表现为下降趋势。2014～2016年节能环保专项支付资金项目发生了一些变化，增加了江河湖泊治理与保护专项资金（即水污染防治资金）、排污费支出、大气污染防治专项资金等，2016年新增工业企业结构调整专项奖补资金298.13亿元。节能专项资金与基建支出资金占比较多，其中节能专项资金占当年总支出的比重分别为17.84%、23.84%与20.42%，基建支出资金占当年总支出的比重分别为21.53%、20.12%，表明转移性环境财政支出在环境治理方面发挥着越来越重要的作用，也体现了环境保护工作的重要性。

表 3 - 5 2010 - 2016 年转移性环境财政支出 单位:亿元

节能环保支出	2010 年	2011 年	2012 年	2013 年	2014 年	2015 年	2016 年
环境监测与监察	6.41	4.76	0	0	—	—	—
污染防治	263.93	286.16	298.37	314.84	—	—	—
自然生态保护	36.54	49.28	61.97	83.03	—	—	—
天然林保护	58.39	138.35	138.14	138.02	145.17	172.4	221.61
退耕还林	337.65	297.79	280.33	277.48	283.75	308.15	212.05
风沙荒漠治理	27	33	35	37.68	—	—	—
退牧还草	33.15	19.74	19.74	19.72	—	—	—
资源节约利用(节能减排专项)	281.7	358.38	594.2	447.04	316.34	442.09	344.57
污染减排	184.59	185.28	261.07	169.90	—	—	—
可再生能源	100.81	115.65	163.55	133.71	165.50	92.33	72.45
资源综合利用	42.54	58.41	82.15	82.25	—	—	—
其他节能环保支出	0.91	2.04	0.25	—	—	—	—
江河湖泊治理与保护专项资金(水污染防治资金)	—	—	—	—	70	121.51	131
排污费支出	—	—	—	—	10.07	17	20
三峡库区移民专项资金	—	—	—	—	0.27	—	—
城镇污水处理设施配套管网专项资金(城市管网专项)	—	—	—	—	105.87	180	185
循环经济发展补助资金	—	—	—	—	24.43	—	—
农村环境保护资金	—	—	—	—	58.84	—	—
重金属污染防治(土壤污染防治专项)	—	—	—	—	37	37	90.89
大气污染防治	—	—	—	—	105.50	107.38	111.88

续表

节能环保支出	2010 年	2011 年	2012 年	2013 年	2014 年	2015 年	2016 年
生物多样性保护专项资金	—	—	—	—	2		
基建支出	—	—	—	—	363.55	373.08	—
工业企业结构调整专项奖补资金	—	—	—	—	—	—	298.13
合计	1373.62	1548.84	1934.77	1703.67	1688.29	1854.40	1687.58

资料来源:根据中华人民共和国财政部各年财政决算数据整理得到

表 3-6　中央对对方重点生态功能区转移支付

年份	重点生态功能区转移支付(亿元)	环比增长率(%)
2008	60.5	—
2009	120	98.35
2010	249.2	107.67
2011	300	20.39
2012	371	23.67
2013	423	14.02
2014	480	13.48
2015	509	6.04
2016	570	11.98
2017	627	10.00
2018(提前下达)	564.3	—

数据来源:中华人民共和国财政部网站

　　在转移性环境财政支出中,一个重要手段不可忽视,即中央对地方重点生态功能区转移支付。为了维护国家生态安全,促进生态文明建设,引导地方政府加强生态环境保护,提高国家重点生态功能区等生态功能中央地区所在地政府的基本公共服务保障能力,2008 年开始国家重点生态功能区转移支付的试点工作,2009 年,财政部颁布《国家重点生态功能区转移支付(试点)办法》,至此国家重点生态功能区生态转移支付制度全面推广施行。生态转移支付资金由中央财政下拨到各省(市),各省(市)根据一定标准分别下拨至生态功能区各县财政。生态转移支付旨在改善和提高生态功能区环境质量,也具有因生态功能限制开发的一种"生态补偿"性质,主要用于生态功能区环境治理和环境质量改善,2017 年中央对地方生态功能区转移支付补助明细包括重点补助、禁止开发补助、引导性补助、生态保护员补助等。中央对地方重点生态功能区转移支付资金表现为上升趋势(见表 3 - 6),从 2008 年 60.5 亿元增加到 2017 年 627 亿元,平均增长速度为 29.27%。

三、消费性环境财政支出实施状况

消费性环境财政支出是指财政支出中以支持和发展环境保护事业为主的消费性支出项目。例如环保部门及相关机构的行政事业性经费、环境教育与环境科学研究等。具体来看,主要有以下五类支出,一是环境行政管理费,包括行政事业支出、环境监察、监测与规划等支出;二是环境公共物品提供,包括提供环境信息、环境科研以及为提高环保意识所进行的公益活动支出;三是自然生态环境保护支出,包括防护林建造、城市绿化等支出;四是环境污染处理支出,包括城市垃圾清理、回收、再利用、农业面源污染防治等;五是为解决国际环境问题而产生的国际履约与合作支出。

政府绿色采购是消费性环境财政支出的重要内容。2002 年 6 月,中国颁布实施了《中华人民共和国政府采购法》,该法明确指出"政府采购应当有助于实现国家经济和社会发展政策目标,包括保护环境",这构成了中国政府绿色采购的法律基础。2007 年初,中国政府公布了首份采购"绿色清单"。2008 年开始在全国范围内推行政府绿色采购。截止到 2017 年 8 月,中国已发布 22 批政府节能产品采购清单及 20 批政府环境标志产品采购清单,包括 65 个品类的上万种产品。中国政府采购环境标志产品的清单产品种类,从最初的 14 大类增加到 57 大类,包括办公设备及耗材、乘用车、电子电器等。政府绿色采购企业数从 81 家增加到 2000 多家,采购产品型号从 800 多种增加到 20 多万种。环保产品采购规模也大幅提高,2008 ~ 2015 年,中国政府采购环境标志产品总规模达 7154.5 亿元, 占政府采购同类产品比重持续提升。① 表 3 - 7 报告的是 2007 - 2016 年中国政府采购规模及政府强制和优先采购节能、环保产品规模, 中国政府采购规模逐年增加, 2015 年首次突破 2 万亿元, 2016 年达到 25731.4 亿元。政府强制和优先采购节能、环保产品规模也呈逐年上升趋势, 2012 年首次突破 2 千亿元, 2014 年达到峰值 3862.4 亿元, 2015 - 2016 年维持在 2700 亿元以上。节能、环保产品规模占政府采购规模的比重呈先上升后下降的趋势, 其中, 2007 年只有 3.53%, 2014 年增加至 22.32%, 2015 - 2016 年该比重保持在 10% 以上。

表 3 - 7　中国政府采购情况

年份	政府采购规模 （亿元）	强制和优先采购节能、 环保产品规模（亿元）	节能、环保产品规模 占政府采购规模的比重（%）
2007	4660.9	164.5	3.53
2008	5990.9	303.1	5.06
2009	7413.2	302.1	4.08
2010	8422.4	787.5	9.35
2011	11332.5	1650.4	14.56
2012	13977.7	2220.3	15.88
2013	16381.1	3274	19.99
2014	17305.34	3862.4	22.32
2015	21070.5	2706.3	12.84
2016	25731.4	2704	10.51

数据来源：中华人民共和国财政部官网

---

① 人民网, 2017 年 1 月 20 日。

第三节　促进环境治理的税收政策实施状况

促进环境治理的税收政策主要包括征收环境税与税收优惠。虽然排污收费不具有税收性质,但是它是最接近于环境税的收费制度,因此本书也把具有税收性质的排污收费纳入环境税收政策体系。

一、与环境保护有关的税种

1. 资源税

资源税以自然资源为征收对象,是目前中国最接近于环境税的税种,资源税开征于1984年,征税目的是着力资源的合理开发与利用,调节资源开采中的级差收入。2005年7月1日起,在全国23个省份(市)大规模提高了原油、天然气和煤炭的税率。从2006年6月1日起,湖南、湖北、广东和内蒙古四省煤炭资源税标准再次提高。取消对有色金属减征30%的优惠政策。2010年6月1日起新疆资源税改革试点拉开帷幕,原油和天然气改为从价计证,2011年改革扩大到全国范围,涉及税目进一步增加。2012年2月又对铁矿石等的减征与税率进行调整。2016年5月10日,财政部和国家税务局发布《关于全面推进资源税改革的通知》,通知规定2016年7月1日起全面推进资源税改革,对绝大部分矿产品实施从价计证方式,对黏土、矿石等分散经营、管控难度较大的少数矿产品仍采取从量定额计证。

图3-18显示,近20年来,中国资源税呈现大幅增长趋势,1996年资源税额为57.35亿元,2015年增加到1034.94亿元,2016年为950.83亿元,平均增长速度为15.07%。资源税在税收总额中占比不足1%,占GDP比例也较低,不足0.2%。

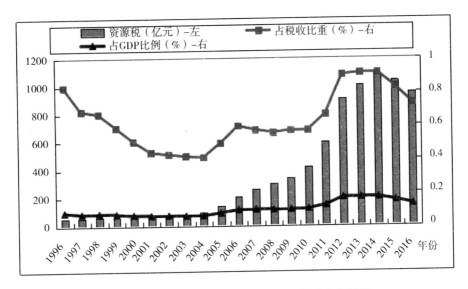

图3-18　1996-2016年中国资源税税额及占比情况

2. 耕地占用税

我国从1987年4月1日起,对用于种植农作物的土地包括前三年内曾用于种植农作物的土地征收耕地占用税,主要目的在于加强土地管理、合理利用土地资源和保护耕地。基于保护环境性质的政策有:一是提高税额征收标准,坚守耕地红线。2008年1月1日起,将耕地占用税单位税额标准的上、下限都提高到大约原来的4倍;对占用基本农田的使用税额在上述适用税额基础上再增加50%,统一增加内、外资企业耕地占用税税收负担;对经济技术开发区、经济特区及人均耕地特别少的经济发达地区,适当提高运行的适用税额。二是对纳税人改变原占地用途,不属于免征或减征条件的,按照当地适用税额补缴耕地占用税。三是纳税人在批准临时占用耕地的期限内将占用耕地恢复原状的,应退还已缴纳的全额税款;占用林地、农田水利用地、牧草地、养殖水面、渔业水域滩涂等其他农用地从事非农建设或建房的,按照本条例计证耕地占用税。

耕地占用税近20年来不断增长(见图3-19),1996年耕地占用税税额为31.2亿元,2016年增加到2028.89亿元,平均增长速度为23.21%,占税收比重逐年增加,平均为0.6%;占GDP比例也逐年攀升至0.3%,说明耕地占用税是中国的一个小税种,但是其税额的50%专门用于地方耕地改良与生态维护,提

79

高土地质量,因此耕地占用税的征收对抑制耕地资源的乱占滥用起到了较好的抑制作用。

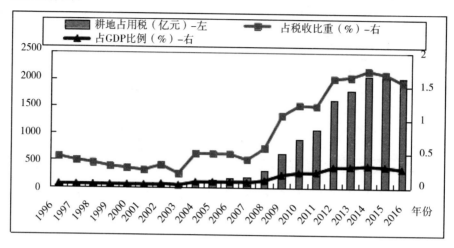

图3-19 1996-2016年中国耕地占用税税额及占比情况

3. 城镇土地使用税

城镇土地使用税是指对拥有土地使用权的个人和单位征收的税种。以城镇土地为征税对象,能够促进城镇土地的合理利用、调节土地级差收益、提高土地使用效率,具有明显的环境税属性。税法规定:城镇土地使用税的计税是以纳税人实际占用的土地面积为依据,目的在于提高土地的使用效率。依据不同地区及经济发展情况,执行等级幅度税额征收城镇土地使用税,每平方米年税额标准的等级幅度大城市为1.5元至30元,中等城市为1元至24元,小城市为0.9元至18元,县城、建制镇、工矿区0.6元至12元,有助于城镇土地的合理开发与使用。经批准改良的废弃土地、移山填海整治的土地,从土地使用月起免征土地使用税5~10年,有助于土地的有效开发和利用。

中国城镇土地使用税近20年来不断增长(见图3-20),1996年国家城镇土地使用税税额为39.42亿元,2016年增加到2255.74亿元,平均增长速度为22.43%。城镇耕地占用税占总税收的比重逐年增加,2016年达到最大值1.73%,平均比重为0.83%,占GDP比重也逐年上升,2015年达到最大值0.31%,平均比例为0.13%。城镇土地使用税属于地方税种,在整个税制体系中属于小税种,对环境治理的作用较小。

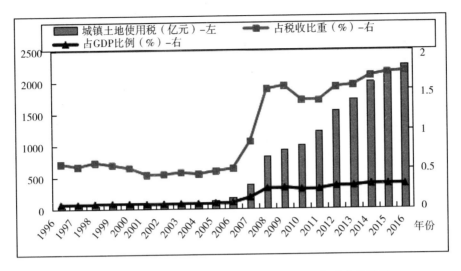

图3-20　1996-2016年中国城镇土地使用税税额及占比情况

4. 城市维护建设税

政府为稳定和扩大城市维护建设资金征收城市维护建设税,是加强城市维护与建设而设定的地方税税种,始于1985年,该税种专门用于城市绿化、环境卫生等公共设施的维护与建设。以纳税人已交纳的增值税、营业税及消费税为城市维护建设税依据,因此它属于附加税。根据纳税人所在的不同地理位置,税率分为1%、5%和7%三个档次,城市维护建设税占GDP比重较低(见图3-21),低于0.6%,绝对额逐年增长,平均增幅达15.03%,占总税收的比重约为3%,但是该税种在环保总投资中所占比重较高,约为35%(张玉,2014),因此是环保投资资金的重要来源渠道。

5. 车辆购置税

车辆购置税是对中华人民共和国境内的公民和单位购买车辆时所进行的一次性税收政策,始于2001年。2000年发布的《中华人民共和国车辆购置税暂行条例》规定车辆购置税税率为10%,之后税率徘徊于10%、7.5%与5%之间。国家财政部和税务总局联合起草《中华人民共和国车辆购置税法(征求意见稿)》,于2017年8月7日公开向社会征求意见,从此,车辆购置税由条例向上升级为法律。2018年1月1日起,车辆购置税税率恢复10%,并规定新能源车辆免征车辆购置税;应税车辆包括摩托车、汽车、挂车、有轨电车四大类。

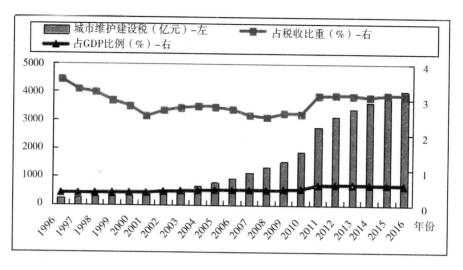

图 3 – 21　1996 – 2016 年中国城市维护建设税税额及占比情况

车辆购置税至 2001 年实施以来,税额逐年增长(如图 3 – 22),2001 年至 2016 年全国累计征收车辆购置税 22933.45 亿元,其中 2001 年车辆购置税为 254.8 亿元,2016 年增加到 2674.16 亿元,平均增长速度为 16.97%。从车辆购置税占税收总额的比重维持在 2% 左右,占 GDP 比例呈缓慢上升趋势,但比例不到 0.5%。车辆购置税制度实施以来,对增加财政收入、促进交通基础设施建设、引导汽车产业的发展做了重要贡献,但是其节能减排作用十分有限。

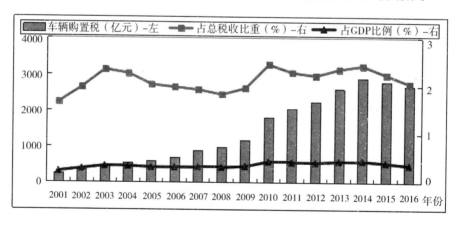

图 3 – 22　2001 – 2016 年中国车辆购置税税额及占比情况

6. 车船税

我国 2012 年正式实施现行车船税法。税法规定:乘用车按排气量大小分级征税,排气量越大,征税越多;载客汽车、摩托车每辆每年缴纳额度不等的车船税;载货汽车、三轮汽车和低速货车按自重、船舶按净吨位每年缴纳一定额度的车船税;对使用新能源和节约资源的车辆减征或不征车船税。以上规定体现了车船税环保的政策导向。车船税近 20 年来呈现逐年增加的趋势(如图 3 - 23),1996 年车船税额为 15.15 亿元,2016 年增加至 682.68 亿元,平均增长速度为 20.97%。车船税占税收总额的比重增加较快,特别是 2007 年以后增长较快,到 2016 年车船税占税收总额的比重超过 0.5%,占 GDP 比例也呈现缓慢上升趋势,但是比例较低,不足 0.1%,属于小型地方税种,发挥的环境污染治理作用有限。

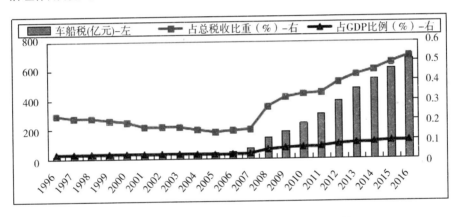

图 3 - 23　1996 - 2016 年中国车船税税额及占比情况

7. 排污费

1978 年《环境保护工作要点》中首次提出构建排污收费制度,环境治理重点是污染源的控制。直到 1982 年《征收排污收费暂行办法》的出台,中国排污收费制度正式建立。2002 年国务院颁布了《排污费征收使用管理条例》规定,排污费征收包括污水、废气、固体废弃物、危险废物和噪声,依据污染当量计征,污染收费作为环保专项资金管理。2003 年 7 月 1 日起,根据《排污费征收标准管理办法》规定,污染物排放量超过国家或地方标准的,按排放污染物的数量、种类计征,提高从量计证标准,排污费 100% 用于污染治理。国家环保总局2007年发布了《排污费征收工作稽查办法》,规范了排污费稽查工作。《关于调整排污费征收标准等有关问题的通知》国家发改委于2014年发布,通知规定提高排污费征收标准,对于经济发达地区和污染重点防治区,收费标准按照高于排污费收费标准征收,推进治污减排和环境保护。

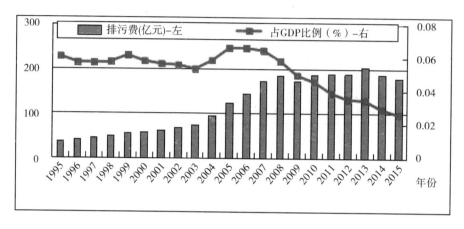

图3-24　1995-2015年中国排污收费及占比情况

自1995年以来,中国排污费收取情况如图3-24所示,2007年以前增长较快,之后较为稳定,波动幅度不大,1995年排污费为37.1亿元,2013年达到最高点204.81亿元,之后开始减少,2015年降至178.5亿元,但年均增长速度达8.17%。据统计,1979~2015年共向1298.7万家排污企业征收2667亿元排污费。排污费占GDP比例较低并呈现下降趋势,2015年不足0.03%。需要注意的是排污费的下降并不表明中国环境状况有所改善,而是由于经济发展速度较快,导致排污费征收规模滞后于经济发展规模,因此排污费的征收与监管力度有待于进一步加强。从2018年1月1日起,排污费改税,正式实施环境保护税,排污费退出历史舞台,具有法律效力的环境保护税将扮演环境治理的角色。

二、与环境保护有关的税收政策

与环境保护有关的税收政策主要体现在增值税、消费税、企业所得税以及进出口税中。增值税中的差别税率政策、即征即退政策、先征后退政策均有助于环境质量的提升及消费结构的改善。消费税的环保功能主要通过对生产、委托加工和进口某些对生态环境造成危害的特殊消费品、高能耗产品,不可再生、不可替代的稀缺资源等在征收增值税基础上重新增加一道消费税,增加税收负担,起到调控产业发展方向与消费倾向、保护环境和节约资源的作用。国家在制定和设计企业所得税时充分考虑了环境保护与资源节约的需要。如消费税中规定企业投资于节能、资源综合利用和"三废"治理等目的,采用先进适用的新工艺、新技术等对现有设施、生产工艺条件进行改造的项目,所需过程设备投资的40%,可从设备购置当年比上年度新增的企业所得税中减免。进出口税主要是针对高污染、高能耗、资源性的"两高一资"产品大量出口或部分高污染、高能耗、资源性产业投资过热,给国内资源消耗、环境污染、能源消费等造成巨大压力的产品,国家从2004年年底开始调整相应有关"两高一资"产品的关税与出口退税政策(约为9.8%),约束并限制高污染、高能耗、资源性产品的大量出口,对部分产品征收出口暂定关税,停止部分产品加工贸易,高能耗、高污染及资源型产品出口政策调整涉及30多个行业、近200个品种。面对全球金融危机,我国出口严重下滑,我国从2008年下半年提高部分产品出口退税率(约为12.4%)。

三、环境保护税

1979年开始,中国对4种污染源征收排污费,包括污水、固体废弃物、废气、噪声。从2018年1月1日起实行排污费改税改革,以污染物排放量作为征税依据,将缴纳排污费的人改为环境保护税的纳税人,环境保护税的税额下限为当前排污费收费标准。由于车船税和消费税发挥了节能减排作用,对机动车和船舶等实施暂免征税。

为激励地方政府开展污染防治工作,环境保护税法规定,中央政府不再参加收入分成。现行排污费中央占10%,地方为90%。费改税后环境保护税征税税额由省政府制定,税收收入全部归地方所有。当前实施的大气和水污染物排污费征收标准,国家只设定下限未设置上限,上浮收费标准由各省(直辖市)自行制定。但环境保护税额同时设定了征税的上限和下限。大气和水污染物的税额下限执行每污染物当量1.2元和1.4元的最低标准,税额上限设定为下限的 10 倍。

费税改革后,征收部门变更为税务机关。由于环保部门执行企业排污的监测,因此,环境保护税法采用"企业申报、税务征收、环保协同、信息共享"的模式征管。税务机关、环保部门定期交换纳税资料及企业排污的监测资料,实行信息共享。

四、税收优惠

对于主动、积极进行环境治理的排污者,中国给予减免税的优惠政策照顾,税收优惠涉及税种有企业所得税、个人所得税、车船税等。税收优惠对于纳税主体具有激励作用,鼓励污染企业主动降污减排,将环境所产生的外部成本内部化,对具有正外部性的行为给予补贴,有助于维护市场公平,鼓励企业节能减排,降低环境污染,提升环境质量。从全国来看(如图 3 - 25),2008 - 2010 年节能减排税收优惠从 58.84 亿元下降到 51.94 亿元,减少近 7 亿,占 GDP 比例也从 0.02% 下降到 0.01%,占税收总额的比例从 0.1% 下降到 0.07%,进一步说明符合节能减排税收优惠的行为在减少,有待于提高节能减排税收优惠的激励作用。

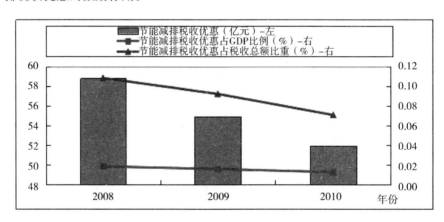

图 3 - 25   2008 - 2010 年中国节能减排税收优惠及占比

数据来源:根据国家税务总局相关数据整理而来

1. 企业所得税税收优惠

财税〔2008〕48 号规定,减免从事环境保护、安全生产专用设备抵扣及节能节水等部分企业所得税;财税〔2009〕166 号、财税〔2010〕110 号分别规定对节能节水项目所得税、节能服务公司合同能源管理项目减免;清洁基金收入减免(财税〔2009〕30 号);资源综合利用收入减免(财税〔2008〕117 号)等具体规定。

2. 个人所得税税收优惠

依照《中华人民共和国个人所得税法》第四条规定,免征个人所得税的奖金包括省级人民政府、中国人民解放军军以上单位和国务院部委,外国组织、国际组织颁发的科学、技术、教育、文化、体育、卫生、环境保护等方面的奖金。

3. 车船税税收优惠

自 2015 年 5 月起,根据财税〔2015〕51 号文件规定:对燃料电池乘用车和纯电动乘用车一律不征车船税。对《享受车船税减免优惠的节约能源使用新能源汽车车型目录(第三批)》的能源节约汽车,征收车船税减半;对《目录》中免征使用新能源汽车的车船税。

4. 增值税税收优惠

国家给予生产中积极进行环境污染治理的企业和从事资源再生产的企业增值税减免优惠,具体涉及农副产品、资源综合利用、再生资源利用、污水及垃圾污泥处理等行业。其中农副产品增值税减免体现在财税〔2001〕113 号文件中;资源综合利用、再生资源循环利用增值税减免体现在财税〔2008〕156 号文件中;污水处理增值税减免体现在财税〔2001〕72 号文件中;污水及垃圾污泥处理体现在财税〔2001〕115 号文件中。对从事以上行业的企业给予一定增值税减免有助于激励企业积极从事污染治理及再生资源利用,从而改善环境质量。

我国政府采取环境税收政策约束经济行为主体排污,控制污染物排放,着力于建立"美丽中国"和迈向"生态文明新时代"。各种环境税(费)起始年份不同,税收性质不同,与环境税相关密切程度也相异,表 3 - 8 对各种与环境保护相关的税种进行了详细对比,接下来将实证检验各种环境税的环境治理效应。

表 3-8　各种税收手段对比

财政收入手段	起始年份	性质	与环境税相关程度
资源税	1984	中央与地方共享税	＋＋＋
增值税	1985	中央与地方共享税	＋
消费税	1994	中央税	＋＋＋
企业所得税	1985	中央与地方共享税	＋
耕地占用税	1987	地方税	＋＋＋
城镇土地使用税	1988	地方税	＋＋＋
城市维护建设税	1985	中央与地方共享税	＋＋＋
车辆购置税	2001	中央税	＋
车船税	1986	地方税	＋＋＋
进出口税	1985	中央税	＋＋
排污费	1979	中央与地方共享	＋＋＋
环境保护税	2018	地方税	＋＋＋＋

＋＋＋表示相关程度较高　＋＋表示相关程度一般　＋表示相关程度较低

第四节　本章小结

　　本章首先对工业废水、工业废气、工业固体废弃物、工业烟粉尘、工业二氧化硫等污染排放物现状进行了分析。从时间趋势上看,除工业固体废弃物外,各种工业污染物排放量均呈现增加趋势。分区域来看东部地区工业废水排放量最多,中部地区与西部地区相对持平;工业废气排放量由大到小的顺序为:东部地区、西部地区、中部地区;东、西部地区工业烟粉尘排放总量控制较好,中部地区需要进一步加强。西部地区工业固体废弃物排放量、产生量较大,综合利用率较低,西部地区工业固体废弃物治理形势严峻。

　　其次从投资性、转移性和消费性支出呈现了中国环境财政政策状况。中国环保财政支出从 2007 年 995.82 亿元增加到 2016 年 4734.82 亿元,平均增长速度达 19.10%。虽然国家环保财政支出占 GDP 的比重在逐年缓慢上升,但是占 GDP 比重仍然较低,不到1%。随着国家加大对环境治理工作的力度,环境污染治理投入总额将不断增长。从中国三大经济区域环境污染治理投入看,东部地区投入最多,西部投入地区次之,中部地区投入最少。2007 年以来,中国转移性环境财政支出逐年上升,2007 年环保转移性支付资金达 747.52 亿元,2016 年上升到 1687.58 亿元。

最后,从城镇土地使用税、资源税等与环境相关的税种梳理了中国目前融入型环境税实施状况,中国具有单独意义的环境保护税种刚实行不久,在此之前,最接近于环境税的是排污费,但不具备税收性质;节能减排税收优惠数额偏小,力度不大。

第四章

中国财税政策的环境治理总体影响效应分析

中国政府1996年发布的《关于环境保护若干问题的决定》就已经明确指出,对于环境保护事务,实行地方行政领导负责制。因此,地方政府应充分发挥其职能优势,加强公众环保意识建设,提升环境质量,实现绿色化的生产及生活方式。

本章的财政政策主要指环保财政支出(2011年以后称为节能环保支出)政策,税收政策主要指与环境相关的税费政策。首先对地方环保财政支出的环境治理直接和间接双重效应进行实证检验。其次实证检验五种地方环境相关税种以及具有环境税收意义的排污费的环境治理直接和间接双重效应。最后基于中国工业行业面板数据实证检验税收政策的环境治理效应。

第一节 基于省级面板数据的财政政策环境治理总效应分析

一、问题的提出

国内外学者对环境财政支出的环境治理效应主要包括两个方面。一是环境财政支出对环境质量的直接影响,二是环境财政支出对经济增长的影响及经济增长对环境质量的影响。

国内大量学者对中国环境财政支出的环境效应进行了实证研究,得出了截然相反的结论。朱建华等(2009)指出,中国现有环境财税体制与可持续发展相悖,环境事权与财权划分不匹配等,不能发挥污染控制作用,现有财税政策环境效应不明显。张玉(2014)基于2007~2012年中国省级面板数据实证检验节能环保财政支出的环境治理效应,结果显示中国节能环保财政支出的环境治理效应总体有效,对不同种类的工业污染物排放均有明显抑制作用。冯海波、方元子(2014)利用2003-2011年中国286个城市的面板数据实证检验地方财政支出的环境效应,结果发现地方财政支出对环境质量的直接影响较小且未通过显著性检验,主要以间接影响效应为主,且受到经济发展水平的影响。熊波、陈文静、刘潘等(2016)通过中国2007~2013年省际面板数据实证检验中国环境财税政策的环境效应,结果表明中国目前的财政政策和税收政策都具有助长空气污染的非正常效应。贺俊和刘启明等(2016)以中国11年省级面板数据实证检验环境污染治理投资对环境污染物排放的影响,遗憾地发现目前我国的环境污染治理投资不能有效遏制污染物排放,但这种状况会随着环境污染投入的增加而改变。

关于环境财政支出影响经济增长方面,Heyes(2000)最早建立理论模型说明财政支出、经济增长与环境三者间的关系。传统的宏观经济理论一致认为,增加政府支出有助于完善经济运行环境,对经济增长具有促进作用(Barro,1991;Ghali,1999)。但是Afonson和Furceri(2008)与Ghosh(2009)却持相反观点,他们认为政府财政支出的膨胀将伴随着机构臃肿、人员冗余和权力寻租与腐败,政府融资需求增加,税负不断增长,挤占了私人部门的消费与投资,进而不利于经济发展。以上学者实际上关注的是政府财政支出在提供公共服务以外的间接效应问题,即政府财政支出将通过作用于经济发展水平进一步影响公共产品与公共服务的提供。进一步地,Gupta等(2010)构建了包含健康、公共支出与环境污染的内生增长模型。政府收入用于健康、环境治理与公共基础设施等支出,并求解稳态时环境最优支出规模。Economides等(2008)利用包含可再生自然资源一般均衡模型分析拉姆塞次优财政政策,认为环境支出单调正向影响平衡增长率。Chen(2009)构建包含内生劳动供给增长模型,由于公共治污与个体治污相互补充,只要存在更加有效的个体治污活动,公共治污支出将显著推动经济增长。国内学者陆旸(2008)构建理论模型分析环境支出在经济增长中的变化,发现环境支出增量经过先上升后下降最终达到稳态。黄菁等(2011)构建内生经济增长模型引入环境和环境污染内生变量,研究经济增长、环境污染与环境治理三者的关系,发现环境污染治理投资显著促进经济增长。阮俊英和孙钰峰(2013)通过构建货币内生成长模型,探讨环保支出、通胀率与经济成长之关联,发现环保支出规模加大有利于提升经济成长率。陈思霞等(2014)研究认为政府增加环境支出对提高居民健康水平有促进作用,从而累积了高质量的人力资本,促进经济增长。林永生、孙颖(2016)研究认为中国节能环保支出并不能够显著促进绿色经济的发展。李凯杰(2016)利用两个时期世代交替模型,探讨环境支出对经济增长的影响机理,发现环境财政支出既可以直接改善环境,还可以节约医疗成本促进消费进而推动经济增长。

经济增长与环境质量的关系早已是环境经济学家关注的热点。1992年世界银行发展报告、Grossman 和 Krueger(1995)两项研究均认为,人均收入水平与环境污染呈"倒 U 型"的曲线关系。后来,利用不同理论模型证明环境污染与经济增长呈"倒 U 型"曲线关系的专家有 Lopez(1994)、Selden 和 Song(1995)、Andreoni 和 Levinson(2001)、Hartman 和 kwon(2005)、Brock 和 Taylor(2010)。Bruyn 等(1998),Lindmark(2002)、Pasche(2002)探析了经济活动影响环境污染的主要原因(经济发展中的规模效应、结构效应和技术效应)。国内学者的研究(吴玉萍等,2002;陈华文等,2004;张红凤,2009;王敏、黄滢,2015)大都支持 EKC 曲线的存在。

以上研究仍存在不足之处:环境财政支出不但直接作用于环境质量改善,而且通过影响经济增长间接作用于环境质量。遗憾的是国内研究尚未综合考虑"环境财政支出—环境质量"和"环境财政支出—经济增长—环境质量"两条路径的直接与间接效应。本书试图从这一新的角度来探究中国环境财政支出的环境污染治理双重效应。

二、模型设定

为了实证研究环保财政支出的环境治理效应,本书建立以下方程模型:一是引入了包含环保财政支出因素的传统 EKC 曲线,二是环保财政支出和其他影响人均收入水平的方程。通过方程组来检验中国环境保护财政支出对环境治理的直接效应、间接效应与总效应。

$$\ln env_{it} = \beta_0 + \beta_1 \ln hbzc_{it} + \beta_2 \ln GDP_{it} + \beta_3 \ln GDP_{it}^2 + \beta_4 \ln nyjg_{it} +$$
$$\beta_5 \ln cyjg_{it} + \beta_6 \ln js_{it} + \beta_7 \ln open_{it} + \beta_8 \ln fd_{it} + \beta_9 \ln gdzc_{it} + \alpha_i + \varepsilon_{it} \quad (4-1)$$

$$\ln GDP_{it} = \gamma_i + \varepsilon_t + \alpha_1 \ln hbzc_{it} + \alpha_2 \ln gdzc_{it} + \alpha_3 \ln human_{it} +$$
$$\alpha_4 \ln road_{it} + \alpha_5 \ln open_{it} + \nu_{it} \quad (4-2)$$

(4-1)式是环境污染物排放方程，i、t 分别表示省份和时间，α_i、ε_{it} 分别表示不可观测的个体效应、"白噪声"。env 表示环境质量；$hbzc$、GDP、$nyjg$、$cyjg$、js、$open$、fd、$gdzc$ 分别表示节能环保支出、经济发展水平、能源消费结构、产业结构、技术创新水平、对外开放程度、财政分权和固定资产投资，加入 GDP 平方项是为了检验 EKC 假说是否成立。

(4-2)式借鉴了广泛运用于经济增长领域的 Barro et al. (1991)索罗模型，经济增长表示为政府环保支出和其他经济变量的函数。其中，$hbzc$ 表示节能环保财政支出水平，$gdzc$ 表示固定资产投资，$human$、$road$、$open$ 分别表示人力资本、基础设施建设、对外开放。γ_i 为省份固定效应，ε_t 为时间固定效应，ν_{it} 为干扰项。

结合方程 4-1 和 4-2，参照 Halkos 和 Paizanos(2013)，本小节将环保财政支出的环境治理总效应、直接效应与间接效应表示如下：

$$\frac{d(env)}{d(hbzc)} = \frac{\partial(env)}{\partial(hbzc)} + \frac{\partial(env)}{\partial(GDP)} \cdot \frac{\partial(GDP)}{\partial(hbzc)} \quad (4-3)$$

其中，等式左边表示环保财政支出的环境治理总效应，等式右边第一部分表示环保财政支出对环境治理的直接效应，对应(4-1)式中的系数 β_1；等式右边第二部分表示环境保护财政支出对环境治理的间接效应，数值上等于 $\alpha_1 \cdot (\beta_2 + 2\beta_3 \ln GDP)$。可以看出，直接效应是个常数，间接效应与总效应都取决于人均收入水平，总效应等于直接效应与间接效应之和。

三、数据来源及变量说明

本小节原始数据来源于 2008－2016 年的《中国统计年鉴》《中国工业经济统计年鉴》《中国环境统计年鉴》及国家统计局官网等，利用 2007～2015 年中国 30 个省(直辖市、自治区,西藏、香港、台湾和澳门除外)面板数据对中国财政政策的环境治理效应进行实证检验。之所以选择 2007 年为起始年份,是因为环境保护财政支出 2007 年才开始单列。

1. 被解释变量

关于环境质量指标的度量,学界没有统一的观点。有的学者(张玉,2014;赵桂梅和陈丽珍,2015;李香菊和刘浩,2016;贺俊和刘亮亮等,2016;陈工和邓逸群,2016;贺俊和刘啟明等,2016)采用单一污染物排放总量或人均排放量衡量,如二氧化硫排放量、废水排放量、废气排放量、固体废弃物排放量等。朱平芳等(2011)选取的废水、废尘与二氧化硫三种污染物排放量相对指标并进行加总来衡量环境质量。闫文娟和钟茂初(2012)将环境污染物划分为外溢性(如废水、二氧化硫)及非外溢性(固体废弃物)。许和连(2012)、谭志雄和张阳阳(2015)、吴俊培和丁玮蓉等(2015)、彭小兵和涂君如(2016)采用工业废水、工业废气、工业烟粉尘、工业二氧化硫、工业固体废弃物等多种环境污染物排放总量或人均排放量利用熵值法计算环境污染物综合指数衡量环境质量。田丹(2014)采用单位 GDP 所产生的污染物数量来衡量环境污染程度,即各类工业污染物排放量/GDP。也有学者(袁华萍,2016)采用环境污染物排放达标量或达标率(如工业废水排放、工业废气排放达标率,工业固体废弃物综合利用率)来度量。

本节以环境污染物排放量作为环境质量的衡量指标,分别选取工业"三废"排放量(指工业废水 fs、工业二氧化硫 so_2、工业固体废弃物 gf)作为被解释变量,对节能环保财政支出的环境治理效应做出实证检验。

2. 核心解释变量:环境保护财政支出 $hbzc$

环境保护财政支出以节能环保支出占 GDP 比重来衡量。

3. 其他变量

经济发展水平 GDP 用 2007 年为基年经过价格平减以后的实际人均国内生产总值来衡量;能源消费结构 $nyjg$ 用煤炭消费量占能源消费总量的比重来衡量;产业结构 $cyjg$,采用第二产业产值占 GDP 比重来表示;技术创新水平 js 以企业研发经费内部支出除以 GDP 来衡量;对外开放 $open$ 采用进出口贸易总额占 GDP 比重来衡量;财政分权 fd 用地方人均预算财政支出与中央人均预算财政支出之比来表示;全社会固定资产投资 *gdzc* 用固定资产投资除以 *GDP* 来表示;人力资本 *human* 以城市高等学校在校学生人数除以总人口数来衡量;基础设施 *road* 用城市年末实有道路面积与总人口数的比重来衡量。为减小截面数据的异方差性,对模型中涉及的所有变量取自然对数(*gf* 除外,因 *gf* 原始数据中有部分省份为 0,同时为避免回归系数值过大,*gf* 原始数据均除以 100,此种处理方式不会改变回归系数的方向)。各变量经济含义及描述性统计结果详见表 4 – 1 ~ 4 – 2。

表 4 – 1　各变量定义

变量类型	变量符号	变量名称	变量经济定义
被解释变量	*fs*	工业废水排放量	工业废水排放总量,取自然对数
	so₂	工业二氧化硫排放量	工业二氧化硫排放总量,取自然对数
	gf	工业固体废弃物排放量	工业固体废弃物排放总量/100
核心解释变量	*hbzc*	环境保护财政支出	节能环保支出/GDP,取自然对数
其他变量	*GDP*	人均国内生产总值	人均 GDP,取自然对数
	nyjg	能源消费结构	煤炭消费量/能源消费总量,取自然对数
	cyjg	产业结构	第二产业产值/GDP,取自然对数
	js	技术创新	研发经费内部支出/GDP,取自然对数
	open	对外开放	对外贸易进出口总额/GDP,取自然对数
	fd	财政分权	地方人均预算财政支出/中央人均预算财政支出,取自然对数
	gdzc	固定资产投资	固定资产投资/GDP,取自然对数
	human	人力资本	城市高等学校在校学生人数/总人口,取自然对数
	road	基础设施	城市年末实有道路面积/总人口,取自然对数

表 4 - 2　各变量描述性统计结果

变量	观测值	均值	标准差	最小值	最大值
$lnfs$	270	10.82	0.96	8.66	12.50
$lnso_2$	270	3.84	0.89	0.64	5.09
$gf/100$	270	0.14	0.40	0.00	4.14
$lnhbzc$	270	-5.15	0.63	-7.08	-3.32
$lnGDP$	270	10.32	0.56	8.97	11.82
$lnnyjg$	270	-0.45	0.41	-2.11	0.35
$lncyjg$	270	-0.76	0.20	-1.62	-0.52
$lnopen$	270	-1.68	0.97	-3.32	-0.54
$lnfd$	270	1.67	0.43	0.83	2.68
$lngdzc$	270	-0.41	0.33	-1.37	0.28
$lnhuman$	270	-4.09	0.32	-5.01	-3.37
$lnroad$	270	1.34	0.46	-0.11	2.26

四、各省环保财政支出环境治理效应系数测算

1. 环保财政支出环境治理效应系数

由于各地区环境保护财政支出和环境污染物排放存在较大差异,本书在借鉴区域经济发展理论的基础上,参照投入—产出之比,利用各地区环境保护财政支出占全国环境保护财政支出的比重与各地区工业"三废"(即 fs、so_2、gf)排放量占全国工业"三废"排放量的比重之比来代表环保财政支出的环境治理效应系数,用公式表示为:

$$GE_{it} = \frac{czzc_{it}/czzc_t}{gysf_{it}/gysf_t} \tag{4-4}$$

(4-4)式中,$czzc_{it}$ 表示第 i 省第 t 年环境保护财政支出,$czzc_t$ 表示第 t 年全国环境保护财政支出,$gysf_{it}$、$gysf_t$ 分别表示第 i 省第 t 年工业"三废"排放量、第 t 年全国工业"三废"排放量。公式左端的 GE_{it} 表征第 i 省第 t 年环保财政支出的环境治理效应系数,表示环保财政支出与环境污染物排放的偏离程度。如果 $0 < GE < 1$,表示该地区环保财政支出没有起到较好的环境污染治理作用,

$GE \geq 1$,表示该地区环保财政支出政策起到了很好的环境污染治理作用,该数值越大,表明环保财政支出的环境治理效应越显著。经过计算,环保财政支出环境治理效应系数如表4-3所示:

表4-3 中国30个省(市)环保财政支出环境治理效应系数测算

省(市)	2007	2008	2009	2010	2011	2012	2013	2014	2015	平均值
北京	8.02	7.06	7.52	7.22	9.57	9.24	8.90	12.52	14.04	9.34
天津	0.68	0.89	0.83	1.34	1.42	1.51	1.58	1.64	1.60	1.28
河北	0.88	1.05	1.15	0.98	0.78	0.78	0.96	0.96	1.25	0.97
山西	2.68	2.58	2.14	1.60	1.81	1.37	1.25	1.04	1.00	1.72
内蒙古	6.09	4.53	4.13	2.65	2.60	2.92	2.18	1.95	2.03	3.23
辽宁	0.80	0.97	0.90	1.05	0.72	0.80	0.85	0.63	0.58	0.81
吉林	1.90	1.98	1.60	1.80	2.14	1.90	1.82	1.79	1.26	1.80
黑龙江	2.86	2.08	2.09	2.22	1.83	1.34	1.48	1.43	1.77	1.90
上海	1.04	1.00	1.00	1.25	1.01	0.89	0.76	0.95	0.92	0.98
江苏	0.45	0.61	0.70	0.52	0.61	0.61	0.64	0.62	0.62	0.60
浙江	0.39	0.39	0.33	0.37	0.37	0.33	0.37	0.43	0.47	0.38
安徽	1.27	1.36	0.98	0.89	1.01	1.06	0.93	0.81	0.73	1.00
福建	0.18	0.17	0.29	0.31	0.19	0.34	0.34	0.33	0.44	0.29
江西	0.48	0.77	0.78	0.66	0.54	0.74	0.66	0.57	0.48	0.63
山东	0.50	0.55	0.51	0.53	0.53	0.63	0.72	0.50	0.48	0.55
河南	1.12	0.95	0.80	0.62	0.60	0.60	0.52	0.50	0.57	0.70
湖北	0.76	0.73	0.99	0.99	0.85	0.78	0.79	0.68	0.75	0.81
湖南	0.74	0.75	0.93	0.92	0.77	0.84	0.85	0.90	0.81	0.83
广东	0.27	0.37	0.65	1.24	1.14	0.95	1.10	0.79	0.83	0.81
广西	0.19	0.23	0.37	0.38	0.47	0.41	0.44	0.62	0.65	0.42
海南	2.21	1.89	3.19	2.51	3.07	2.13	2.10	1.58	1.91	2.29
重庆	1.38	1.31	0.92	1.48	2.59	3.14	2.09	1.62	1.64	1.80
四川	1.53	1.21	1.31	1.18	1.26	1.45	1.51	1.34	0.98	1.31
贵州	5.50	5.70	4.92	3.71	2.34	2.09	1.77	1.40	1.37	3.20

省（市）	2007	2008	2009	2010	2011	2012	2013	2014	2015	平均值
云南	2.19	2.95	3.07	2.71	1.77	1.76	1.53	1.45	1.21	2.07
陕西	2.49	2.02	1.96	1.77	2.06	1.85	1.92	1.67	1.66	1.93
甘肃	5.23	4.75	3.93	4.32	3.76	2.80	2.11	1.99	2.11	3.44
青海	6.42	4.58	4.18	3.89	4.20	3.69	4.86	3.71	4.24	4.42
宁夏	1.50	1.42	1.27	1.36	1.60	1.60	1.28	1.23	1.15	1.38
新疆	2.66	2.21	1.81	1.95	1.62	1.61	1.21	1.16	1.04	1.70

依据计算结果,将中国大陆地区除西藏以外的30个省(自治区和直辖市)划分为两大区域。区域1环境治理效应系数大于或等于1,包括北京、天津、山西、内蒙古、吉林、黑龙江、安徽、海南、重庆、四川、贵州、云南、陕西、甘肃、青海、宁夏、新疆等17个省(自治区和直辖市);区域2环境治理效应系数介于0到1之间,包括河北、辽宁、上海、江苏、浙江、福建、江西、山东、河南、湖北、湖南、广东、广西等13个省(自治区和直辖市)。具体分区情况见表4-4。

表4-4　环保财政支出环境治理效应系数分区

分类	系数值域	地区	特征
区域1	$GE_{it} \geq 1$	北京、天津、山西、内蒙古、吉林、黑龙江、安徽、海南、重庆、四川、贵州、云南、陕西、甘肃、青海、宁夏、新疆	环境保护财政支出的环境治理效应非常显著
区域2	$0 < GE_{it} < 1$	河北、辽宁、上海、江苏、浙江、福建、江西、山东、河南、湖北、湖南、广东、广西	环境保护财政支出的环境治理效应比较显著

两大区域分布从中国大陆地图上看,中国环境保护财政支出的环境治理效应非常显著的区域主要分布在中西部地区,而中国环境保护财政支出环境治理效应比较显著的区域主要分布在东部地区。

2. 数据分析

中国环保财政支出数额在省际之间存在分布不均的状态(如图4-1所示)。区域1包括17个省(自治区和直辖市),区域2只包括13个省(自治区和直辖市)。区域 1 环保财政支出金额 2007 年为 565.05 亿元,2015 年增加到 2071.75 亿元,平均增长速度为 17.63%,区域 2 环保财政支出金额 2007 年为 391.4 亿元,2015 年增加到 2273.90 亿元,平均增长速度为 24.60%,区域 2 的 增幅大于区域 1。除了 2007 - 2009 年、2011 - 2012 年以外,区域 2 的 13 个省 (自治区和直辖市)环保财政支出金额均大于区域的 17 个省(自治区和直辖 市)。从 2007 - 2015 年环保财政支出的趋势上看,两个区域都呈逐年上升 趋势。

图 4 - 2 显示,2007 - 2015 年间,区域 2 的 13 个省(自治区和直辖市)工业 "三废"排放总量在 144 至 186.78 亿吨以上,区域 1 的 17 个省(自治区和直辖 市)工业"三废"排放总量在 55 亿吨至 60.12 亿吨,区域 2 的工业"三废"排放 量是区域 1 的近 3 倍。从排放趋势上看,两个区域的工业"三废"排放总量都 呈逐年下降趋势,区域 2 减少的速度较快。

综上可以看出,区域 2 环保财政支出投入较大,工业"三废"排放量也较 高,表现出双高特征,而区域 1 则表现出环保财政支出与工业"三废"排放量双 低的特征,意味着区域 2 投入较高,负向产出也较高,区域 1 环保财政支出环境 治理效应大于区域 2,事实是否如此? 接下来本章将进行一系列实证检验。

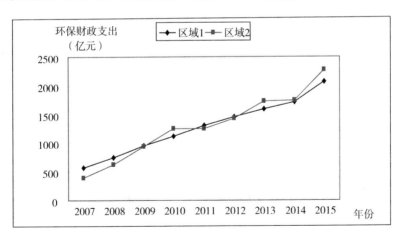

图 4 - 1　2007 - 2015 年分区域环保财政支出总量变化趋势

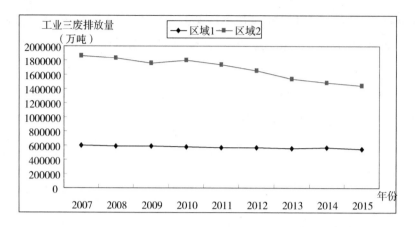

图4-2 2007-2015年分区域工业"三废"排放总量变化趋势

五、实证结果分析

1. 环保财政支出环境治理直接效应分析

本章定义的直接效应指环保财政支出直接作用于环境质量,即环保财政支出—环境质量。本小节采用 Stata13.1 进行回归分析。对方程(4-1)分别进行 F 检验和豪斯曼(Hausman)检验,F 检验拒绝不存在个体效应的原假设,豪斯曼检验均在 1% 的显著性水平下,拒绝随机效应原假设,而接受固定效应模型,结果见表4-5。由于变量取了自然对数,故回归系数的含义代表弹性。当被解释变量为工业废水时(①列),环保财政支出回归系数为负,但是未通过10% 水平的显著性检验。当被解释变量为工业二氧化硫时(②列),环保财政支出回归系数显著为负,当环保财政支出增加一个百分点,工业二氧化硫排放量将降低0.134 个百分点。当被解释变量为工业固体废弃物时(③列),环保财政支出回归系数为正,且通过了1% 水平的显著性检验,环保财政支出每增加一个百分点,工业固体废弃物排放量上升0.267 个百分点。总体来看,中国加大对地方政府的转移支付、绿色采购、环境污染治理投资等财政支出的环境治理直接效应比较明显。

表 4 - 5 环保财政支出环境污染治理直接效应实证结果

解释变量	①$lnf s$	②$lnso_2$	③gf
$lnhbzc$	- 0.048 (- 0.98)	- 0.134 *** (- 2.92)	0.267 *** (2.63)
$lnGDP$	2.105 * (1.84)	- 0.889 * (- 1.83)	- 2.009 ** (- 1.97)
$(lnGDP)^2$	- 0.117 ** (- 2.21)	0.027 (0.81)	0.095 * (1.88)
$lnnyjg$	0.006 (0.06)	0.493 *** (5.22)	0.276 (1.29)
$lncyjg$	- 0.578 *** (- 2.97)	0.450 *** (2.62)	0.574 (1.45)
$lnjs$	- 0.189 *** (- 3.43)	- 0.197 *** (- 4.21)	- 0.232 *** (- 2.67)
$lnfd$	0.319 *** (2.50)	0.235 ** (2.14)	- 0.312 (- 1.20)
$lnopen$	- 0.230 *** (- 4.65)	- 0.047 (- 1.06)	- 0.075 (- 0.75)
$lngdzc$	- 0.097 (- 0.94)	0.261 *** (2.74)	- 0.272 (- 1.29)
常数项	- 1.227 (- 0.20)	8.313 (1.46)	11.457 (0.93)
R^2	0.202	0.451	0.219
F 检验	[0.000]		
Hausman 检验	[0.000]		

注:方括号内为统计量相应的 p 值,圆括号内为 t 或 z 统计量,*、**、***分别表示10%、5%及1%的显著性水平,以下类同不再专门说明。

人均 GDP 与环境污染的关系因环境污染物度量指标选择不同而不同。以工业废水为被解释变量时,人均 GDP 与环境污染呈现显著的倒 u 型关系,拐点值为8.9957,接近于人均 GDP 的最小值,绝大部分省份处于拐点的右侧。可能的原因在于我国经济增长方式逐步从粗放型转变为集约型,地方政府在经济发展过程中更加注重保护环境。人均 GDP 与工业固体废弃物排放量呈显著的 u 型关系,可能与样本数据有关;人均 GDP 与工业二氧化硫排放量显著负相关,其 u 型关系未能通过显著性检验。

能源消费结构回归系数为正,以工业废水和工业固体废弃物为被解释变量时未通过显著性检验。以工业二氧化硫为被解释变量时,回归系数显著为正,说明中国目前煤炭占主要的能源消费结构加剧了环境污染物的排放。而中国式能源消费结构表现为"富煤贫油少气",并且这种能源消费结构还会持续很长的时间,因此试图通过改变能源消费结构从而改善环境质量任重道远。

产业结构与环境污染的关系因环境污染物度量指标选择不同而不同。以工业废水为被解释变量时,产业结构不但没有增加反而有助于工业废水排放的降低。产业结构与工业二氧化硫排放量具有正相关关系,说明中国以第二产业为主的产业结构加剧了工业二氧化硫的排放。以工业固体废弃物排放量为被解释变量时,产业结构未通过显著性检验,说明产业结构与环境污染之间的关系尚需进一步观测和验证。

技术创新与环境污染负相关,且全部在 1% 水平上显著,从回归数值大小来看,技术水平的上升对减少工业固体废弃物排放量所起的作用最大。先进的技术有助于降污减排。

财政分权与环境污染正相关。在以工业废水和工业二氧化硫为被解释变量时,均通过显著性检验。在财政分权体制下,GDP 等硬指标的增长往往是地方政府关注的焦点,从而忽视对环境等公共物品的治理,因此财政分权体制加剧了环境污染物排放。

对外开放与环境污染负相关,在以工业废水为被解释变量时,通过 1% 水平的显著性检验。说明对外开放不但不会加剧反而有利于减少工业废水等污染物排放,可能的原因是对外开放带来了先进的技术,技术溢出使得污染物排放减少。对外开放与工业二氧化硫和工业固体废弃物排放量的关系未通过显著性检验。

固定资产投资与环境污染物排放呈正相关关系。在以工业二氧化硫为被解释变量时通过 1% 水平的显著性检验,说明固定资产投资的增加是环境污染排放统计上的原因,缘于生产规模扩大和设备购买的增加,从而加剧了环境污染物排放。

2. 环保财政支出环境治理间接效应分析

本章定义的间接效应指环保财政支出通过首先作用于经济发展,其次经济发展影响环境质量。间接效应存在两个环节:一是环保支出影响经济增长,二是经济增长影响环境质量,即环保财政支出—经济发展—环境质量。

采用固定效应对方程4-2式回归,全国和两个区域的回归结果见表4-6。由于变量均取了自然对数,表中回归系数的含义表示弹性。估计结果显示,全国层面,环境保护财政支出的回归系数为0.172,通过1%水平的显著性检验,即环境保护财政支出每上升1%,人均国民收入增加0.17%。在区域1,环保财政支出的回归系数为0.221,通过1%水平的显著性检验,即环境保护财政支出每上升1%,人均国民收入增加0.22%。在区域2,环保财政支出的回归系数为0.09,通过1%水平的显著性检验,即环境保护财政支出每上升1%,人均国民收入增加0.09%。无论在全国层面还是区域层面,环保财政支出规模对经济增长具有一致的正向效应,从数值上看,区域1>区域2。控制变量来看,固定资产投资、人力资本与基础设施建设对经济增长均有促进作用,对外开放回归系数为负,鉴于估计方程4-2式目的在于计算环保财政支出的环境污染治理间接效应,因此不再过多关注控制变量。

表4-6 方程4-2估计结果

解释变量	全国	区域1	区域2
$lnhbzc$	0.172 *** (7.29)	0.221 *** (5.78)	0.090 *** (2.79)
$lngdzc$	0.145 *** (2.77)	0.198 *** (2.94)	-0.013 (-0.16)
$human$	0.203 ** (2.05)	0.328 *** (2.46)	0.231 (1.55)
$road$	1.091 *** (17.95)	0.924 *** (11.73)	1.411 *** (15.26)

解释变量	全国	区域1	区域2
$lnopen$	-0.058^{**} (-2.08)	-0.027 (-0.79)	-0.156^{***} (-3.21)
常数项	10.542^{***} (21.94)	11.446^{***} (16.56)	9.715^{***} (14.90)
R^2	0.912	0.915	0.929
F 检验	[0.000]		
$Hausman$ 检验	[0.000]		

在以上回归基础之上,根据方程 4-3 式计算全国环境保护财政支出对环境治理的总效应、直接效应与间接效应,结果汇报在表 4-7 中。由于总效应与间接效应大小都与收入水平直接相关,表 4-7 中的结果按照样本期内人均 GDP 平均值计算得到。无论选择哪一种污染物排放量为被解释变量,中国环境保护财政支出均具有环境治理的间接效应,中国环境保护财政支出首先通过影响经济发展,然后通过环境库兹涅茨曲线中的传导机制作用于环境质量。对于工业废水,环境保护财政支出的污染治理效应主要表现为间接效应。对于工业二氧化硫,环境保护财政支出的污染治理直接效应与间接效应均非常明显。对于工业固体废弃物,环境保护财政支出污染治理直接效应和总效应均为正,可能与样本数据有关。

表 4-7　中国环境保护财政支出环境治理效应测度结果

	工业废水 fs	工业二氧化硫 so_2	工业固体废弃物 gf
直接效应	-0.048	-0.134^{***}	0.267^{***}
间接效应	-0.054	-0.057	-0.008
总效应	-0.054	-0.191	0.259

说明:间接效应和总效应按照样本期内人均 GDP 的平均值计算得到。

3. 环保财政支出环境治理效应分区域检验结果分析

前面两小节分析了全国范围内环保财政支出及其他因素对环境治理的影响,由于区域间污染物排放存在较大差异,环保财政支出力度也不同,因此本书对前文提出的两个不同区域来分析环保财政支出对环境治理的影响,表4-8汇报了回归估计结果。本书采用工业二氧化硫作为被解释变量,检验分区域环保财政支出的环境治理效应。

采用工业二氧化硫排放量作为环境质量的主要度量指标,原因在于,选择工业污染排放量而非污染物在大气中的含量指标,在某种程度上可以避免回归结果对各省地理位置与气候等自然环境的依赖性。工业二氧化硫的影响具有地方性和区域性,其主要来源是工业生产活动。而氮氧化物等污染物具有生产与消费污染的双重特征,多数来源于交通工具与燃料使用等消费性行为。中国目前环境税种的设计与实施刚刚成型,至少在调节消费性污染的政策空间上还有限,而地方政府针对二氧化硫监测和管制的政策与技术手段比较有效。因此本书选择工业二氧化硫排放量作为环境污染物排放的替代指标,检验环境保护财政支出的环境治理效应。

在以工业二氧化硫为被解释变量时,环保财政支出的回归系数为负,区域1通过10%水平的显著性检验,区域2虽未通过显著性检验,但是区域1的系数值是区域2的3倍多,再次说明区域1环保财政支出环境治理效应非常显著,前文分区是合理的。其他控制变量符号均未发生明显改变,不再重复解释。

表4-8 分区域环保财政支出环境治理效应检验

解释变量	区域1	区域2
$lnhbzc$	-0.115^* (-1.68)	-0.038 (-0.65)
$lnGDP$	-2.44^* (-1.79)	-1.004^* (-1.77)
$(lnGDP)^2$	0.088 (1.41)	0.015 (0.14)
$lnnyjg$	0.309^{***} (2.72)	0.311 (1.30)

解释变量	区域1	区域2
lncyjg	0.258 (1.15)	0.038 (0.10)
lnjs	−0.166 *** (−2.54)	−0.367 *** (−4.91)
lnfd	0.575 *** (3.75)	0.521 *** (2.71)
lnopen	−0.013 (−0.26)	−0.155 (−1.64)
lngdzc	0.415 *** (3.17)	0.153 (1.09)
常数项	17.075 *** (2.40)	9.682 (0.86)
R^2	0.415	0.595
F 检验	[0.000]	
Hausman 检验	[0.000]	

在以上回归基础之上,根据方程4-3式计算两个区域环境保护财政支出对工业二氧化硫治理的直接效应、间接效应和总效应,表4-9汇报了具体结果,表4-9中的结果按照样本期内人均GDP平均值计算得到。对于工业二氧化硫,区域1环境保护财政支出的环境治理直接效应与间接效应均非常明显,总效应为-0.257;区域2主要表现为间接效应,总效应为-0.062,说明区域1环境保护财政支出取得了较好的环境治理效果,前文分区具有合理性。

由于缺乏环境保护财政支出分行业数据,且没有途径获得,故无法对环境保护财政支出在行业中的环境治理效应进行实证检验。

表4-9 中国分区域环境保护财政支出工业二氧化硫治理效应测度结果

	区域1	区域2
直接效应	-0.115 *	-0.038
间接效应	-0.142	-0.062
总效应	-0.257	-0.062

说明:间接效应和总效应按照样本期内人均GDP的平均值计算得到。

六、稳健性检验

考虑到环境保护财政支出的环境治理效应可能存在一定的时滞性,本书采用"工业三废"排放量的当期值与所有解释变量滞后一期值回归,回归结果报告在表4-10中。

表4-10 环境保护财政支出环境治理直接效应稳健性检验结果

解释变量	$lnfs$	$lnso_2$	gf
$L. lnhbzc$	0.011 (0.22)	-0.090 ** (-2.12)	0.144 *** (2.38)
$L. lnGDP$	2.835 ** (2.05)	0.769 (0.67)	-2.696 * (-1.79)
$L. (lnGDP)^2$	-0.152 *** (-2.39)	-0.079 (-1.49)	0.123 * (1.73)
$L. lnnyjg$	-0.128 (-0.99)	0.239 ** (2.20)	0.066 (0.62)
$L. lncyjg$	-0.801 *** (-3.29)	0.022 (0.11)	0.275 (1.38)
$L. lnjs$	-0.209 *** (-3.65)	-0.233 *** (-4.88)	-0.038 (-1.00)

解释变量	lnfs	lnso₂	gf
L. lnfd	0.253 * (1.74)	0.730 *** (6.00)	−0.127 (−1.13)
L. lnopen	−0.202 *** (−3.63)	−0.131 *** (−2.81)	0.076 (1.32)
L. lngdzc	−0.110 (−0.90)	0.268 *** (2.64)	−0.135 (−1.09)
常数项	−4.994 (−0.67)	2.062 (0.33)	15.809 ** (1.99)
R²	0.182	0.475	0.214
F 检验	[0.000]		
Hausman 检验	[0.000]	[0.000]	[0.1659]

　　结果与上文类似,对于工业废水来说,环境保护财政支出回归系数未通过显著性检验;对于工业二氧化硫来说,环境保护财政支出回归系数显著为负;对于工业固体废弃物来说,环境保护财政支出的回归系数显著为正,环保财政支出不但没有降低反而加剧了工业固体废弃物的排放。实证结果说明本书估计结果较为稳健。

第二节　基于省级面板数据的税收政策
环境治理总效应分析

一、问题的提出

　　由于中国环境税从 2018 年 1 月 1 日起才正式施行,所以国内学者对环境税的环境治理效应主要从两个方面展开研究:一是实证检验现有与环境相关的税种的环境治理效应,二是模拟环境税征税的环境治理效应。张玉(2014)利用2004 - 2012 年省级面板数据对各种环境税收政策的环境治理效应进行实证检验,实证结果显示中国环境相关税收环境治理效应总体不明显。秦昌波、王金南等(2015)采用 GREAT - E 模拟征收环境税对经济总水平、污染物排放、收入水平及产业结构等影响,发现中国环境税的征收对宏观经济影响较小,GDP 虽减少但在可以承受的范围之内;环境税的征收可以明显减少环境污染物的排放,不足的是对居民福利产生一定的负面影响。李建军、刘元生(2015)检验环境相关税费的污染减排效应,采用我国 2001～2013 年省级面板数据的结果显示,只有企业所得税、消费税和增值税有助于改善环境质量,其他税种均未起到污染减排作用,排污费反而加剧了工业三废排放量的增加。陈工和邓逸群(2015)构建个体异质世代交迭模型,对中国环境税环境、经济等效应进行综合分析,发现开征环境税可明显改善环境质量。叶金珍、安虎森(2017)通过建立包含空气污染的动态均衡模型模拟结果表明环保税能够有效治理空气污染,基于 55 个国家 1994～2014 年面板数据实证结果表明,环保税对不同国家的影响具有异质性,在 $PM_{2.5}$ 浓度、NO 排量及 NO_2 浓度都特别高的国家,碳税的开征有助于改善空气质量;而在空气质量较差的国家,提高汽车环保税无助于减少环境污染物排放。

关于环境税、经济增长关系理论研究方面,Gradus 和 Smulders(1993)首次将环境因素引入经典经济增长模型,考虑环保政策与经济长期增长问题。进一步地,Bovenberg 和 Smulders(1995)将环境质量和环境税引入 Lucas 模型和 AK 模型,发展了一个考虑技术变迁的内生增长模型,研究结果表明开征环境税是政府干预经济主体的有效形式,该研究成为研究环境税、环境质量和经济增长的基准框架。实证方面,Shackelton 等(1992)研究发现开征环境税可以促进短期经济增长,Goulder(1995)却得出相反的结论,认为开征环境税对短期经济增长具有抑制作用。Millock 等(2003)利用 1990～1999 年法国 1900 多家工业企业面板数据构建随机效应模型实证检验环境税的环境效应与经济效应。结果表明环境税的环境治理效应显著,环境税同时对经济增长有显著的促进作用。Shiro Takedaa(2007)通过构建多部门动态 CGE 模型研究碳税对日本经济增长的影响,结果表明碳税具有显著的环境污染降低效应,碳税替代资本税时能够改善税种结构扭曲从而促进经济增长,但是当劳动税和消费税代替碳税时,其结果却不能促进经济增长。刘凤良和吕志华(2009)构建内生增长模型时,将环境质量与环境税内生化,研究环境税对中国经济增长的关系。研究结果表明开征环境税对经济增长的影响受制于居民偏好程度或者环境边际再生能力,如果前两者同时提高,那么环境税可以改善环境质量,也对经济增长有促进作用。何建武和李善同(2009)、梁伟和朱孔来等(2014)的研究认为环境税的征收给宏观经济带来负面影响。朱厚玉(2013)以山东省为样本,实证检验资源税等环境税费的经济影响,结果发现环境税费显著的促进了山东经济增长。

经济增长影响环境质量的研究早已达成共识,相关文献在第一节已列出,此处不再赘述。

以上研究仍存在不足之处:环境税既直接作用于环境质量改善,又可通过作用于经济增长间接影响环境质量。国内研究尚未综合考虑"环境税收—环境质量"和"环境税收—经济增长—环境质量"两条途径的直接效应与间接效应。国内外学者主要关注了环境税收的环境治理直接效应,却鲜有关注其环境治理间接效应,为弥补这一缺憾,本书将实证检验中国环境税的环境治理直接与间接双重效应。

二、模型设定

为了检验环境税收的环境治理效应,本书建立以下模型:一是加入了环境税收因素的传统 EKC 曲线,二是环境税收和其他影响人均收入水平的方程,两个方程结合起来检验中国环境税收对环境治理的直接效应、间接效应与总效应。

$$\ln env_{it} = \beta_0 + \beta_1 \ln ss_{it} + \beta_2 \ln GDP_{it} + \beta_3 \ln GDP_{it}^2 + \beta_4 \ln nyjg_{it} +$$
$$\beta_5 \ln cyjg_{it} + \beta_6 \ln js_{it} + \beta_7 \ln open_{it} + \beta_8 \ln gdzc_{it} + \beta_9 \ln zfjz_{it} + \alpha_i + \varepsilon_{it}$$

$$(4-5)$$

(4-5)式中,i、t 分别代表省份、时间,α_i、ε_{it} 分别表示不可观测的个体效应、随机误差项。env 表示环境质量;ss 表示与环境相关的税收;GDP、$nyjg$、$cyjg$、js、$open$、$gdzc$、$zfjz$ 是影响环境质量的一系列控制变量,分别表示经济发展水平、能源消费结构、产业结构、技术创新水平、对外开放程度、固定资产投资与政府竞争,GDP 平方项的加入是为了检验 EKC 假说是否成立。

参照李绍荣、耿莹(2005)的生产函数模型,在模型中引入环境税,构建模型如下:

$$Y_{it} = K_{it}^{\alpha x_{1it}} L_{it}^{\beta x_{1it}} e^{c + \delta x_{it} + \varepsilon_{it}} \qquad (4-6)$$

将上式两边同时取自然对数,得到如下模型:

$$\ln Y_{it} = c + \alpha x_{1it} \ln K_{it} + \beta x_{1it} \ln L_{it} + \delta x_{it} + \varepsilon_{it} \qquad (4-7)$$

(4-7)式中,Y_{it}为被解释变量,用第i省第t年人均国内生产总值来衡量,K、L为解释变量,分别表示资本、劳动力人数,x_{1it}表示环境税所占的比重,x_{it}代表环境税征收的规模大小,α表示环境税所占比重对资本要素的产出弹性,β表示环境税所占比重对劳动要素的产出弹性,δ表示去除资本和劳动等要素以后,环境税变化对经济增长的贡献。模型可继续变为如下:

$$\ln GDP_{it} = c + \alpha ss_{1it} \ln gdzc_{it} + \beta ss_{1it} \ln lab_{it} + \delta \ln ss_{it} + \varepsilon_{it} \qquad (4-8)$$

(4-8)中,ss_1表示环境税占总税收的比重,lab表示就业人数,其他变量符号同前一致。

结合方程4-5和4-8,参照Halkos和Paizanos(2013),本小节将环境税的环境治理直接效应、间接效应和总效应表示为:

$$\frac{d(env)}{d(ss)} = \frac{\partial(env)}{\partial(ss)} + \frac{\partial(env)}{\partial(GDP)} \cdot \frac{\partial(GDP)}{\partial(ss)} \qquad (4-9)$$

(4-9)式等式右边第一部分表示的是环境税收对环境治理的直接效应,与(4-5)式中的系数β_1相对应;等式右边第二部分表示环境税收对环境治理的间接效应,数值上等于$\delta(\beta_2 + 2\beta_3 \ln GDP)$。可以看出,直接效应是个常数,间接效应与总效应都取决于人均收入水平。

三、数据来源及变量说明

本小节利用2003-2015年中国29个省(直辖市、自治区)(上海、西藏、香港、台湾和澳门除外,西藏和港澳台多项数据缺失,上海缺乏资源税数据)面板数据实证检验,原始数据来源于2004-2016年的《中国工业经济统计年鉴》《中国统计年鉴》《中国环境统计年鉴》及国家统计局官网等。之所以选择2003年为起始年份,是因为环境污染物排放的完整省级数据统计始于2003年。

1. 被解释变量

与前一节一致,本小节选取工业"三废"排放量(工业废水排放量 fs、工业二氧化硫排放量 so_2、工业固体废弃物排放量 gf)分别作为被解释变量,对环境税收的环境治理效应做出实证检验。

2. 核心解释变量:各项环境相关税收、排污费及环境类税费

本书主要关注各省环境相关税收与排污费的环境治理效应,故解释变量着重地方税种。中央税收包含消费税,车辆购置税,海洋石油资源税,铁道部、各保险公司总公司以及各银行总行等集中交纳的城市维护建设税。车船税,海洋石油资源除外的其他资源税,城镇土地使用税,耕地占用税,铁道部、各保险公司总公司、各银行总行等集中交纳部分除外的城市维护建设税以及土地增值税等均属于地方税种。在综合考量与环境税收的相关密切程度基础之上,本书主要选取了车船税、城市维护建设税、土地使用税、耕地占用税、资源税 5 种地方税种,以及具有环境税收意义的排污费,分别表示为 ccs、$cswh$、$tdsys$、$gdzys$、zys、pwf,环境类税费 hjs 用以上 6 种税费之和占总税收的比重来衡量。

3. 其他变量

经济发展水平用 2003 年为基年经过价格平减以后的实际人均 GDP 来衡量。能源消费结构 $nyjg$,采用煤炭消费量占能源消费总量的比重来衡量。产业结构 $cyjg$,用第二产业产值除以 GDP 来表示。技术创新水平 js 用企业研发经费内部支出占 GDP 比重来表示。对外开放 open 采用进出口贸易总额占 GDP 比重来衡量。全社会固定资产投资 gdzc,固定资产投资除以 GDP 来衡量。政府竞争 zfjz 采用各省实际人均 fdi 来衡量。就业人员数 lab 用个体就业人数占总人口比重来衡量。由于面板数据由时间和截面数据共同组成,为避免不同变量的绝对值可能造成计量误差,减小异方差性,消除其非线性与非平稳性,模型中所有变量取自然对数(gf 除外,因 gf 原始数据中有部分省份为 0,同时为避免回归系数值过大,gf 原始数据均除以 100,此种处理方式不会改变回归系数的方向)。各变量经济含义及描述性统计结果详见表 4 – 10 ~ 4 – 11。

表 4 - 10　各变量定义

变量类型	变量符号	变量名称	变量经济定义
被解释变量	fs	工业废水排放量	工业废水排放总量,取自然对数
	so_2	工业二氧化硫排放量	工业二氧化硫排放总量,取自然对数
	gf	工业固体废弃物排放量	工业固体废弃物排放总量/100
核心解释变量	ccs	车船税	车船税收总额,取自然对数
	$cswh$	城市维护建设税	城市维护建设税总额,取自然对数
	$tdsys$	土地使用税	土地使用税收总额,取自然对数
	$gdzys$	耕地占用税	耕地占用税收总额,取自然对数
	zys	资源税	资源税收总额,取自然对数
	pwf	排污费	排污费征收总额,取自然对数
	hjs	环境类税费	环境相关税费之和/总税收,取自然对数
其他变量	GDP	人均国内生产总值	人均GDP,取自然对数
	$nyjg$	能源消费结构	煤炭消费量/能源消费总量,取自然对数
	$cyjg$	产业结构	第二产业产值/GDP,取自然对数
	js	技术创新	企业研发经费内部支出/GDP,取自然对数
	$open$	对外开放	对外贸易进出口总额/GDP,取自然对数
	$gdzc$	固定资产投资	固定资产投资/GDP,取自然对数
其他变量	$zfjz$	政府竞争	实际利用外商直接投资/总人口,取自然对数
	lab	就业人数	个体就业人数/总人口,取自然对数
	ss_1	环境税所占比重	各类环境税/总税收

表 4 – 11 各变量描述性统计结果

变量	观测值	均值	标准差	最小值	最大值
$lnfs$	377	10.82	0.98	8.14	12.59
$lnso_2$	377	3.87	0.91	0.64	5.14
$gf/100$	377	0.24	0.69	0.00	6.28
$lnccs$	377	1.20	1.53	– 3.22	4.25
ccs_1	377	0.01	0.00	0.00	0.18
$lncswh$	377	3.66	1.04	0.44	6.12
$cswh_1$	377	0.07	0.02	0.04	0.14
$lntdsys$	377	2.52	1.51	– 2.41	5.88
$tdsys_1$	377	0.03	0.02	0.00	0.11
$lngdzys$	377	2.18	1.83	– 2.96	5.64
$gdzys_1$	377	0.03	0.03	0.00	0.21
$lnzys$	377	2.00	1.41	– 2.04	4.96
zys_1	377	0.02	0.24	0.00	0.21
$lnpwf$	377	0.55	0.45	– 1.06	1.46
pwf_1	377	0.01	0.01	0.00	0.07
$lnhjs$	377	– 1.91	0.39	– 3.16	– 0.87
hjs_1	377	0.16	0.05	0.05	0.42
$lnGDP$	377	9.93	0.69	8.22	11.76
$lnnyjg$	377	– 0.45	0.39	– 2.11	0.36
$lncyjg$	377	– 0.77	0.20	– 1.62	– 0.53
$lnjs$	377	– 6.57	1.02	– 8.24	– 3.49
$lnopen$	377	– 0.78	0.84	– 2.89	0.54
$lngdzc$	377	– 1.41	0.91	– 3.33	0.54
$lnzfjz$	377	5.77	1.84	– 1.29	9.05
$lnlab$	377	– 3.06	0.43	– 4.14	– 1.81

四、实证结果分析

1. 环境税费的环境治理直接效应分析

本小节的直接效应指环境税费对环境污染物排放的直接影响,即以环境相关的税费为核心解释变量时对应的回归系数。本书采用 stata13.1 进行回归分析。在计量模型的选择上首先用 F 检验确定是选择个体固定效应还是混合效应,当 F 检验拒绝混合效应模型原假设时用豪斯曼检验判断使用随机效应还是个体固定效应模型。对方程(4-5)分别进行 F 检验和豪斯曼检验,F 检验拒绝不存在个体效应的原假设,豪斯曼检验如果在1%水平上拒绝随机效应原假设,那么采用固定效应模型,反之采用随机效应模型。

当以工业废水排放量为被解释变量时(见表4-12①列),资源税和排污费回归系数为正,分别通过5%、1%水平的显著性检验,其他四种税种回归系数不显著。资源税和排污费每增加一个百分点,工业废水排放量分别增加0.077、0.342个百分点。中国环境税费制定与税率设计不能减少反而增加工业废水排放量,其他税种回归系数不显著,总体说明这些环境相关税种对工业废水排放治理所起的作用十分有限。环境类税费总额与工业废水排放量显著正相关(见表4-12②列),环境类税费总额每提高一个百分点,工业废水排放量上升0.214个百分点。综上,无论从单独环境税种,还是环境类税费总体来看,环境税费均没有起到对工业废水排放环境治理的作用。

表4-12 环境税费与工业"三废"排放量回归结果

解释变量	①	②	③	④	⑤	⑥
lnccs	0.019 (0.62)		-0.036 (-1.21)		-0.525*** (-5.28)	
lncswh	-0.066 (-0.79)		-0.026 (-0.34)		-0.031 (-0.12)	
lntdsys	-0.026 (-1.02)		-0.028 (-1.13)		0.298*** (3.64)	

解释变量	①	②	③	④	⑤	⑥
$lngdzys$	0.025 (1.39)		0.081 *** (4.81)		0.127 ** (2.26)	
$lnzys$	0.077 ** (2.13)		0.028 (0.82)		0.241 ** (2.10)	
$lnpwf$	0.342 *** (4.57)		0.435 *** (6.12)		−0.577 *** (−2.43)	
$lnhjs$		0.214 *** (2.47)		−0.107 (−1.20)		0.582 ** (2.22)
$lnGDP$	2.252 *** (2.85)	3.087 *** (4.48)	1.386 * (1.85)	2.547 *** (3.60)	−10.85 *** (−4.33)	−8.719 *** (−4.19)
$(lnGDP)^2$	−0.116 *** (−3.17)	−0.152 *** (−4.54)	−0.077 *** (−2.22)	−0.125 *** (−3.63)	0.511 *** (4.40)	0.417 *** (4.11)
$lnnyjg$	0.166 * (1.88)	0.242 *** (3.17)	0.365 *** (4.36)	0.576 *** (7.33)	0.308 (1.10)	0.088 (0.38)
$lncyjg$	−0.350 ** (−2.12)	−0.296 ** (−2.12)	−0.055 (−0.35)	0.348 *** (2.43)	0.639 (1.22)	0.960 *** (2.28)
$lnjs$	−0.135 *** (−3.11)	−0.168 *** (−3.98)	−0.176 *** (−4.29)	−0.226 *** (−5.20)	−0.114 (−0.83)	−0.147 (−1.15)
$lnopen$	−0.227 *** (−4.83)	−0.236 *** (−5.40)	−0.072 * (−1.68)	−0.053 (−1.18)	0.335 *** (2.25)	0.296 ** (2.25)
$lngdzc$	−0.204 *** (−4.82)	−0.247 *** (−6.38)	−0.024 (−0.59)	−0.015 (−0.37)	0.139 (1.04)	0.233 ** (2.00)
$lnzfjz$	−0.006 (−0.25)	−0.001 (−0.06)	−0.013 (−0.58)	−0.024 (−1.06)	−0.294 *** (−4.00)	−0.281 *** (−4.19)
常数项	−1.692 (−0.39)	−6.062 * (−1.68)	−3.654 (−0.89)	−10.115 *** (−2.73)	57.19 *** (4.15)	48.657 *** (4.47)
R^2	0.373	0.504	0.373	0.586	0.261	0.225
F 检验	[0.000]					
Hausman 检验	[0.000]	[0.000]	[0.000]	[0.000]	[0.000]	[0.039]

当被解释变量为工业二氧化硫时(见表 4 - 12③列),耕地占用税和排污费的回归系数为正,均通过 1% 水平的显著性检验,其他税种回归系数未通过 10% 水平的显著性检验。耕地占用税和排污费每增加一个百分点,工业二氧化硫将分别提高 0.081 和 0.435 个百分点。中国环境税费制定与税率设计不能减少反而增加工业二氧化硫排放量,其他税种回归系数未通过 10% 水平的显著性检验。总体说明这些环境税种对工业二氧化硫排放治理所起的作用十分有限。环境类税费总额与工业二氧化硫排放量负相关(见表 4 - 12④列),但是回归系数不显著。综上,从环境单独税种来看,环境税费对工业二氧化硫排放量没有起到积极的治理作用,从环境类税费总体来看,环境税费对工业二氧化硫排放环境治理也未起到积极作用。

当被解释变量为工业固体废弃物排放量时(见表 4 - 12⑤列),车船税、排污费回归系数显著为负,车船税和排污费每提高一个百分点,工业固体废弃物排放量将减少 0.525、0.577 个百分点,车船税和排污费对控制工业固体废弃物排放环境治理起到了积极的作用。土地使用税、耕地占用税与资源税的回归系数为正,通过 1%、5%、5% 水平的显著性检验,城市维护建设税回归系数均不显著。土地使用税、耕地占用税、资源税每提高一个百分点,工业固体废弃物排放量将分别提高 0.298、0.127、0.241 个百分点。土地使用税、耕地占用税、资源税不能减少反而增加工业固体废弃物排放量,城市维护建设税系数不显著,总体说明这些环境税种对工业固体废弃物排放治理所起的作用十分有限。环境类税费总额与工业固体废弃物排放量显著正相关(见表 4 - 12⑥列),环境税费总额每提高一个百分点,工业固体废弃物排放量将增加 0.582 个百分点,从系数值来看,消极作用比较大。从环境单独税种来看,只有车船税和排污费起到了工业固体废弃物排放治理的积极作用,环境类税费总体对工业固体废弃物排放没有起到积极的治理作用。

综上,从单独环境税费实施情况看,只有车船税和排污费对抑制工业固体废弃物排放环境治理起到了一定的积极作用。主要原因在于车船税等征收目的在于加大车船使用成本,起到抑制消费,筹集财政收入的作用,能够从一定程度上抑制工业固体废弃物污染物排放。而土地使用税属于比较刚性的环境税收入,因而有助于减少对土地的开放和使用,在一定程度上起到保护和改善环境的作用。而排污费征收标准较低,征收监管也不严格,在地方政府辖区内受到较大人为因素的影响,地方政府为了地区经济发展考虑,可能了招商引资而放松对排污费的征收与管理力度,而排污者也可能向地方政府寻租而实现自身利益最大化,因此排污收费起到的环境治理主要十分有限。

从环境税总体实施情况看,对工业废水和工业固体废弃物排污环境治理没有起到积极作用,对工业二氧化硫排放的作用还需要进一步观测与验证。中国车船税主要功能在于抑制车船使用,增加车船使用成本,筹集财政收入;城市维护建设税是一种附加税,具有专款专用性质,包括城市垃圾回收与处理和基础设施建设等;调节自然资源级差收入是资源税的主要功能;保护耕地资源是耕地占用税的功能;而对城市、县城以及建制镇和工矿区征税,促进土地节约使用,筹集财政资金是城镇土地使用税的主要功能。以上税种的主要功能都不在于环境保护与环境治理,因此融入型环境税费模式的环境治理作用总体十分有限。

2. 环境税环境治理间接效应分析

本小节间接效应指环境税通过影响经济发展水平进而影响环境质量。间接效应存在两个环节:一是环境税收影响经济增长,二是经济增长影响环境质量,即环境税收—经济发展—环境质量。

对方程4-8式采用固定效应回归,结果报告在表4-13。①至⑦列分别表示车船税、城市维护建设税、土地使用税、耕地占用税、资源税、排污费与环境类税费总体对经济增长的回归结果。表4-13结果显示,各种环境相关税费的回归系数均为正数,并且全部通过1%水平显著性检验。表明环境相关税费以及环境税费总体能够显著促进中国经济增长,以资源税为例,每增加1%的资源税,经济总量会增加 $e^{0.492\%} \approx 1.005$ 倍。从回归系数值来看,排污费与城市维护建设税对经济发展的促进作用较大。对收入分配的影响回归结果来看,除排污费与环境类税费总额对资本要素产出弹性无显著影响外,其余均具有显著性影响。其中车船税、土地使用税、耕地占用税和资源税对资本要素产出弹性为负,对劳动要素产出弹性为正,说明以上四种环境税的增加导致资本要素产出弹性降低,但是劳动要素的产出弹性却上升。以资源税为例,资源税比重每上升1%,资本要素产出弹性将降低0.955%,而劳动要素产出弹性将上升 4.512%。回归系数相反表明环境税的征收使得资本和劳动要素收入分配差异较大,社会收入公平性降低,因此,政府在征收环境税的同时还应关注相关税制完善,缩小因环境税征收带来的不公平性收入分配,充分发挥环境税收对社会公平的调节作用。鉴于估计方程 4 - 8 式目的在于计算环境税的环境治理间接效应,故不再过多关注关于环境税对收入分配的影响。

表 4 - 13 方程 4 - 8 估计结果

解释变量	①	②	③	④	⑤	⑥	⑦
$ss_1 * lngdzc$	-2.918 *** (-2.38)	0.196 *** (2.31)	-2.580 *** (-9.26)	-2.873 *** (-7.99)	-0.955 *** (-3.56)	2.059 (1.22)	0.035 (1.14)
$ss_1 * lnlab$	21.738 *** (15.37)	1.764 *** (18.33)	5.448 *** (19.86)	4.776 *** (11.15)	4.512 *** (14.34)	11.948 *** (15.62)	0.726 *** (13.10)
$lnss$	0.447 *** (55.99)	0.561 *** (77.77)	0.407 *** (59.39)	0.343 *** (36.56)	0.492 *** (56.27)	1.238 *** (16.69)	0.519 *** (103.10)
常数项	9.783 *** (588.35)	8.265 *** (190.50)	9.218 *** (619.51)	9.397 *** (525.69)	9.178 *** (433.18)	9.570 *** (211.00)	7.965 *** (260.37)
R^2	0.949	0.981	0.936	0.863	0.928	0.719	0.982
F 检验	[0.000]						
豪斯曼检验	[0.000]						

在以上回归基础之上,根据方程 4 - 9 式计算全国环境税对环境治理的直接效应、间接效应和总效应,回归结果汇报在表 4 - 14 ~ 4 - 16 中。因为收入水平影响间接效应与总效应,表 4 - 14 ~ 4 - 16 中的结果按照样本期内人均 GDP 平均值计算得到。中国环境税具有环境治理间接效应,即中国环境税首先通过影响经济发展,然后通过环境库兹涅茨曲线中的传导机制作用于环境质量。

从环境税对工业废水治理的效应来看,车船税、城市维护建设税、土地使用税和耕地占用税以间接效应为主,总效应为负,从系数值上看,环境治理效应非常微弱。资源税、排污费与环境类税费总体效应为正,没有起到工业废水治理的作用。

从环境税工业二氧化硫治理效应来看,车船税、城市维护建设税、土地使用税、资源税、环境类税费以间接效应为主,总效应为负值,从系数值上看,环境治理效应较微弱。耕地占用税、排污费具有直接与间接双重效应,总效应为正值,没有起到工业二氧化硫治理的作用。

从环境税工业固体废弃物治理效应来看,城市维护建设税主要以间接效应为主,总体效应为负值,车船税和排污费对固体废弃物治理具有显著的直接与间接双重效应,总体效应为负值,起到了较好的工业固体废弃物治理的作用。其他环境相关税收以及环境类税费总额对工业固体废弃物治理虽然具有明显的间接效应,但是总效应数值为正值,具有加剧工业固体废弃物排放的非正常效应。

表 4 – 14　中国环境税费工业废水治理效应测度结果

	车船税	城市维护建设税	土地使用税	耕地占用税	资源税	排污费	环境类税费
直接效应	0.019	– 0.066	– 0.026	0.025	0.077 **	0.342 ***	0.214 *
间接效应	– 0.023	– 0.029	– 0.021	– 0.018	– 0.026	– 0.065	– 0.027
总效应	– 0.023	– 0.029	– 0.021	– 0.018	0.051	0.277	0.187

表 4 – 15　中国环境税费工业二氧化硫治理效应测度结果

	车船税	城市维护建设税	土地使用税	耕地占用税	资源税	排污费	环境类税费
直接效应	– 0.036	– 0.027	– 0.028	0.081 ***	0.0283	0.435 ***	– 0.107
间接效应	– 0.065	– 0.082	– 0.059	– 0.050	– 0.072	– 0.180	– 0.076
总效应	– 0.065	– 0.082	– 0.059	0.031	– 0.072	0.255	– 0.076

表4-16　中国环境税费工业固体废弃物治理效应测度结果

	车船税	城市维护建设税	土地使用税	耕地占用税	资源税	排污费	环境类税费
直接效应	-0.525***	-0.031	0.298***	0.127**	0.241**	-0.577***	0.582**
间接效应	-0.313	-0.392	-0.285	-0.240	-0.344	-0.866	-0.363
总效应	-0.212	-0.392	0.013	-0.108	-0.103	-1.443	0.219

综上可知,从不同环境相关税收以及环境类税费总体对工业"三废"的治理效应来看,只有车船税和排污费对工业固体废弃物起到了积极的直接治理作用,虽然车船税、城市维护建设税对工业"三废"起到了一定的间接治理作用,但是系数值较小,影响微弱。从总效应上看,排污费对工业固体废弃物治理起的作用最大,这也是众多环境税种的环境治理效应检验中最为显著的。

五、稳健性检验

考虑到环境保护相关税收的环境治理效应可能存在一定的时滞性,本书采用工业"三废"排放量的当期值与所有解释变量滞后一期值回归,详细的回归结果报告在表4-17中。受篇幅限制,控制变量回归结果省略。

表4-17结果显示,与前文类似,环境类税费起到了降低了工业二氧化硫污染物排放的作用,车船税和排污费起到了显著的工业固体废弃物排放治理的积极作用,其他各项准环境税收的回归系数要么不显著,要么为正,没有起到环境治理作用。由此可见,本书的回归结果较为稳健。

表4-17　各项环境税收的环境治理直接效应稳健性检验回归结果

解释变量	$lnfs$	$lnso_2$	gf
$L.\ lnccs$	0.005 (0.16)	0.030 (1.03)	-0.296*** (-3.24)
$L.\ lntdsy$	-0.019 (-0.72)	0.047* (1.87)	0.133* (1.72)

解释变量	lnfs	lnso₂	gf
L. lngdzy	0.033 (1.64)	0.139*** (7.40)	0.015 (0.25)
L. lnzys	0.022 (0.56)	-0.004 (-0.10)	0.142 (1.26)
L. lnpwf	0.377*** (5.04)	0.272*** (3.85)	-0.586*** (-2.69)
L. lncswh	-0.032 (-0.39)	-0.011 (-0.14)	-0.242 (-1.01)
L. lnhjs	0.130 (1.16)	-0.357*** (-3.37)	0.530 (1.62)
R^2	0.294	0.416	0.234
F 检验	[0.000]		
Hausman 检验	[0.000]		

第三节　基于工业行业面板数据的税收政策环境治理效应分析

一、模型设定

第二节省级面板数据实证结果显示,只有车船税与排污费起到了工业固体废弃物排放治理的积极作用,其他单独环境税种来看,均没有起到环境治理的作用。这一结论在工业行业是否同样成立呢? 本书拟做出进一步检验。模型建立如下:

$$\ln env_{it} = \beta_0 + \beta_1 \ln cswh_{it} + \beta_2 \ln cztdsys_{it} + \beta_3 \ln clgzs_{it} +$$
$$\beta_4 \ln ccs_{it} + \beta_5 \ln gdzy_{it} + \beta_6 \ln gdzc_{it} + \beta_7 \ln nyxf_{it} + \alpha_i + \varepsilon_{it} \tag{4-10}$$

(4-10)式中,i 代表工业行业,t 代表时间,env 表示环境质量;$cswh$、cz-

tdsys、*clgzs*、*ccs*、*gdzys* 分别代表全国对各工业行业征收的城市维护建设税、城镇土地使用税、车辆购置税、车船税、耕地占用税;*gdzc*、*nyxf* 分别表示工业行业固定资产投资、工业行业能源消费量,模型中所有变量均取自然对数以减小异方差性。

二、数据来源及变量说明

《中国税务年鉴》中报告的行业税收在 2006 年以前缺乏行业细分数据,故本书选取 2007 - 2015 年工业 41 个行业环境税收细分数据,原始数据来源于 2008 - 2016 年的《中国税务年鉴》,工业行业环境污染物排放数据来源于《中国环境统计年鉴》2008 - 2016 年,工业行业固定资产投资数据来源于国家统计局官网,工业行业能源消费数据来源于《中国能源统计年鉴》(2008 - 2016 年)。

①被解释变量

选取各工业行业废水排放量(fs)、废气排放量(fq)、二氧化硫排放量(so_2)、固体废弃物排放量(gf),依次检验工业行业环境税收的环境治理效应。

②核心解释变量:各项环境税收

本部分主要关注各工业行业环境相关税收的环境治理效应,故解释变量着重行业环境税种。在综合考量与环境税收的相关密切程度基础之上,本书主要选取了城市维护建设税、城镇土地使用税、车辆购置税、车船税、耕地占用税五种工业行业税种,分别表示为 *cswh*、*cztdsys*、*clgzs*、*ccs*、*gdzys*。

③其他变量

固定资产投资 *gdzc*,用工业行业固定资产投资表示;能源消费量 *nyxf*,用各工业行业能源消费量除以工业行业能源消费总量来表示。各变量经济含义及描述性统计结果详见表 4 - 18 ~ 4 - 19。

表 4 - 18　各变量定义

变量类型	变量符号	变量名称	变量经济定义
被解释变量	fs	工业行业废水排放量	工业行业废水排放总量,取自然对数
	fq	工业行业废气排放量	工业行业废气排放总量,取自然对数
	so_2	工业行业二氧化硫排放量	工业行业二氧化硫排放总量,取自然对数
	gf	工业行业固体废弃物排放量	工业行业固体废弃物排放总量,取自然对数
核心解释变量	$cswh$	城市维护建设税	全国工业行业城市维护建设税总额,取自然对数
	$cztdsys$	城镇土地使用税	全国工业行业城镇土地使用税收总额,取自然对数
	$clgzs$	车辆购置税	全国工业行业车辆购置税收总额,取自然对数
	ccs	车船税	全国工业行业车船税收总额,取自然对数
	$gdzys$	耕地占用税	全国工业行业耕地占用税收总额,取自然对数
其他变量	$gdzc$	固定资产投资	工业行业固定资产投资,取自然对数
	$nyxf$	能源消费量	工业行业能源消费量/能源消费总量,取自然对数

表4-19 各变量描述性统计结果

变量	观测值	均值	标准差	最小值	最大值
$lnfs$	355	9.618	1.864	2.485	12.959
$lnfq$	338	7.480	2.074	1.946	12.326
$lnso_2$	340	1.449	2.351	-9.210	7.045
$lngf$	292	-0.283	2.583	-7.60	5.891
$lncswh$	341	11.592	2.108	2.472	15.171
$lncztdsys$	342	11.505	1.387	3.796	13.438
$lnclgzs$	304	8.669	2.041	0.190	11.905
$lnccs$	304	6.489	1.147	0.133	8.659
$lngdzys$	152	10.471	1.269	6.096	13.427
$lngdzc$	326	7.529	1.265	2.421	9.916
$lnnyxf$	350	-4.905	1.544	-8.724	-1.316

三、实证结果分析

本书采用Stata13.1进行回归分析。在计量模型的选择上首先用F检验确定是选择个体固定效应还是混合效应,当F检验拒绝混合效应模型原假设时用豪斯曼检验判断使用随机效应还是个体固定效应模型。首先对方程(4-10)分别进行F检验和豪斯曼检验,F检验拒绝不存在个体效应的原假设,豪斯曼检验如果在1%水平上拒绝随机效应原假设,那么采用固定效应模型,反之采用随机效应模型。回归结果见表4-20。

被解释变量为工业行业废水排放量时(见表4-20①列),5种环境相关税收的回归系数无一显著,说明这些环境税种与工业行业废水排放量不存在统计上的因果关系。当被解释变量为工业行业废气排放量时(见表4-20②列),只有城市维护建设税、城镇土地使用税回归系数为负,通过5%、10%水平的显著性检验,其他3种环境税回归系数不显著。城市维护建设税、城镇土地使用税每提高一个百分点,工业废气排放量将下降0.556、0.561个百分点,说明城市维护建设税和土地使用税对工业行业废气排放起到了积极的治理作用。当被解释变量为工业二氧化硫时(见表4-20③列),5种环境相关税收回归系数均未通过显著性检验,说明这些环境税种与工业行业二氧化硫排放无统计意义上的因果关系。当被解释变量为工业行业固体废弃物排放量时(见表 4 – 20 ④列),耕地占用税回归系数显著为正,其他 4 种环境相关税的回归系数均不显著,中国环境相关税制的设定不但没有减少反而加剧了工业行业固体废弃物的排放,这说明环境相关税收对工业行业固体废弃物排放没有起到积极治理的作用,这可能与样本选取有关,2011 年以后缺乏行业固体废弃物排放数据,以行业固体废弃物倾倒丢弃量代替。

从控制变量结果来看,行业固定资产投资和能源消费量回归系数显著为正,说明工业行业固定资产投资和工业行业能源消费量加剧了工业行业环境污染物的排放。

表 4 – 20 工业行业面板数据回归结果

解释变量	①lnfs	②lnfq	③lnso₂	④lngf
lncswh	−0.092 (−0.86)	−0.556** (−2.05)	0.373 (1.13)	−0.068 (−0.27)
lncztdsys	−0.057 (−0.44)	−0.561* (−1.84)	−0.302 (−0.47)	−0.674 (−1.08)
lnclgzs	0.031 (0.89)	0.010 (0.13)	0.067 (0.23)	−0.287 (−1.35)
lnccs	−0.017 (−0.27)	−0.049 (−0.35)	−0.351 (−0.72)	0.139 (0.38)
lngdzys	−0.070 (−1.61)	−0.106 (−1.07)	0.068 (0.23)	0.676*** (2.91)
lngdzc	0.066 (0.60)	0.602*** (2.29)	0.125 (0.34)	−1.020*** (−2.51)
lnnyxf	0.625*** (3.93)	−0.239 (−0.46)	1.103*** (3.17)	1.187*** (4.62)
常数项	14.420*** (6.60)	17.022*** (3.15)	5.640 (0.70)	16.286*** (2.63)
R^2	0.444	0.274	0.395	0.547
F 检验	[0.000]			
Hausman 检验	[0.120]	[0.000]	[0.3345]	[0.070]

从工业行业面板数据回归结果来看,只有城市维护建设税和城镇土地使用税对工业行业废气排放治理起到了积极作用,其他环境相关税种在行业环境治理中均没有起到相应的治理作用,与省级面板数据回归结果类似,行业环境相关税收的环境治理作用十分有限。

由于缺乏工业行业 GDP 细分数据,且没有途径获得,故无法检验工业行业环境税的环境治理间接效应。

四、稳健性检验

考虑到环境保护相关税收的环境治理效应可能存在一定的时滞性,本书采用工业"三废"排放量的当期值与所有解释变量滞后一期值回归,回归结果报告在表4-21中。

表4-21　工业行业环境税的环境治理效应稳健性检验结果

解释变量	$lnfs$	$lnfq$	$lnso_2$	$lngf$
$L. lncswh$	0.212 (1.47)	−0.214 (−0.60)	0.188 (0.59)	2.321 (1.04)
$L. lncztdsys$	0.061 (0.34)	0.034 (0.09)	−0.973 (−1.41)	3.071* (1.83)
$L. lnclgzs$	0.028 (0.62)	0.038 (0.40)	0.386 (1.01)	0.301 (0.75)
$L. lnccs$	0.133* (1.79)	0.008 (0.05)	−0.021 (−0.04)	0.860 (1.22)
$L. lngdzys$	−0.136** (−2.23)	0.040 (0.31)	−0.466 (−1.40)	−0.790 (−1.33)
$L. lngdzc$	−0.014 (−0.11)	0.742*** (2.53)	0.245 (0.74)	−1.864 (−1.35)
$L. lnnyxf$	0.627*** (3.55)	−1.131* (−1.74)	1.401*** (4.13)	3.745 (0.95)

续表

解释变量	*lnfs*	*lnfq*	*lnso*$_2$	*lngf*
常数项	9.582 *** (3.63)	− 1.905 (− 0.30)	16.912 ** (2.15)	− 35.942 (− 1.02)
R^2	0.462	0.187	0.548	0.208
F 检验	[0.000]			
Hausman 检验	[0.4711]	[0.0007]	[0.5149]	[0.0042]

表 4 – 21 回归结果显示,唯有工业行业耕地占用税对工业废水排放治理起到了显著作用,其他工业行业税收对环境治理的影响要么不显著,要么系数为正,总体来看工业行业环境相关税收的环境治理作用十分有限,控制变量结果与前文基本一致,本书估计结果具有一定的稳健性。

第四节 本章小结

财政政策方面,对环保财政支出的环境治理总效应进行了实证检验。借鉴区域经济发展理论,参照投入—产出比,利用各地区环保财政支出占全国环保财政支出的比重与各地区工业"三废"排放量占全国工业"三废"(fs、so_2、gf)排放量的比重之比,计算各省环保财政支出环境治理效应系数。按系数值域把中国 30 个省份分成两个区域。被解释变量选取工业废水、工业二氧化硫、工业固体废弃物排放量,对环保财政支出的环境治理直接效应进行实证检验,结果表明环境保护财政支出取得了较好的环境治理效果,环境治理的直接效应比较明显。中国地方环保财政支出同时具有环境治理的间接效应,即环保财政支出首先通过影响经济发展水平进而对环境质量产生影响。对于工业废水,环境保护财政支出的环境治理效应主要表现为间接效应。对于工业二氧化硫,环境保护财政支出的环境治理直接效应与间接效应均非常明显。对于工业固体废弃物,环境保护财政支出环境治理直接效应和总效应均为正,可能与样本数据有关。分区域来看,区域 1 环境保护财政支出的环境治理直接效应与间接效应均非常明显,总效应为 − 0.257;区域 2 主要表现为间接效应,总

效应为 -0.062,区域1环境保护财政支出的环境治理效应大于区域2。

税收政策来看,省级面板数据方面,选取了车船税、城市维护建设税、土地使用税、耕地占用税、资源税5种地方税种,具有环境税收意义的排污费和以上六种环境税费总额分别作为核心解释变量,考察环境相关税收的环境治理效应。结果发现:只有车船税和排污费对抑制工业固体废弃物排放环境治理起到了一定的积极作用。从环境税对工业废水的治理效应来看,车船税、城市维护建设税、土地使用税和耕地占用税主要表现为间接效应,总效应为负值。资源税、排污费与环境类税费总体效应为正,没有起到工业废水治理的作用。从环境税工业二氧化硫治理效应来看,车船税、城市维护建设税、土地使用税、资源税以间接效应为主,总效应为负值。耕地占用税、排污费具有直接与间接双重效应,总效应为正值。环境类税费总体具有工业二氧化硫治理直接与间接双重效应,总体效应为负值。环境税工业固体废弃物治理效应来看,城市维护建设税主要以间接效应为主,总体效应为负值。车船税和排污费固体废弃物治理具有显著的直接与间接双重效应,总体效应为负值。

工业行业方面,选取了城市维护建设税、城镇土地使用税、车辆购置税、车船税、耕地占用税5种工业行业税种考察行业环境税的环境治理作用,结果显示,只有城市维护建设税和城镇土地使用税对工业行业废气排放治理起到了积极作用,其他环境相关税种在行业环境治理中均没有起到相应的治理作用,与省级面板数据回归结果类似,行业环境相关税收的环境治理作用十分有限。

第五章

中国财税政策对环境治理的门槛效应分析

第四章对中国财税政策的环境治理效应进行了实证检验,那么财税政策的环境治理效应是否受制于经济发展水平、产业结构、能源消费结构、对外开放等外部经济因素呢? 本章利用中国大陆地区除西藏以外的 30 个省(自治区、直辖市)面板数据,建立面板门限回归模型分析检验上述各经济因素是否存在门限效应,并设置门槛虚拟变量检验门槛变量在财税政策与环境质量关系中的影响效度,观测对环境治理起作用的真正原因。研究结果为探索财税政策环境治理效应区域差异的原因以及提高财税政策的环境治理效应,实现环境与经济的可持续发展提供一定的理论指导。

第一节 问题的提出

大量关于环境与发展关系的国别研究认为,在经济发展水平达到一定程度的前后,一个国家政策的环境治理效应往往具有显著差异。林伯强等(2009)通过 CO_2 检测到中国环境库兹涅茨曲线的拐点,间接证明中国的环境污染具有门槛效应。沈能(2012)、包群(2013)、Halkos(2013)研究结论均认为GDP 是影响空气污染治理质量的重要门槛变量。冯海波、方元子(2014)指出,地方财政支出对环境治理的作用受到当地经济发展水平的影响。熊波、陈文静、刘潘等(2016)研究结果表明,地方政府财税政策与区域空气污染质量具有非线性关系,在不同的经济发展水平之下,地方空气污染质量效果不同,具体地,财政政策可能的一个门槛值为2.88万元。以人均排污费作为中国环境税收政策的代理变量检验是否存在人均GDP的门槛效应,得到的结论与环境财政支出政策类似,随着经济发展水平的提高,排污费会进一步促进人均二氧化硫等环境污染物的排放。朱小会和陆远权(2017)指出,经济发展水平对财政政策的环境治理效应具有显著的门槛效应,当经济发展水平低于门槛值时,财政政策的环境治理效果更好。产业结构方面,秦昌波和王金南等(2015)研究发现征收环境税有利于优化调整产业结构,清洁产业发展较快而重污染行业受到抑制。对外开放方面,朱小会和陆远权(2017)研究认为,环境保护财政支出与环境治理之间存在显著的开放经济门槛效应,随着开放经济程度的提高,跨过一定的门槛值后,环境保护财政支出的环境治理效应很难发挥。因此,财税政策与环境治理之间可能存在基于经济发展、产业结构、对外开放等的门槛效应,各地经济发展水平、产业结构、对外开放程度等不同,财税政策的环境治理效应具有差异性。

第二节 门槛模型估计原理

"门槛回归"是一种主要研究非线性的计量经济学方法,本质是在反应因果关系的变量中自动寻找门槛变量,根据样本数据内生地估算出具体门槛数值,然后检测以门槛值划分的样本组的模型其估计参数是否显著。门槛模型基本原理与形式如下:

$$y_i = \theta_1 x_i + e_i, q_i \leqslant \gamma \tag{5-1}$$

$$y_i = \theta_1 x_i + e_i, q_i > \gamma \tag{5-2}$$

(5-1)和(5-2)式中,y_i表示被解释变量;x_i代表解释变量,通常是n维向量;q_i表示门槛变量,γ表示门槛值。Hansen(1999)认为,q_i既可以单独作为一个门槛变量不出现在x_i中,也可以出现在x_i中作为一个回归元,根据门槛值γ将样本分为两组或多组,对回归参数的显著性进行观测。(5-1)和(5-2)式也可以改写成如下单一式:

$$y_i = \theta_1 x_i + \delta x_i I_i(\gamma) + e_i \tag{5-3}$$

(5-3)式中,$I_i(\gamma) = \{q_i \leq \gamma\}$,为虚拟变量,$\{\cdot\}$为示性函数。

如果存在双重门槛,模型做如下改动:

$$y_i = \theta_1 x_i + \alpha_0 x_i I(q_i \leq \gamma_1) + \alpha_1 x_i I(\gamma_1 < q_i \leq \gamma_2) + \alpha_2 x_i I(q_i > \gamma_2) + e_i$$

$$(5-4)$$

(5-4)式中,γ_1、γ_2表示两个不同的门槛值.

在估计门槛回归模型之前,首先对方程(5-3)直接采用OLS估计,通过赋予任意的门槛值γ一个初始值γ_0,得到残差平方和$S_1(\gamma)$。在γ取值范围内从小到大依次选定γ_0,计算出相应的残差平方和$S_1(\gamma)$,找出最小的残差平方和,并找到此时对应的门槛值γ^*。然后根据$\hat{\sigma}_1^2 = S_1(\gamma^*)/[n(T-1)]$,$n$表示样本,$T$表示时期跨度;将$\hat{\sigma}_1^2$代入方程(5-4),运用格子搜索得到$\gamma_2$。

接下来检验以门槛值为划分标准的样本模型估计参数是否显著相异,在门槛值已经估计出来的前提下,检验门槛效应的显著性。原假设和备择假设分别为$\theta_1 = \theta_2$、$\theta_1 \neq \theta_2$,如果原假设成立则退化为线性模型,否则采用门槛模型。

同时构建拉格朗日乘数即LM检验的F统计量:

$$F_{(\gamma^*)} = [S_0 - S_1(\gamma^*)]/\hat{\sigma}^2 \qquad (5-5)$$

(5-5)式中,S_0、S_1分别表示原假设和备择假设条件下参数估计的残差平方和。由于原假设下门槛值γ不确定,故可以采用Bootstrap(自抽样法)模拟渐进分布,进而根据相应的P值来检验门槛效应的显著性。

如果确定某一变量确实存在门槛效应,那么还要进一步地确定门槛值的置信区间,即对零假设进行LR(似然比)统计量检验。根据Hansen(1999)的结论,$LR(\gamma) \leq c(\alpha) = -2\ln(1 - \sqrt{1-\alpha})$时,无法拒绝原假设,其中$\alpha$代表的是显著性水平,$c(\alpha)$在95%置信水平下的值是7.35。多重门槛模型估计原理类似,不重复阐释。

第三节 财政政策对环境治理的门槛效应分析

一、模型的设定

本小节通过样本数据自身所反映的特点进行内生分值,估计和检验门槛值,研究在不同的经济发展、能源消费结构、产业结构、技术创新等水平下,各地区环保财政支出与环境治理的内在关系。根据 Hansen(1999)提出的门槛模型,以经济发展水平(GDP)为门槛变量设定如下单门槛计量模型:

$$env_{it} = \mu_i + \alpha_0\, hbzc_{it} I(GDP_{it} \leqslant \gamma) + \alpha_1\, hbzc_{it} I(GDP_{it} > \gamma) + \beta X_{it} + \varepsilon_{it}$$

$$(5-6)$$

(5-6)式中,i 代表地区,t 代表年份。env 代表环境质量,表征环境治理水平,是因变量,本书用工业二氧化硫排放量表征;μ_i 表示地区的个体效应;$hbzc$ 是核心解释变量,代表环境保护财政支出;GDP 表示人均国内生产总值,为门槛变量,反映地区经济发展水平;$I(\cdot)$ 为示性函数;γ 为特定的门槛值,根据所选样本数据内生决定;α_0、α_1 为门槛变量(GDP)大于或小于门槛值 γ 时环境保护财政支出对环境治理的待回归系数,即门槛效应;X_{it} 代表一组控制变量,β 为对应各控制变量的待估系数;ε_{it} 代表随机扰动项。

以能源消费结构、产业结构、技术创新、财政分权、对外开放和固定资产投资为门槛变量,依照方程(5-6)设定单门槛计量模型为:

$$env_{it} = \mu_i + \alpha_0\, hbzc_{it} I(nyjg_{it} \leqslant \gamma) + \alpha_1\, hbzc_{it} I(nyjg_{it} > \gamma) + \beta X_{it} + \varepsilon_{it}$$

$$(5-7)$$

$$env_{it} = \mu_i + \alpha_0\, hbzc_{it} I(cyjg_{it} \leqslant \gamma) + \alpha_1\, hbzc_{it} I(cyjg_{it} > \gamma) + \beta X_{it} + \varepsilon_{it}$$

$$(5-8)$$

$$env_{it} = \mu_i + \alpha_0\, hbzc_{it} I(js_{it} \leqslant \gamma) + \alpha_1\, hbzc_{it} I(js_{it} > \gamma) + \beta X_{it} + \varepsilon_{it} \quad (5-9)$$

$$env_{it} = \mu_i + \alpha_0\, hbzc_{it} I(fd_{it} \leqslant \gamma) + \alpha_1\, hbzc_{it} I(fd_{it} > \gamma) + \beta X_{it} + \varepsilon_{it} \quad (5-10)$$

$$env_{it} = \mu_i + \alpha_0\, hbzc_{it} I(open_{it} \leqslant \gamma) + \alpha_1\, hbzc_{it} I(open_{it} > \gamma) + \beta X_{it} + \varepsilon_{it} \quad (5-11)$$

$$env_{it} = \mu_i + \alpha_0 \text{hbzc}_{it} I(gdzc_{it} \leq \gamma) + \alpha_1 \text{hbzc}_{it} I(gdzc_{it} > \gamma) + \beta X_{it} + \varepsilon_{it}$$

$$(5-12)$$

方程(5-6)~(5-12)分别是以经济发展水平、能源消费结构、产业结构、技术创新、财政分权、对外开放和固定资产投资为门槛变量的单门槛模型,在不同的研究对象中有可能存在多重门槛,如果存在双重门槛模型改为如下:

$$env_{it} = \mu_i + \alpha_0 \text{hbzc}_{it} I(\text{GDP}_{it} \leq \gamma_1) + \alpha_1 \text{hbzc}_{it} I(\gamma_1 < \text{GDP}_{it} \leq \gamma_2) +$$
$$\alpha_2 \text{hbzc}_{it} I(\text{GDP}_{it} > \gamma_2) + \beta X_{it} + \varepsilon_{it} \quad (5-13)$$

$$env_{it} = \mu_i + \alpha_0 \text{hbzc}_{it} I(\text{nyjg}_{it} \leq \gamma_1) + \alpha_1 \text{hbzc}_{it} I(\gamma_1 < \text{nyjg}_{it} \leq \gamma_2) +$$
$$\alpha_2 \text{hbzc}_{it} I(\text{nyjg}_{it} > \gamma_2) + \beta X_{it} + \varepsilon_{it} \quad (5-14)$$

$$env_{it} = \mu_i + \alpha_0 \text{hbzc}_{it} I(\text{cyjg}_{it} \leq \gamma_1) + \alpha_1 \text{hbzc}_{it} I(\gamma_1 < \text{cyjg}_{it} \leq \gamma_2) +$$
$$\alpha_2 \text{hbzc}_{it} I(\text{cyjg}_{it} > \gamma_2) + \beta X_{it} + \varepsilon_{it} \quad (5-15)$$

$$env_{it} = \mu_i + \alpha_0 \text{hbzc}_{it} I(\text{js}_{it} \leq \gamma_1) + \alpha_1 \text{hbzc}_{it} I(\gamma_1 < \text{js}_{it} \leq \gamma_2) +$$
$$\alpha_2 \text{hbzc}_{it} I(\text{js}_{it} > \gamma_2) + \beta X_{it} + \varepsilon_{it} \quad (5-16)$$

$$env_{it} = \mu_i + \alpha_0 \text{hbzc}_{it} I(\text{fd}_{it} \leq \gamma_1) + \alpha_1 \text{hbzc}_{it} I(\gamma_1 < \text{fd}_{it} \leq \gamma_2) +$$
$$\alpha_2 \text{hbzc}_{it} I(\text{fd}_{it} > \gamma_2) + \beta X_{it} + \varepsilon_{it} \quad (5-17)$$

$$env_{it} = \mu_i + \alpha_0 \text{hbzc}_{it} I(\text{open}_{it} \leq \gamma_1) + \alpha_1 \text{hbzc}_{it} I(\gamma_1 < \text{open}_{it} \leq \gamma_2) +$$
$$\alpha_2 \text{hbzc}_{it} I(\text{open}_{it} > \gamma_2) + \beta X_{it} + \varepsilon_{it} \quad (5-18)$$

$$env_{it} = \mu_i + \alpha_0 \text{hbzc}_{it} I(\text{gdzc}_{it} \leq \gamma_1) + \alpha_1 \text{hbzc}_{it} I(\gamma_1 < \text{gdzc}_{it} \leq \gamma_2) +$$
$$\alpha_2 \text{hbzc}_{it} I(\text{gdzc}_{it} > \gamma_2) + \beta X_{it} + \varepsilon_{it} \quad (5-19)$$

为检测门槛变量对经济发展水平、能源消费结构、产业结构、技术创新、财政分权、对外开放和固定资产投资等因素对环保财政支出环境治理效应的影响程度,由门槛变量的门槛值生成虚拟变量 virtue,当门槛变量的值大于门槛值时,virtue 取值为 1,否则取 0。则引入变量 $\text{virtue}_{\text{GDP}} \times \text{hbzc}_{it}$ 设为 vd_1,$\text{virtue}_{\text{nyjg}} \times \text{hbzc}_{it}$ 设为 vd_2,$\text{virtue}_{\text{cyjg}} \times \text{hbzc}_{it}$ 设为 vd_3,$\text{virtue}_{\text{js}} \times \text{hbzc}_{it}$ 设为 vd_4,$\text{virtue}_{\text{fd}} \times \text{hbzc}_{it}$ 设为 vd_5,$\text{virtue}_{\text{open}} \times \text{hbzc}_{it}$ 设为 vd_6,$\text{virtue}_{\text{gdzc}} \times \text{hbzc}_{it}$ 设为 vd_7,静态面板数据估计模型设为:

$$env_{it} = \omega_0 + \omega_1 \text{hbzc}_{it} + \varphi x_{it} + \chi vd + \beta X_{it} + \varepsilon_{it} \quad (5-20)$$

(5-20)式中,ω_0 为常数项,ω_1 为环保财政支出估计系数,φ 表示门槛变量的估计系数,x_{it} 表示各门槛变量,χ 表示新设置虚拟变量的待估计参数,其他变量符号与同前的定义一致。

二、门槛效应检验

利用中国大陆地区 2007~2015 年除西藏以外的 30 个省(自治区、直辖市)节能环保支出的面板数据实证检验财政政策对环境治理的门槛效应,模型中所有变量及数据来源均与第四章第一节一致。借鉴 Hansen(1999)*Bootstrap* 运用 Stata13.1 反复抽样 400 次,分别对 *GDP*、*nyjg*、*cyjg*、*js*、*fd*、*open*、*gdzc* 不存在门槛值、存在单一门槛值、存在双重门槛值进行估计,获得 F 统计量检验的 P 值,根据 P 值判断门槛效应的显著性。经检验 *GDP*、*nyjg*、*cyjg*、*open* 存在门槛效应,门槛效应检验的 F 统计量、统计量检验 p 值及 1%、5%、10% 显著性水平下的临界值见表 5-1[①]。

表 5-1 门槛效应检验结果

门槛变量	模型	F 值	P 值	BS 次数	1%	5%	10%
lnGDP	单一门槛	6.488*	0.060	400	17.310	11.529	8.321
	双重门槛	7.211	0.168	400	10.590	7.609	5.935
lnnyjg	单一门槛	5.810*	0.085	400	12.881	9.253	6.695
	双重门槛	5.106	0.128	400	12.976	6.565	4.677
lncyjg	单一门槛	9.075**	0.037	400	11.921	6.835	5.254
	双重门槛	4.789	0.117	400	9.812	6.015	4.618
lnopen	单一门槛	11.622***	0.000	400	9.352	5.624	3.392
	双重门槛	12.798***	0.000	400	13.895	8.112	5.866
	三重门槛	0.254	0.667	400	14.214	7.507	5.049

*、**、*** 分别表示 10%、5% 及 1% 的显著性水平,下同。

由表 5-1 看出,当门槛变量为经济发展水平(*lnGDP*)时,单门槛效应在

---

① 本章使用的命令为中山大学连玉君老师编写的 xtthres,在此表示感谢。

10%水平下显著,双门槛效应未通过显著性检验,故环保财政支出对环境治理的影响存在经济发展水平($lnGDP$)单门槛效应。以能源消费结构($lnnyjg$)为门槛变量时,单门槛效应在10%水平下显著,双门槛效应未通过显著性检验,故环保财政支出对环境治理的影响存在能源消费结构($lnnyjg$)单门槛效应。同样,环保财政支出对环境治理的影响存在产业结构($lncyjg$)单门槛效应和对外开放程度($lnopen$)的双重门槛效应。

依据门槛模型理论知,似然比统计量LR趋近于0时γ的值就是门槛估计值,图5-1~5-4即是将$lnGDP$、$lnnyjg$、$lncyjg$和$lnopen$作为门槛变量时得到的门槛估计值$\gamma_1 \sim \gamma_4$(详见表5-2)在95%置信区间下的似然比函数图,其中虚线代表的临界值为7.35。

表5-2　门槛值估计结果

门槛变量	估计值	95%置信区间
$lnGDP$	10.270	(10.168,10.498)
$lnnyjg$	-0.479	(-0.53,-0.469)
$lncyjg$	-0.807	(-0.842,-0.778)
$lnopen(1)$	-1.091	(-1.119,-1.034)
$lnopen(2)$	-2.028	(-2.075,-1.990)

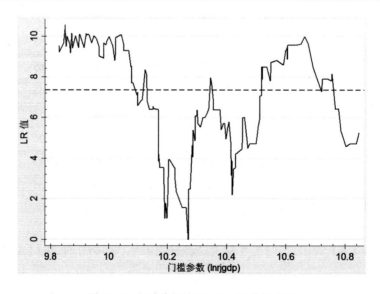

图5-1　经济发展水平:单一门槛估计值

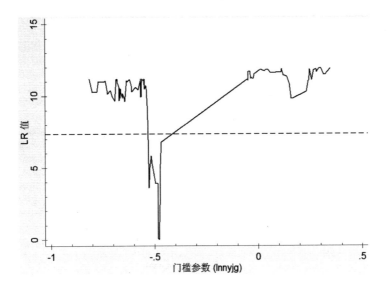

图 5 - 2　能源消费结构：单一门槛估计值

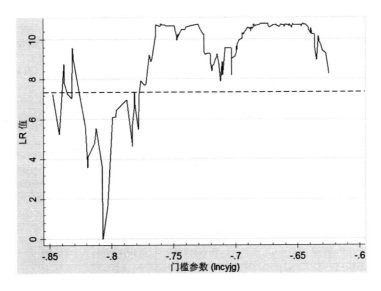

图 5 - 3　产业结构：单一门槛估计值

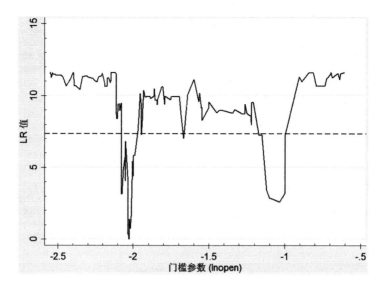

图 5 - 4　对外开放水平:双重门槛估计值

三、门槛模型各影响因素参数估计

以 $lnGDP$、$lnnyjg$、$lncyjg$ 和 $lnopen$ 为门槛变量时各影响因素参数估计结果见表 5 - 3、5 - 4、5 - 5、5 - 6。

表 5 - 3　经济发展水平(GDP)条件下门槛模型参数估计结果

变量	系数	标准差	t 值	p 值
$lnnyjg$	0. 5615515	0. 0939887	5. 97	0. 000
$lncyjg$	0. 4604371	0. 1584633	2. 91	0. 004
$lnjs$	− 0. 2482973	0. 0520872	− 4. 77	0. 000
$lnopen$	− 0. 0430053	0. 0454406	− 0. 95	0. 345
$lnfd$	0. 0047867	0. 0649974	0. 07	0. 941
$lngdzc$	0. 1826172	0. 0816806	2. 24	0. 026
$lnhbzc_{it}I(lnGDP_{it} \leqslant 10.270)$	− 0. 1580086	0. 0437671	− 2. 92	0. 004
$lnhbzc_{it}I(lnGDP_{it} > 10.270)$	− 0. 1137087	0. 043598	− 2. 61	0. 010
_cons	2. 204964	0. 4707925	4. 68	0. 000

由表 5 - 3 看出,各地区环境保护财政支出的环境治理作用因经济发展水

平不同而相异。当经济发展水平(lnGDP)低于门槛值 10.270 时,环保财政支出对环境治理的影响系数为 -0.158,通过了 1% 水平的显著性检验,说明当经济发展处于较低水平时,环境保护财政支出对环境治理起到了显著的积极作用;当经济发展水平(lnGDP)高于门槛值 10.270 时,环保财政支出对环境治理的影响系数为 -0.113,通过 1% 水平的显著性检验,但系数值有所减小,这意味着当经济发展水平处于高门槛值时,环保财政支出的环境治理效应有所减弱,这表明环保财政支出在经济发展水平较低的区域比在经济发展水平较高的区域更有利于发挥环境治理作用。可能的原因是地方政府过分追求 GDP,往往不惜以牺牲环境为代价,从而造成环境恶化。

表 5 - 4　能源消费结构($nyjg$)条件下门槛模型参数估计结果

变量	系数	标准差	t 值	p 值
$lnGDP$	-1.425958	1.03801	-1.37	0.171
$(lnGDP)^2$	0.0352208	0.0482853	0.73	0.466
$lncyjg$	0.1284331	0.1765202	0.73	0.468
$lnjs$	-0.2293149	0.0503538	-4.55	0.000
$lnopen$	-0.0924708	0.0444006	-2.08	0.038
$lnfd$	0.6132345	0.113577	5.40	0.000
$lngdzc$	0.3260266	0.0934861	3.49	0.001
$lnhbzc_{it}I(lnnyjg_{it} \leq -0.479)$	-0.1513265	0.0438106	-3.45	0.001
$lnhbzc_{it}I(lnnyjg_{it} > -0.479)$	-0.1715891	0.043686	-3.93	0.000
$\_cons$	11.52141	5.515569	2.09	0.038

由表 5 - 4 看出,各地区环保财政支出的环境治理作用因能源消费结构不同而相异,存在能源消费结构的单一门槛效应。当能源消费结构($lnnyjg$)低于门槛值 -0.479 时,环保财政支出对环境治理的影响系数为 -0.151,且通过 1% 水平的显著性检验;当能源消费结构($lnnyjg$)高于门槛值 -0.479 时,环保财政支出对环境治理的影响系数为 -0.171,且通过 1% 水平的显著性检验。这说明当能源消费结构处于较低水平时,环保财政支出对环境治理产生积极的作用,当能源消费结构高于门槛值时,环保财政支出对环境治理的作用更

大。这说明环保财政支出在能源消费结构较高的区域比在能源消费结构较低的区域更有利于发挥环境治理作用。原因在于在能源消费结构较高的地区，环境污染问题往往备受关注，地方政府可能越重视环境问题，政府可对环境污染进行更有效的管控，从而节能环保支出的环境治理效应更明显。

表5-5　产业结构(cyjg)条件下门槛模型参数估计结果

变量	系数	标准差	t 值	p 值
$lnGDP$	-1.118904	0.9746465	-1.15	0.252
$(lnGDP)^2$	0.0219549	0.044882	0.49	0.625
$lncyjg$	0.3648839	0.091757	3.98	0.000
$lnjs$	-0.2295837	0.0478916	-4.79	0.000
$lnopen$	-0.046119	0.0434388	-1.06	0.289
$lnfd$	0.6205069	0.1031194	6.02	0.000
$lngdzc$	0.2305232	0.08831	2.61	0.010
$lnhbzc_{it}I(lncyjg_{it} \leq -0.807)$	-0.1079475	0.043317	-2.49	0.013
$lnhbzc_{it}I(lncyjg_{it} > -0.807)$	-0.0868641	0.0443311	-1.96	0.051
$\_cons$	10.22279	5.166847	1.98	0.049

由表5-5看出，各地区环境保护财政支出的环境治理作用因产业结构不同而相异，产业结构存在单门槛效应。当产业结构($lncyjg$)低于门槛值-0.807时，环保财政支出对环境治理的影响系数为-0.108，且通过1%水平的显著性检验；当产业结构($lnnyjg$)高于门槛值-0.807时，环保财政支出对环境治理的影响系数为-0.08，且通过10%水平的显著性检验。这说明当产业结构处于较低水平时，环保财政支出对环境治理产生积极的作用，当产业结构高于门槛值时，环保财政支出对环境治理的作用明显减弱。这说明环保财政支出在产业结构较低的区域比在产业结构较高的区域更有利于发挥环境治理作用。因为以工业为主的第二产业占比过高，本身在一定程度上助推了高污染和高排放，在有限的环保财政支出下，发挥的环境治理作用往往大打折扣。

表5-6 对外开放(open)条件下门槛模型参数估计结果

变量	系数	标准差	t 值	p 值
$lnGDP$	-1.14547	0.9539036	-1.20	0.231
$(lnGDP)^2$	0.0267847	0.0443049	0.60	0.546
$lnnyjg$	0.3649955	0.0893432	4.09	0.000
$lncyjg$	0.1428336	0.1666103	0.86	0.392
$lnjs$	-0.2399661	0.0478084	-5.02	0.000
$lnfd$	0.5354184	0.1089002	4.92	0.000
$lngdzc$	0.2493199	0.088282	2.82	0.005
$lnhbzc_{it}I(lnopen_{it} \leqslant -2.028)$	-0.1528117	0.0431021	-3.55	0.000
$lnhbzc_{it}I(-2.028 < lnopen_{it} \leqslant -1.091)$	-0.1341317	0.0423719	-3.17	0.002
$lnhbzc_{it}I(lnopen_{it} > -1.091)$	-0.0981007	0.0419753	-2.34	0.020
_cons	10.04453	5.040198	1.99	0.047

由表5-6看出,各地区环境保护财政支出的环境治理作用因对外开放水平不同而相异。当对外开放程度(lnopen)小于门槛值-2.028时,环保财政支出与环境质量的回归系数为-0.153,通过1%水平的显著性检验,说明当对外开放处于较低水平时,环境保护财政支出对环境治理起到了显著的积极作用;当对外开放程度(lnopen)处于门槛值-2.028与-1.091之间时,环保财政支出对环境治理的影响系数为-0.134,通过1%水平的显著性检验,系数值有所减小,当对外开放程度(lnopen)高于门槛值-1.091时,环保财政支出对环境治理的影响系数为进一步减小为-0.098,通过1%水平的显著性检验。说明当对外开放水平高于门槛值时,环保财政支出对环境治理的作用减弱,这意味着环保财政支出在对外开放水平较低的区域比在对外开放水平较高的区域更有利于发挥环境治理作用。可能的解释是在开放经济程度较高的地区,规模效应引起经济增长,结构效应导致产业聚集,经济增长与产业集聚将加速环境污染物的排放,而在有限的环保财政支出作用下,降污减排很难实现。

从表5-3~5-6中可以看出,经济发展水平与环境污染物排放呈u型关系未通过显著性检验,说明经济发展与环境污染的关系因污染物度量指标的选择不同而不同。能源消费结构的回归系数为正,中国以煤炭为主的能源消费结构是环境污染的重要原因;技术创新水平系数为负,且全部通过1%水平的显著性检验,说明技术创新有助于减少环境污染物排放;财政分权回归系数均显著为正,意味着财政分权的确在一定程度上加剧了环境污染;对外开放回归系数显著为负,说明对外开放不是中国环境污染的原因;固定资产投资回归系数为正,全部通过显著性检验;但产业结构是不显著的,说明在样本期内产业结构与工业二氧化硫排放不存在统计意义上的因果关系。

综上,经济发展水平、能源消费结构、产业结构、对外开放程度对环境保护财政支出的环境治理效应具有明显的门槛效应。即环保财政支出可通过较低水平的经济发展、高水平能源消费结构、低水平产业结构和低程度对外开放产生积极的环境治理效应,在较高水平的经济发展、低水平能源消费结构、高水平产业结构和高程度对外开放地区对环境治理作用减弱。其中能源消费结构不符合常理,但是符合现实情况。

四、门槛变量影响效应检验

提取出经济发展水平、能源消费结构、产业结构、对外开放水平的门槛值生成虚拟变量,当经济发展水平、产业结构、对外开放低于其门槛值时取值为1,当能源消费结构高于其门槛值时,取值为1,否则取0,然后环保财政支出与各虚拟变量生成交乘项,对数据进行重新回归,回归结果详见表5-7所示。

表5-7 环境污染影响因素回归结果

解释变量	(1)	(2)	(3)
$lnhbzc$	-0.252 *** (-6.30)	-0.111 *** (-2.42)	-0.156 *** (-3.13)
$lnGDP$		2.197 *** (2.77)	0.535 (0.03)
$(lnGDP)^2$		-0.114 *** (-2.80)	-0.036 (-0.48)
$lnnyjg$		0.508 ** (5.16)	0.406 *** (3.52)

续表

解释变量	（1）	（2）	（3）
lncyjg		0. 348 *** （2. 11）	0. 456 *** （2. 98）
lnopen		− 0. 078 * （ − 1. 67）	− 0. 004 （ − 0. 56）
*vd*1			− 0. 006 * （ − 1. 91）
*vd*2			− 0. 158 ** （ − 2. 28）
*vd*3			− 0. 002 * （ − 1. 65）
*vd*4			− 0. 360 *** （ − 3. 58）
lnjs			− 0. 196 *** （ − 4. 58）
lnfd			0. 218 ** （4. 17）
lngdzc			0. 447 *** （4. 56）
常数项	2. 550 *** （12. 37）	− 7. 834 （ − 1. 87）	0. 383 （0. 06）
观察值	270	270	270
F 检验	［0. 000］		
Hausman 检验	［0. 000］		
模型设定	固定效应		

方程（1）把环保财政支出与环境质量二者进行单独回归,方程（2）包含环保财政支出、经济发展水平、能源消费结构、产业结构与对外开放程度五个变量,方程（3）加入了所有经济变量与虚拟变量。结果表明:第一,方程（1）中环

保财政支出估计系数为 -0.252,通过 1% 水平的显著性检验,方程(2)中环保财政支出估计系数为 -0.111,通过 1% 水平的显著性检验,方程(3)中环保财政支出估计系数为 -0.156,通过 1% 水平的显著性检验,环保财政支出具有显著的环境治理效应。第二,在包括虚拟变量的方程(3)中,vd1 的系数为 -0.006,vd2 的系数为 -0.158,vd3 的系数为 -0.002,vd4 的系数为 -0.360,均通过 10% 或 1% 水平的显著性检验,说明经济发展水平、能源消费结构、产业结构与对外开放程度具有显著的门槛效应。当经济发展水平低于 10.270、能源消费结构高于 -0.479、产业结构低于 -0.807、对外开放程度低于 -2.028 时,环保财政支出具有显著的环境治理效应。对比方程(2)(3),在加入了虚拟变量和其他影响环境污染的因素以后,环保财政支出的回归系数值有增大趋势,能源消费结构对环境治理的影响有减小的趋势而产业结构有增大的趋势。对外开放与经济发展水平对环境治理的回归系数未通过显著性检验。在所有影响环境质量的因素中,起较大作用的分别是产业结构、能源消费结构和固定资产投资。

五、结果分析

前面实证结果表明,环保财政支出对环境质量的影响存在经济发展水平、能源消费结构、产业结构与对外开放程度的门槛效应。在所有观测的样本中,经济发展水平、产业结构、对外开放程度位于低门槛区域以及能源消费结构位于高门槛区域的结果见表 5 - 8、5 - 9 所示。

表 5 - 8　低门槛区域样本分布

时间	经济发展水平		产业结构		对外开放程度	
	省份	数量	省份	数量	省份	数量
2007	河北、山西、吉林、黑龙江、安徽、江西、河南、湖北、湖南、广西、海南、重庆、四川、贵州、云南、陕西、甘肃、青海、宁夏、新疆	20	北京、上海、湖北、湖南、广西、海南、四川、贵州、云南	9	内蒙古、江西、河南、湖北、湖南、广西、重庆、四川、贵州、陕西、青海、宁夏	12

时间	经济发展水平		产业结构		对外开放程度	
	省份	数量	省份	数量	省份	数量
2008	河北、山西、黑龙江、安徽、江西、河南、湖北、湖南、广西、海南、重庆、四川、贵州、云南、陕西、甘肃、青海、宁夏、新疆	19	北京、上海、湖南、广西、海南、贵州、云南	7	内蒙古、河南、湖北、湖南、广西、重庆、四川、贵州、云南、陕西、青海、宁夏	12
2009	山西、安徽、江西、河南、湖北、湖南、广西、海南、重庆、四川、贵州、云南、陕西、甘肃、青海、宁夏、新疆	17	北京、上海、湖南、广西、海南、贵州、云南	7	河北、山西、内蒙古、吉林、黑龙江、安徽、江西、河南、湖北、湖南、广西、重庆、四川、贵州、云南、陕西、甘肃、青海、宁夏	19
2010	安徽、江西、湖南、广西、海南、四川、贵州、云南、甘肃、青海、宁夏	11	北京、上海、海南、贵州	4	山西、内蒙古、吉林、河南、湖北、湖南、广西、重庆、四川、贵州、云南、陕西、甘肃、青海、宁夏	15
2011	安徽、江西、广西、四川、贵州、云南、甘肃	7	北京、上海、湖南、贵州、云南	5	山西、内蒙古、河南、湖北、湖南、广西、贵州、云南、陕西、甘肃、青海、宁夏	12
2012	安徽、贵州、云南、甘肃	4	北京、黑龙江、上海、海南、贵州、云南	6	河北、山西、内蒙古、吉林、河南、湖北、湖南、贵州、云南、陕西、甘肃、青海、宁夏	13
2013	贵州、云南、甘肃	3	北京、黑龙江、上海、海南、贵州、云南、甘肃、新疆	8	河北、山西、内蒙古、吉林、河南、湖北、湖南、贵州、陕西、甘肃、青海、宁夏	12

续表

时间	经济发展水平		产业结构		对外开放程度	
	省份	数量	省份	数量	省份	数量
2014	贵州、甘肃	2	北京、黑龙江、上海、海南、贵州、云南、甘肃、新疆	8	河北、山西、内蒙古、吉林、河南、湖北、湖南、贵州、陕西、甘肃、青海、宁夏	12
2015	贵州	1	北京、山西、黑龙江、上海、湖南、海南、四川、贵州、云南、甘肃、新疆	11	河北、山西、内蒙古、吉林、黑龙江、河南、湖北、湖南、四川、贵州、云南、陕西、甘肃、青海、宁夏、新疆	16
合计		84		65		123

表 5 – 9　高门槛区域样本分布

时间	能源消费结构	
	省份	数量
2007	河北、山西、内蒙古、辽宁、吉林、黑龙江、江苏、浙江、安徽、江西、山东、河南、湖北、湖南、贵州、云南、陕西、甘肃、宁夏	19
2008	河北、山西、内蒙古、吉林、黑龙江、江苏、安徽、江西、山东、河南、贵州、云南、陕西、甘肃、宁夏	17
2009	河北、山西、内蒙古、吉林、黑龙江、江苏、安徽、江西、山东、河南、贵州、云南、陕西、宁夏、新疆	15
2010	河北、山西、内蒙古、吉林、黑龙江、江苏、安徽、江西、山东、河南、湖北、贵州、云南、陕西、甘肃、宁夏、新疆	17
2011	河北、山西、内蒙古、吉林、黑龙江、江苏、安徽、江西、山东、河南、湖北、贵州、云南、陕西、甘肃、宁夏、新疆	17
2012	河北、山西、内蒙古、吉林、黑龙江、江苏、安徽、江西、山东、河南、湖北、贵州、云南、陕西、甘肃、宁夏、新疆	17
2013	河北、山西、内蒙古、吉林、黑龙江、江苏、安徽、江西、山东、河南、贵州、云南、陕西、甘肃、宁夏、新疆	16

时间	能源消费结构	
	省份	数量
2014	河北、山西、内蒙古、吉林、黑龙江、江苏、安徽、江西、山东、河南、贵州、陕西、甘肃、宁夏、新疆	15
2015	河北、山西、内蒙古、吉林、黑龙江、江苏、安徽、江西、山东、河南、贵州、陕西、甘肃、宁夏、新疆	15
合计		148

表 5 – 8、5 – 9 显示,当门槛变量为经济发展水平时,270 个观测值中有 84 个观测值低于门槛值,主要分布在贵州、甘肃、云南等省份,占总观测值的 31.11%;以产业结构为门槛变量时,270 个观测值中有 65 个观测值低于门槛值,主要分布在北京、上海、海南等省份,占总观测值的 24.07%;以对外开放程度为门槛变量时,270 个观测值中有 123 个观测值低于门槛值,主要分布在河北、山西、内蒙古等省份,占总观测值的 45.56%;以能源消费结构为门槛变量时,270 个观测值中有 148 个观测值高于门槛值,主要分布在河北、山西、内蒙古等省份,占总观测值的 54.81%。

表 5 – 10　门槛区域样本分布

时间	省份	数量	位于区域 1 的数量
2007	湖北、湖南、贵州	3	1
2008	贵州、云南	2	2
2009	贵州、云南	2	2
2010	贵州	1	1
2011	贵州、云南	2	2
2012	贵州、云南	2	2
2013	贵州、甘肃	2	2
2014	贵州、甘肃	2	2
2015	贵州	1	1
合计	–	17	15

分布在经济发展水平、产业结构、对外开放程度低门槛区域与能源消费结构高门槛区域的样本分布情况见表 5 - 10。结果显示,样本期内 270 个观测值中只有 17 个观测值同时位于经济发展水平、产业结构、对外开放程度的低门槛区域与能源消费结构的高门槛区域,占总观测值的 6.47%,这 17 个观测值中有 15 个位于区域 1,占 88.24%,进一步说明环保财政支出在经济发展水平、产业结构、对外开放程度较低的区域更易发挥作用,前文环保财政支出环境治理效应系数分区具有合理性。

第四节 税收政策对环境治理的门槛效应分析

一、模型的设定

本小节通过样本数据自身所反映的特点进行内生分值,估计和检验门槛值,研究在不同的经济发展水平、能源消费结构、产业结构和技术水平下,各地区环境税收与环境治理的内在关系。根据 Hansen(1999)提出的门槛模型,当门槛变量为经济发展水平时设定如下单门槛计量模型:

$$env_{it} = \mu_i + \alpha_0\, zys_{it}\mathrm{I}(GDP_{it} \leqslant \gamma) + \alpha_1\, zys_{it}\mathrm{I}(GDP_{it} > \gamma) + \beta X_{it} + \varepsilon_{it}$$

$$(5-21)$$

在(5 - 21)式中,i、t 分别代表地区、年份,env 是因变量,代表环境治理水平,本小节同样选择工业二氧化硫排放量来表征;μ_i 表示地区的个体效应;zys 代表环境税收,是核心解释变量,由资源税近似衡量;GDP 代表人均国内生产总值,为门槛变量,反映地区经济发展水平;I(·)为示性函数;γ 为特定的门槛值,根据所选样本数据内生决定;α_0、α_1 为经济发展水平小于或大于门槛值 γ 时资源税对环境治理影响的估计系数,称为门槛效应;X_{it} 为控制变量向量,β 为各控制变量待估计系数;ε_{it} 代表随机扰动项。

以能源消费结构、产业结构、技术创新水平、对外开放和固定资产投资为门槛变量,依照方程(5 - 21)设定单门槛计量模型为:

$$env_{it} = \mu_i + \alpha_0\,zys_{it}I(nyjg_{it} \leq \gamma) + \alpha_1\,zys_{it}I(nyjg_{it} > \gamma) + \beta X_{it} + \varepsilon_{it}$$
$$(5-22)$$

$$env_{it} = \mu_i + \alpha_0\,zys_{it}I(cyjg_{it} \leq \gamma) + \alpha_1\,zys_{it}I(cyjg_{it} > \gamma) + \beta X_{it} + \varepsilon_{it} \quad (5-23)$$

$$env_{it} = \mu_i + \alpha_0\,zys_{it}I(js_{it} \leq \gamma) + \alpha_1\,zys_{it}I(js_{it} > \gamma) + \beta X_{it} + \varepsilon_{it} \quad (5-24)$$

$$env_{it} = \mu_i + \alpha_0\,zys_{it}I(open_{it} \leq \gamma) + \alpha_1\,zys_{it}I(open_{it} > \gamma) + \beta X_{it} + \varepsilon_{it}$$
$$(5-25)$$

$$env_{it} = \mu_i + \alpha_0\,zys_{it}I(gdzc_{it} \leq \gamma) + \alpha_1\,zys_{it}I(gdzc_{it} > \gamma) + \beta X_{it} + \varepsilon_{it}$$
$$(5-26)$$

方程(5-21)~(5-26)分别是以经济发展水平、能源消费结构、产业结构、技术创新水平、对外开放和固定资产投资为门槛变量的单门槛模型,在不同的条件下有可能存在多门槛值,如果存在双门槛值,则模型改进为:

$$env_{it} = \mu_i + \alpha_0 zys_{it}I(GDP_{it} \leq \gamma_1) + \alpha_1 zys_{it}I(\gamma_1 < GDP_{it} \leq \gamma_2) +$$
$$\alpha_2 zys_{it}I(GDP_{it} > \gamma_2) + \beta X_{it} + \varepsilon_{it} \qquad (5-27)$$

$$env_{it} = \mu_i + \alpha_0 zys_{it}I(nyjg_{it} \leq \gamma_1) + \alpha_1 zys_{it}I(\gamma_1 < nyjg_{it} \leq \gamma_2) +$$
$$\alpha_2 zys_{it}I(nyjg_{it} > \gamma_2) + \beta X_{it} + \varepsilon_{it} \qquad (5-28)$$

$$env_{it} = \mu_i + \alpha_0 zys_{it}I(cyjg_{it} \leq \gamma_1) + \alpha_1 zys_{it}I(\gamma_1 < cyjg_{it} \leq \gamma_2) +$$
$$\alpha_2 zys_{it}I(cyjg_{it} > \gamma_2) + \beta X_{it} + \varepsilon_{it} \qquad (5-29)$$

$$env_{it} = \mu_i + \alpha_0 zys_{it}I(js_{it} \leq \gamma_1) + \alpha_1 zys_{it}I(\gamma_1 < js_{it} \leq \gamma_2) +$$
$$\alpha_2 zys_{it}I(js_{it} > \gamma_2) + \beta X_{it} + \varepsilon_{it} \qquad (5-30)$$

$$env_{it} = \mu_i + \alpha_0 zys_{it}I(open_{it} \leq \gamma_1) + \alpha_1 zys_{it}I(\gamma_1 < open_{it} \leq \gamma_2) +$$
$$\alpha_2 zys_{it}I(open_{it} > \gamma_2) + \beta X_{it} + \varepsilon_{it} \qquad (5-31)$$

$$env_{it} = \mu_i + \alpha_0 zys_{it}I(gdzc_{it} \leq \gamma_1) + \alpha_1 zys_{it}I(\gamma_1 < gdzc_{it} \leq \gamma_2) +$$
$$\alpha_2 zys_{it}I(gdzc_{it} > \gamma_2) + \beta X_{it} + \varepsilon_{it} \qquad (5-32)$$

为进一步考察经济发展水平、能源消费结构、产业结构和技术创新水平等因素对资源税环境治理效应的影响程度,由门槛变量的门槛值生成虚拟变量 virtue,当门槛变量的值大于门槛值时,virtue 取值为1,否则取0。则引入变量 virtue$_{GDP}$ × hjs$_{it}$设为 vd$_1$,virtue$_{nyjg}$ × hjs$_{it}$设为 vd$_2$,virtue$_{cyjg}$ × hjs$_{it}$设为 vd$_3$,virtue$_{js}$ ×

hjs_{it} 设为 vd_4，$virtue_{open} \times hjs_{it}$ 设为 vd_5，$virtue_{gdzc} \times hjs_{it}$ 设为 vd_6，静态面板数据估计模型设为：

$$env_{it} = \omega_0 + \omega_1 \, zys_{it} + \varphi x_{it} + \chi vd + \beta X_{it} + \varepsilon_{it} \tag{5-33}$$

上式中，ω_0 表示常数项，ω_1 表示环境税的待估计系数，φ 表示门槛变量的估计系数，x_{it} 表示各门槛变量，χ 表示引入新设置虚拟变量后的待估计系数，其他变量符号定义同前一样不变。

二、门槛效应检验

数据来源于 2003 – 2015 年中国 29 个省（自治区、直辖市）（西藏、上海和港澳台除外），鉴于中国正式的环境保护税今年刚实行不久，无法获得数据，本书选取与环境税最接近的资源税作为解释变量。模型中所有变量与数据来源均与第四章第二节一致。借鉴 Hansen（1999）*Bootstrap* 运用 Stata13.1 反复抽样 400 次，分别对 *GDP*、*nyjg*、*cyjg*、*js*、*open*、*gdzc* 不存在门槛值、存在单门槛值、存在双重门槛值进行估计，获得 F 统计量检验的 P 值，根据 P 值判断门槛效应的显著性。经检验 *nyjg*、*js*、*open* 存在门槛效应，门槛效应检验的 F 统计量、p 值和 1%、5%、10% 显著性水平下的临界值见表 5 – 11。

表 5 –11　门槛效应检验结果

门槛变量	模型	F 值	P 值	BS 次数	1%	5%	10%
lnnyjg	单一门槛	22.210 *	0.058	400	41.423.	24.478	17.058
	双重门槛	12.397	0.175	400	25.466	15.236	10.271
lnjs	单一门槛	26.620 *	0.068	400	49.184	30.471	19.066
	双重门槛	12.866	0.300	400	26.595	13.276	8.515
lnopen	单一门槛	15.217 **	0.022	400	20552	10.551	8.010
	双重门槛	9.530	0.168	400	25.894	11.144	7.762

由表 5 – 11 看出，以能源消费结构（*lnnyjg*）为门槛变量时，单门槛效应通过 1% 水平显著性检验，双门槛效应未通过显著性检验，故资源税对环境治理的影响存在能源消费结构（*lnnyjg*）单门槛效应。同理，资源税对环境治理存在技术水平（*lnjs*）、对外开放程度（*lnopen*）的单门槛效应。

　　根据门槛模型理论,门槛估计值就是似然比 $LR \rightarrow 0 (n \rightarrow \infty)$ 时 γ 的值,图 5 - 5 ~ 5 - 7 即是将能源消费结构($lnnyjg$)、技术水平($lnjs$)和对外开放程度($lnopen$)作为门槛变量时得到的门槛估计值 $\gamma_1 \sim \gamma_3$(详见表 5 - 12)在 95% 置信区间下的似然比函数图,其中虚线代表的临界值为 7.35。

表 5 - 12　门槛值估计结果

门槛变量	估计值	95% 置信区间
$lnnyjg$	- 0.366	(- 0.399, - 0.320)
$lnjs$	- 5.492	(- 5.611, - 5.101)
$lnopen$	- 1.715	(- 2.195, - 1.564)

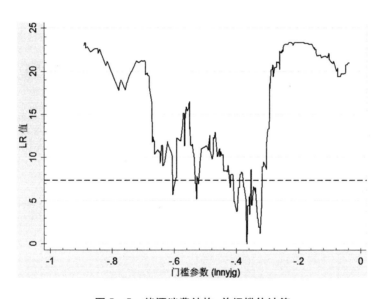

图 5 - 5　能源消费结构:单门槛估计值

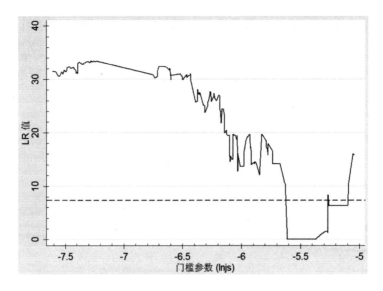

图 5-6 技术创新:单门槛估计值

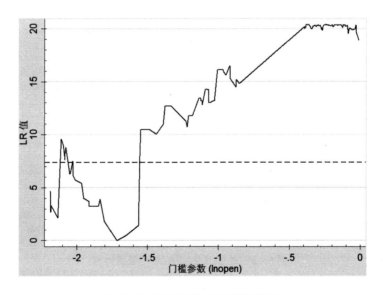

图 5-7 对外开放:单门槛估计值

三、门槛模型各影响因素参数估计

以能源消费结构、技术创新和对外开放为门槛变量时各影响因素参数估计结果见表 5-13、5-14、5-15。

表5-13　能源消费结构($nyjg$)条件下门槛模型参数估计结果

解释变量	系数	标准差	t 值	p 值
$lnGDP$	2.197409	0.77029	2.85	0.005
$(lnGDP)^2$	-0.1205436	0.0364818	-3.30	0.001
$lncyjg$	0.3887497	0.1481363	2.62	0.009
$lnjs$	-0.199322	0.0455151	-4.38	0.000
$lnopen$	-0.0277415	0.0482786	-0.57	0.566
$lngdzc$	0.0205824	0.0434802	0.47	0.636
$lnzfjz$	-0.038248	0.0241943	-1.58	0.115
$lnzys_{it}I(lnnyjg_{it} \leqslant -0.366)$	0.0847312	0.03448	2.46	0.015
$lnzys_{it}I(lnnyjg_{it} > -0.366)$	0.1474105	0.0332081	4.44	0.000
$\_cons$	-7.020711	4.111388	-1.71	0.089

由表5-13看出,各地区资源税的环境治理作用因能源消费结构不同而相异。当能源消费结构($lnnyjg$)低于门槛值-0.366时,资源税对环境治理的影响系数为0.085,通过1%水平的显著性检验,说明当能源消费结构处于较低水平时,环境税收具有助长污染物排放的非正常效应;当能源消费结构($lnnyjg$)高于门槛值-0.366时,资源税对环境质量的回归系数为0.147,通过1%水平的显著性检验,且系数值有所增大,说明当能源消费结构高于门槛值时,资源税对环境治理的非正常效应更大。

表5-14　技术创新(js)条件下门槛模型参数估计结果

解释变量	系数	标准差	t 值	p 值
$lnGDP$	2.189184	0.7458137	2.94	0.004
$(lnGDP)^2$	-0.1190637	0.0353611	-3.37	0.001
$lnnyjg$	0.4680366	0.0800246	5.85	0.000
$lncyjg$	0.2791396	0.1420917	1.96	0.050
$lnopen$	-0.0824615	0.0463581	-1.78	0.076
$lngdzc$	-0.0345147	0.0413012	-0.84	0.404
$lnzfjz$	0.0276641	0.0229827	1.20	0.230

解释变量	系数	标准差	t 值	p 值
$lnzys_{it}I(lnjs_{it} \leq -5.492)$	0.1009444	0.0329266	3.07	0.002
$lnzys_{it}I(lnjs_{it} > -5.492)$	-0.0632069	0.0456008	-1.39	0.167
_cons	-6.102752	3.977867	-1.53	0.126

由表 5-14 看出,各地区资源税的环境治理作用因技术创新不同而相异。当技术创新($lnjs$)低于门槛值 -5.492 时,资源税对环境治理的影响系数为 0.10,通过 1% 水平的显著性检验,说明当技术创新处于较低水平时,资源税对环境治理起到了助长的非正常效应;当技术创新($lnjs$)高于门槛值 -5.492 时,资源税对环境治理的影响系数为 -0.063,虽然未通过显著性检验,但是系数符号发生了改变,说明当技术创新水平高于门槛值时,资源税将有助于改善环境质量。

表 5-15 对外开放($open$)条件下门槛模型参数估计结果

解释变量	系数	标准差	t 值	p 值
$lnGDP$	1.440379	0.5519708	2.61	0.009
$(lnGDP)^2$	-0.0786345	0.0266599	-2.95	0.003
$lnnyjg$	0.518844	0.0791689	6.55	0.000
$lncyjg$	0.2288844	0.1398542	1.64	0.103
$lnjs$	-0.1895917	0.043077	-4.40	0.000
$lngdzc$	-0.0017395	0.021837	-0.08	0.937
$lnzfjz$	0.0066179	0.0227384	0.29	0.771
$lnzys_{it}I(lnopen_{it} \leq -1.715)$	0.149316	0.0362059	4.12	0.000
$lnzys_{it}I(lnopen_{it} > -1.715)$	0.0588446	0.0323368	1.82	0.070
_cons	-3.658904	2.87668	-1.27	0.204

由表 5-15 看出,各地区资源税的环境治理作用因对外开放程度不同而相异。当对外开放程度($lnopen$)低于门槛值 -1.715 时,资源税对环境质量的回归系数为 0.149,通过 1% 水平显著性检验,说明当对外开放程度处于较低水平时,资源税对环境治理具有助长的非正常效应;当对外开放程度($lnopen$)高

于门槛值 - 1.715 时, 资源税对环境治理的影响系数为 0.059, 通过 10% 水平下的显著性检验, 且系数值有所减小, 意味着当对外开放程度处于高门槛值时, 资源税对环境治理的消极作用有所降低, 这说明资源税在对外开放程度较高的区域比在对外开放程度较低的区域更有利于发挥环境治理作用, 这是因为, 对外开放有助于吸收先进的技术和管理经验, 从而有助于从源头上减少污染物排放。

由表 5 - 13 ~ 5 - 16 可以看出, 经济发展水平与工业二氧化硫排放之间存在显著的倒 u 型关系; 能源消费结构和产业结构助推了工业二氧化硫排放量的增加; 技术创新有助于减少工业二氧化硫排放量; 固定资产投资和政府竞争与工业二氧化硫排放量的回归系数不显著。

综上可知, 能源消费结构、技术创新和对外开放程度对资源税的环境治理效应具有明显的门槛效应。即资源税可通过低水平能源消费结构、高水平的技术创新和对外开放产生一定的环境治理效应, 在高水平能源消费结构、低水平技术创新和对外开放地区对环境治理作用减弱或不显著。

四、门槛变量影响效应检验

提取出能源消费结构、技术创新、对外开放水平的门槛值生成虚拟变量, 能源消费结构低于其门槛值时取值为 1, 技术创新和对外开放高于其门槛值时, 取值为 1, 否则取 0, 然后资源税与各虚拟变量生成交乘项, 对数据进行重新回归, 回归结果详见表 5 - 16 所示。

表 5 - 16　环境污染影响因素回归结果

解释变量	(1)	(2)	(3)
lnzys	- 0.0004 (- 0.04)	0.0009 (0.06)	0.133 *** (3.47)
lnnyjg		0668 *** (8.82)	0.420 *** (4.89)
lnjs		- 0.249 *** (- 5.73)	- 0.217 *** (- 5.14)

续表

解释变量	(1)	(2)	(3)
lnopen		−0.008* (−1.80)	−0.001 (−0.03)
vd1			−0.034** (−2.31)
vd2			−0.169*** (−5.11)
vd3			−0.058*** (−2.54)
lnGDP			1.579** (2.15)
(lnGDP)^2			−0.085*** (−2.41)
lncyjg			0.250* (1.79)
lngdzc			0.012 (0.31)
lnzfjz			0.011 (0.46)
常数项	3.892*** (152.50)	−7.131*** (−2.26)	−4.662 (−1.19)
观察值	377	377	377
F 检验	[0.000]		
Hausman 检验	[0.000]	[0.0018]	[0.000]
模型设定	固定效应		

　　方程(1)单独考察资源税的工业二氧化硫治理效应,方程(2)包含资源税、能源消费结构、技术创新和对外开放4个变量,方程(3)加入了所有经济变量和虚拟变量。结果表明:第一,方程(1)中资源税估计系数为−0.0004,未通过10%水平的显著性检验,方程(2)中资源税估计系数为0.0009,未通过10%水平的显著性检验,方程(3)中资源税估计系数为0.133,通过1%水平的显著性

检验,说明资源税具有助长工业二氧化硫排放的非正常效应。第二,在包括虚拟变量的方程(3)中,$vd1$ 的系数为 -0.034,$vd2$ 的系数为 -0.169,$vd3$ 的系数为 -0.058,均通过 5% 或 1% 水平的显著性检验,说明能源消费结构、技术创新与对外开放程度门槛效应显著。当能源消费结构低于 -0.366、技术创新高于 -5.492、对外开放程度高于 -1.715 时,资源税具有显著的工业二氧化硫环境治理效应。对比方程(2)(3),加入了所有经济变量与虚拟变量以后,能源消费结构和技术创新对环境治理的作用有减小趋势,在所有的经济因素中,起关键作用的是能源消费结构和技术创新。

五、结果分析

前面实证结果表明,资源税与环境质量之间存在能源消费结构、技术创新与对外开放的门槛效应。在观测的所有样本中,技术创新、对外开放程度位于高门槛区域以及能源消费结构位于低门槛区域的结果见表 5 - 17 所示。

由表 5 - 17 可以看出,以能源消费结构为门槛变量时,377 个观测值中有 210 个观测值低于门槛值,主要分布在北京、天津等省份,所占比重为 55.7%;当门槛变量为技术创新为时,377 个观测值中有 39 个观测值处于高门槛区域,主要分布在北京、四川等省份,占总观测值的 10.34%;以对外开放程度为门槛变量时,377 个观测值中有 303 个观测值高于门槛值,而且 2007 年以后对外开放程度全部位于高门槛区域,占总观测值的 80.37%。

表 5 - 17　门槛区域样本分布

时间	能源消费结构(低)		技术创新(高)		对外开放程度(高)	
	省份	数量	省份	数量	省份	数量
2003	北京、河北、辽宁、黑龙江、浙江、福建、江西、山东、湖北、湖南、广东、广西、海南、重庆、四川、陕西、甘肃、青海、新疆	19	北京、四川、陕西	3	北京、天津、辽宁、吉林、江苏、浙江、福建、山东、广东、海南、新疆	11

时间	能源消费结构（低）		技术创新（高）		对外开放程度（高）	
	省份	数量	省份	数量	省份	数量
2004	北京、天津、辽宁、浙江、福建、山东、湖北、湖南、广东、广西、海南、重庆、四川、甘肃、青海、新疆	16	北京、四川、陕西	3	北京、天津、辽宁、吉林、江苏、浙江、福建、山东、广东、海南、新疆	11
2005	北京、天津、辽宁、浙江、福建、湖北、湖南、广东、广西、海南、重庆、四川、甘肃、青海、新疆	15	北京、四川、陕西	3	北京、天津、辽宁、江苏、浙江、福建、山东、广东、海南、新疆	10
2006	北京、天津、辽宁、江苏、浙江、福建、湖北、湖南、广东、广西、海南、重庆、四川、甘肃、青海、新疆	16	北京、四川、陕西	3	北京、天津、辽宁、江苏、浙江、福建、山东、广东、海南、新疆	10
2007	北京、天津、辽宁、江苏、浙江、福建、湖北、湖南、广东、广西、海南、重庆、四川、甘肃、青海、新疆	16	北京、四川、陕西	3	全部省市	29
2008	北京、天津、辽宁、江苏、浙江、福建、湖北、湖南、广东、广西、海南、重庆、四川、甘肃、青海、新疆	16	北京、四川、陕西	3	全部省市	29
2009	北京、天津、辽宁、江苏、浙江、福建、江西、湖北、湖南、广东、广西、海南、重庆、四川、甘肃、青海	16	北京、四川、陕西	3	全部省市	29
2010	北京、天津、辽宁、江苏、浙江、福建、湖北、湖南、广东、广西、海南、重庆、四川、甘肃、青海	15	北京、四川、陕西	3	全部省市	29

续表

时间	能源消费结构(低)		技术创新(高)		对外开放程度(高)	
	省份	数量	省份	数量	省份	数量
2011	北京、天津、辽宁、浙江、福建、湖北、湖南、广东、广西、海南、重庆、四川、甘肃、青海	14	北京、四川、陕西	3	全部省市	29
2012	北京、天津、辽宁、江苏、浙江、福建、江西、湖北、湖南、广东、广西、海南、重庆、四川、云南、甘肃、青海	17	北京、四川、陕西	3	全部省市	29
2013	北京、天津、辽宁、江苏、浙江、福建、江西、湖北、湖南、广东、广西、海南、重庆、四川、甘肃、青海	16	北京、四川、陕西	3	全部省市	29
2014	北京、天津、辽宁、江苏、浙江、福建、江西、湖北、湖南、广东、广西、海南、重庆、四川、云南、甘肃、青海	17	北京、四川、陕西	3	全部省市	29
2015	北京、天津、辽宁、江苏、浙江、福建、江西、湖北、湖南、广东、广西、海南、重庆、四川、云南、甘肃、青海	17	北京、四川、陕西	3	全部省市	29
合计	—	210	—	39	—	303

样本期内 377 个观测值中，没有任何省份同时位于能源消费结构低门槛区域、技术创新高门槛区域与对外开放程度高门槛区域，这进一步说明资源税工业二氧化硫环境治理效应不显著的原因在于，粗放型经济增长模式下，中国能源消费结构较高，同时技术创新水平较低，污染物排放居高不下，而样本期内又缺乏单独的环境税种，所以近似环境税种很难发挥环境治理的功效。

第五节　本章小结

本章基于面板门限回归模型揭示了经济发展水平、能源消费结构、产业结构、技术水平、对外开放等对财政政策环境治理效应的作用机理,实证检验是否存在门槛效应,以及门槛效应的影响程度,为理论研究的深入提供实证基础。得到结论如下:环保财政支出的环境治理效应存在显著的经济发展水平、能源消费结构、产业结构以及对外开放程度门槛效应。即环保财政支出可通过较低水平的经济发展、高水平能源消费结构、低水平产业结构和低程度对外开放产生显著的环境治理效应。以经济发展水平为门槛变量时,270个观测值中有84个观测值低于门槛值,主要分布在贵州、甘肃、云南等省份,占总观测值的31.11%;以产业结构为门槛变量时,270个观测值中有65个观测值低于门槛值,主要分布在北京、上海、海南等省份,占总观测值的24.07%;以对外开放程度为门槛变量时,270个观测值中有123个观测值低于门槛值,主要分布在河北、山西、内蒙古等省份,占总观测值的45.56%;以能源消费结构为门槛变量时,270个观测值中有148个观测值高于门槛值,主要分布在河北、山西、内蒙古等省份,占总观测值的54.81%。样本期内270个观测值中只有17个观测值同时位于经济发展水平、技术水平、对外开放程度低门槛区域与能源消费结构高门槛区域,占总观测值的6.47%,这17个观测值中有15个位于区域1,即环保财政支出环境治理效应非常显著的区域,占88.24%,进一步说明环保财政支出在经济发展水平、产业结构、对外开放程度较低的区域更易发挥作用,前文环保财政支出环境治理效应系数分区具有合理性。

资源税的环境治理效应存在显著的能源消费结构、技术创新和对外开放程度门槛效应。即资源税可通过低水平能源消费结构、高水平的技术创新和对外开放产生一定的环境治理效应。以能源消费结构为门槛变量时,377个观测值中有210个观测值低于门槛值,主要分布在北京、天津等省份,所占比重为55.7%;当门槛变量为技术创新时,377个观测值中有39个观测值处于高门槛区域,主要分布在北京、四川等省份,占总观测值的 10.34% ;以对外开放程度为门槛变量时,377 个观测值中有 303 个观测值高于门槛值,而且 2007 年以后对外开放程度全部位于高门槛区域,占总观测值的 80.37% 。样本期内 377 个观测值中,没有任何省份同时位于能源消费结构低门槛区域、技术创新与对外开放程度高门槛区域,这进一步说明资源税环境治理效应不显著的原因在于,粗放型经济发展模式下,能源消费结构较高,技术创新水平较低,污染物排放居高不下,而样本期内又缺乏单独的环境税种,所以近似环境税种很难发挥环境治理的功效。

第六章

中国财税政策对环境治理的长期影响、空间溢出效应及效率分析

第四、五章分别通过静态面板数据实证检验了中国财税政策的环境治理效应及中国财税政策对环境治理的门槛效应,那么中国的财税政策对环境治理是否具有长期影响呢? 本章将选择环境污染治理投资作为财政政策的代表,排污收费作为税收政策的代表,建立面板向量自回归模型(PVAR)分析中国财税政策、经济发展水平与环境质量之间的动态关系;利用方差分解分析财政税收政策、经济发展水平与环境质量几者之间的动态影响效应;利用格兰杰因果检验分析财政税收政策、经济发展水平与环境质量的因果关系,全面考察中国财税政策对环境治理的长期影响。

同时,前面章节在考察中国财税政策对环境治理的效应时,仅考虑了对本地区环境质量的影响,未考虑到区域之间的互动关系。中国处于“政治集权与经济分权”的背景之下,地方政府无疑拥有发展经济的众多资源,而且拥有改变辖区环境的资源与能力。由于区域之间的竞争行为,地区之间在节能减排行为上相互影响,即地区在做决策时会考虑其他地区情况,反之,地区决策一旦实施也会对其他地区产生影响。本章将以环境保护财政支出作为财政政策的代表,以最具税收意义的排污收费作为税收政策的代表,建立空间面板杜宾模型考察中国财税政策对环境治理的空间溢出效应。

环境污染治理投资规模和效率对财政政策的有效性具有直接影响,节能减排税收优惠是对积极降污减排的纳税人的激励性措施,是变相的国家环境税收投入。本章将以环境污染治理投资作为环境财政政策的代表,以节能减排税收优惠作为环境税收政策的代表,基于 *DEA* 中的产出导向 *BCC* 模型,对

中国大陆地区各省(自治区、直辖市)环境治理效率进行测算,并把环境治理效率作为中国财税政策环境治理效应的间接反映。

第一节 中国财税政策对环境治理的长期影响

一、问题的提出

在环境治理的财政政策中,最直接、最有效的是环境污染治理投资。环境污染治理投资由三部分构成,一是城市环境基础设施建设投资,二是工业污染源治理投资,三是建设项目"三同时"环保投资。环境污染治理投资总额自2000年以来不断提高(见图6-1),其中2000年、2016年分别为1014.9亿元、9219.8亿元,平均增长速度高达14.79%。从环境污染治理投资的具体构成来看,城市环境基础设施建设投资所占比重最大,每年都高于50%。从环境污染治理投资占GDP比例来看,也表现为上升趋势,2010年为1.84%,之后有所回落,样本期内平均值为1.33%。

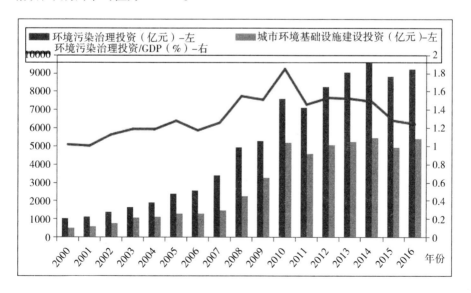

图6-1 中国环境污染治理投资情况

在环境领域,税收的主要功能是提高环境公共服务的财力,支持并引导环境资源的合理配置。中国正式环境保护税才实行不久,在此之前最具有环境税收意义的是排污收费,自 1996 年以来,国家排污收费不断提高,1996 年为40. 96 亿元,2013 年达到峰值 204. 81 亿元,2015 年为 178. 5 亿元,二十年间国家排污收费的平均增长速度为 8.06%。

环境污染治理投资和排污收费都在一定程度上影响地方政府的行为方式,从而对地方经济的发展方式产生影响。而环境质量作为一种公共物品,经济社会发展无疑会受制于资源环境问题。高速的经济增长依然不能够掩盖环境污染所带来的伤痛,环境污染治理投资和排污收费的不断提高是否带来了环境质量的持续性改善? 中国的环境污染治理投资与排污收费对环境质量是否具有长期影响? 中国环境污染治理投资与排污收费大规模提高的背后是不是因为环境污染水平的不断增长? 中国环境污染治理投资与排污收费是否通过影响地方经济发展进而间接影响环境质量? 本节主要从财税政策对环境治理的长期影响角度,分析环境污染治理投资与排污收费影响环境治理效果的内在机制,探索中国环境财税高速增长背后的环境问题以及制度根源。

二、模型设定与变量选择

1. 模型设定

本小节利用面板数据向量自回归(PVAR)模型,就财税政策对环境治理的长期作用效果作出实证检验。PVAR 模型由 Holtz – Eakin et al(1998) 提出,Love 和 Zicchino(2006)发展完善,是目前比较成熟的分析工具,尤其是在公共政策的实施效应检验及预测方面。和普通 VAR 相比较,PVAR 对时间的长度要求大大降低,本节基于 PVAR 的估计方法,依据脉冲响应函数施瓦兹与赤池信息准则,采用滞后一阶模型,那么 13≥1 + 3,可以进行估计;由 13≥2 × 1 + 2,可对稳态下滞后项参数进行估计(沈悦等,2012)。鉴于以上分析,本小节建立如下模型:

$$y_{it} = \alpha_i + \sum_{j=1}^{k} \alpha_j y_{i,t-j} + \eta_i + \varphi_t + \varepsilon_{it} \qquad (6-1)$$

其中,i、t 分别表示省份和年份,$y_{it} = \{env_{it}^{1}, wrtz_{it}^{2}, pwf_{it}^{3}, GDP_{it}^{4}\}$,$y_{it}$ 是一个包

含四个变量的向量,其中 env 表示环境治理水平,wrtz、pwf、GDP 分别表示环境污染治理投资、排污收费、经济发展水平。考虑到环境治理水平、环境污染治理投资、排污收费和经济发展水平的异质性,用 η_i 表示地区固定效应,表征区位、自然条件等可能遗漏的与地区特征相关因素。φ_t 表示时间效应,用来对解释变量的时间趋势特征进行控制。ε_{it} 表示随机误差项。由于 VAR 运用于面板数据时,需施加限制条件:对于任意截面单元,其底层结构相同。这一限制条件在实际中往往不成立,通过引入固定效应 η_i 可解决这一问题,但是受到因变量滞后项影响,会导致 η_i 与自变量相关,消除固定效应的"均值差分"法会对系数估计产生偏误,本书借鉴 Love 和 Zicchino(2006)的做法,模型估计时采用 Helmert 过程即"前向均值差分",去除个体固定效应与时间效应。本书数据属于大 N 小 T 型,估计分三步进行:一是 PVAR 估计,二是方差分解,三是格兰杰因果检验。本节主要关注中国环境污染治理投资、排污收费与环境质量的关系,故将环境污染治理投资、排污收费与环境质量设为主要观察变量,然后根据经济运行中存在的关联关系加入经济发展作为参与变量①。

2. 变量选择

考虑到数据的全面性与可获得性原则,本节选取 2003～2015 年中国省级面板数据作为样本。原始数据来源于 2004～2016 年的《中国统计年鉴》、《中国环境年鉴》、《中国环境统计年鉴》等。

环境质量变量,与已有文献做法一致,本书采用环境污染物排放量来衡量,考虑到经济发展水平会对各种环境污染物排放量产生影响,以单位 GDP 产生污染物表征排放强度,即工业二氧化硫排放强度、工业废水排放强度、工业固废排放强度分别用工业二氧化硫排放量、工业废水排放量、工业固体废弃物排放量除以工业 GDP 表示。

环境污染治理投资以各省环境污染治理投资占 GDP 的比值来度量,排污费用各省排污费占总税收比重衡量,经济发展水平用经过价格平减以后的实际人均 GDP 衡量。表 6-1～6-2 列示了本小节的变量名称、含义及变量的描述性统计值。

---

① 本小节估计程序采用的是中山大学连玉君老师编写的 PVAR2,在此表示感谢。

表 6－1　各变量定义

指标	符号	经济含义
工业废水排放强度	fs	工业废水排放量／工业 GDP,取自然对数
工业二氧化硫排放强度	so_2	工业二氧化硫排放量／工业 GDP,取自然对数
工业固体废弃物排放强度	gf	工业固体废弃物排放量／工业 GDP,取自然对数
环境污染治理投资	$wrtz$	环境污染治理投资／GDP
排污费	pwf	排污费／总税收
经济发展水平	GDP	人均 GDP,取自然对数

表 6－2　各变量描述性统计结果

变量	观测值	均值	标准差	最小值	最大值
fs	390	2.69	0.75	0.88	4.99
so_2	390	4.94	0.96	1.78	7.44
gf	390	－0.01	5.52	－12.47	8.81
$wrtz$	390	0.01	0.01	0.00	0.07
pwf	390	0.01	0.01	0.00	0.07
GDP	390	9.93	0.69	8.22	11.76

三、实证结果分析

1. 单位根检验

为避免伪回归,首先对上述三类变量、六个指标面板数据进行单位根检验,结果见表 6－3。本书分别采用 LLC 检验和 $PP-fisher$ 检验,以上两种检验的原假设均是原始数列存在一个单位根,p 值小于 0.05 则表示拒绝原假设。单位根检验结果表明,本节选用变量均为平稳变量,可以进行 PVAR 估计与分析。

表 6 - 3　变量单位根检验

变量	检验结果	LLC	PP – Fisher chi – square
fs	统计量	– 7. 138	98. 374
	P 值	0. 000	0. 000
so_2	统计量	– 7. 731	120. 597
	P 值	0. 000	0. 000
gf	统计量	– 17. 194	208. 210
	P 值	0. 000	0. 000
$wrtz$	统计量	– 10. 031	88. 395
	P 值	0. 007	0. 010
pwf	统计量	– 7. 926	163. 830
	P 值	0. 037	0. 000
GDP	统计量	– 6. 868	113. 878
	P 值	0. 006	0. 000

2. PVAR 模型回归分析

本书利用 Stata13. 1 软件对工业"三废"排放强度、环境污染治理投资、排污收费和经济发展水平变量进行 PVAR 分析,估计时将所有变量均视为内生变量。具体结果见表 6 - 4 ~ 6 - 6,根据 AIC、BIC、HQIC 值的判断结果,选择最优滞后期为 1,表中 L 表示滞后一期,各变量前的 h_表示模型估计时采用了"前向均值差分",即 Helmert 去除固定效应和时间效应。

表 6 - 4　PVAR 估计结果(工业废水排放强度)

	h_fs	h_wrtz	h_pwf	h_GDP
L. h_fs	1. 208 *** (15. 23)	0. 004 * (1. 70)	0. 004 ** (2. 51)	– 0. 246 *** (– 9. 08)
L. h_wrtz	0. 993(0. 28)	0. 053(0. 63)	0. 182 ** (2. 23)	– 2. 190 ** (– 1. 96)
L. h_pwf	5. 672(1. 32)	– 0. 174 * (– 1. 78)	1. 021 *** (4. 96)	– 4. 879 *** (– 3. 19)
L. h_GDP	0. 552 *** (4. 79)	0. 007 ** (2. 06)	0. 005 *** (2. 70)	0. 470 *** (12. 48)

说明:圆括号内是 t 统计量,* 、* * 、* * * 分别表示10% 、5% 、1% 显著性水平。

从表 6 - 4 第二列看出,随着工业废水排放强度的变动,环境污染治理投资在滞后一期水平上变动不显著,排污收费情况也类似。反过来,就环境污染治理投资和排污收费的变动对工业废水排放强度变化而言,第三、四列显示,当期环境污染治理投资和排污收费发生变动,在滞后一期水平上工业废水排放强度正向变动,这说明工业废水排放强度的变动对环境污染治理投资和排污收费的影响并不显著,但是环境污染治理投资和排污收费的变动对工业废水排放强度的变动影响显著。为进一步对工业废水排放强度、环境污染治理投资、排污收费和经济发展水平之间的互动关系进行检验,加入参与变量GDP,从第五列看出,随着经济发展水平的正向变动,工业废水排放强度在滞后一期水平上显著为负。可以得出环境污染治理投资和排污收费影响环境质量的途径为:环境污染治理投资与排污收费的增加——经济发展水平上升——工业废水排放强度下降。

表 6 – 5　PVAR 估计结果(工业二氧化硫排放强度)

	h_so_2	h_wrtz	h_pwf	h_GDP
$L. h\_so_2$	1.891 *** (3.71)	– 0.016(– 1.60)	0.023 ** (2.18)	– 0.804 *** (– 2.62)
$L. h\_wrtz$	4.585(1.03)	0.013(0.12)	0.240 ** (2.27)	– 4.219 * (– 1.70)
$L. h\_pwf$	2.865(0.41)	– 0.163(– 1.50)	1.017 *** (5.06)	– 4.922(– 1.58)
$L. h\_GDP$	1.466 ** (2.08)	– 0.019(– 1.37)	0.031 ** (2.18)	– 0.304(– 0.72)

说明:圆括号内是 t 统计量,*、＊＊、＊＊＊分别表示10%、5%、1%显著性水平。

　　表 6 – 5 汇报的是工业二氧化硫排放强度、环境污染治理投资、排污收费与经济发展水平的回归结果。观察第二列,发现与工业废水排放强度变动情况类似,当期工业二氧化硫排放强度改变,环境污染治理投资和排污收费在滞后一期水平上均未通过显著性检验。第三、四列显示,反过来,随着环境污染治理投资的变动,工业二氧化硫排放强度在滞后一期水平上变动不显著,但是随着排污收费的变动,在滞后一期水平上工业二氧化硫排放强度的变动显著。加入经济发展水平变量后,从第四列看出,随着经济发展水平的变动,在滞后一期水平上工业二氧化硫排放强度变动显著为负。可见,排污收费影响工业二氧化硫排放强度的途径为:排污收费占总税收的比重提高——经济发展水平上升——工业二氧化硫排放强度下降。

表 6 - 6　PVAR 估计结果（工业固体废弃物排放强度）

	h_gf	h_wrtz	h_pwf	h_GDP
$L. h\_gf$	0.304(1.49)	− 0.001 ** (− 2.50)	0.001 ** (2.54)	− 0.019 *** (− 3.73)
$L. h\_wrtz$	105.424 *** (2.61)	0.136 * (1.68)	0.111(1.48)	0.561(0.39)
$L. h\_pwf$	157.883 *** (2.70)	− 0.093(− 0.95)	0.962 *** (4.48)	− 2.752(− 1.49)
$L. h\_GDP$	− 2.691(− 1.63)	− 0.001(− 0.73)	0.003 * (1.82)	0.670 *** (15.92)

说明：圆括号内是 t 统计量，*、* *、* * *分别表示10%、5%、1%显著性水平。

表 6 - 6 汇报了对工业固废排放强度、环境污染治理投资、排污收费和经济发展水平之间进行 PVAR 分析的结果。从第二列看出，工业固废排放强度与环境污染治理投资和排污费之间的互动关系与工业废水、工业二氧化硫和环境污染治理投资和排污收费之间的互动关系存在一定差异，具体表现为随着工业固废排放强度的正向变化，直接导致环境污染治理投资和排污收费的增加。第三、四列显示，当期环境污染治理投资和排污收费正向变动，滞后一期工业固废排放强度分别呈现负向、正向变动，加入经济发展水平变量后，与工业废水、工业二氧化硫排放强度变化一致，工业固废排放强度呈反向变动。

3. PVAR 方差分解结果分析

采用 Stata13.1 软件经蒙特卡洛模拟 1000 次计算得到 6 期各控制变量方差对观测变量方差贡献度，通过计算其平均贡献度，判断环境污染治理投资、排污收费、环境质量与经济发展水平的相互影响程度，详细贡献度见表 6 - 7 ~ 6 - 9。

从方差分解结果来看（见表 6 - 7），工业废水排放强度的变动主要来源于本身，贡献度平均达到97.2%。但是从时期变化趋势上看，第一期排污收费对工业废水排放强度的影响是 4.1%，此后逐步增加，到第六期达到 27.2%，平均贡献度为 15.5%。第一期环境污染治理投资对工业废水排放强度的影响是 0，第三期增加到 0.4%，第 6 期进一步增加至 1.5%，平均值为 0.6%。伴随着预测期的增加，环境污染治理投资、排污费自身变动对其影响逐渐下降。

表6-7　方差分解结果（工业废水排放强度）

	s	fs	wrtz	pwf	GDP
fs	1	1.000	0.000	0.000	0.000
fs	2	0.991	0.000	0.001	0.008
fs	3	0.978	0.000	0.002	0.019
fs	4	0.965	0.001	0.004	0.030
fs	5	0.953	0.001	0.005	0.041
fs	6	0.943	0.001	0.006	0.050
平均值	—	0.972	0.001	0.003	0.025
GDP	1	0.445	0.021	0.079	0.455
GDP	2	0.665	0.009	0.094	0.232
GDP	3	0.778	0.005	0.093	0.124
GDP	4	0.828	0.004	0.087	0.081
GDP	5	0.847	0.003	0.083	0.067
GDP	6	0.854	0.002	0.078	0.065
平均值	—	0.736	0.007	0.086	0.171
pwf	1	0.041	0.053	0.906	0.000
pwf	2	0.079	0.026	0.892	0.002
pwf	3	0.128	0.018	0.847	0.008
pwf	4	0.179	0.013	0.792	0.015
pwf	5	0.228	0.011	0.738	0.024
pwf	6	0.272	0.009	0.687	0.032
平均值	—	0.155	0.022	0.810	0.014
wrtz	1	0.000	1.000	0.000	0.000
wrtz	2	0.004	0.967	0.025	0.005
wrtz	3	0.004	0.938	0.052	0.007
wrtz	4	0.004	0.913	0.076	0.007
wrtz	5	0.008	0.889	0.096	0.007
wrtz	6	0.015	0.864	0.114	0.007
平均值	—	0.006	0.929	0.061	0.006

观察表6-8可以看出,工业二氧化硫排放强度的变动也主要来源于自身,但是随着预测期的增加对自身的影响逐渐下降,平均贡献度为86%。环境污染治理投资对工业二氧化硫排放强度的影响从第1期31.9%逐渐增大,从第4期以后超过了50%,平均值为46.6%。排污收费对工业二氧化硫排放强度的影响逐渐增大,第1期为60.1%,从第二期开始稳定在70%以上,但增幅较小,平均值为70.9%。

表6-8　方差分解结果(工业二氧化硫排放强度)

	s	so_2	$wrtz$	pwf	GDP
GDP	1	0.784	0.052	0.040	0.124
GDP	2	0.902	0.028	0.016	0.054
GDP	3	0.889	0.036	0.012	0.063
GDP	4	0.848	0.047	0.019	0.087
GDP	5	0.807	0.056	0.029	0.107
GDP	6	0.772	0.063	0.043	0.122
平均值	—	0.834	0.047	0.027	0.093
pwf	1	0.601	0.072	0.327	0.000
pwf	2	0.714	0.038	0.202	0.046
pwf	3	0.745	0.040	0.121	0.093
pwf	4	0.744	0.047	0.079	0.129
pwf	5	0.732	0.055	0.059	0.154
pwf	6	0.715	0.062	0.052	0.171
平均值	—	0.709	0.052	0.140	0.099
so_2	1	1.000	0.000	0.000	0.000
so_2	2	0.937	0.023	0.007	0.033
so_2	3	0.874	0.040	0.019	0.067
so_2	4	0.822	0.052	0.033	0.093
so_2	5	0.780	0.061	0.049	0.110
so_2	6	0.746	0.067	0.065	0.122
平均值	—	0.860	0.041	0.029	0.071

	s	so_2	wrtz	pwf	GDP
wrtz	1	0.319	0.681	0.000	0.000
wrtz	2	0.431	0.536	0.000	0.033
wrtz	3	0.487	0.446	0.003	0.064
wrtz	4	0.513	0.390	0.009	0.088
wrtz	5	0.523	0.356	0.017	0.104
wrtz	6	0.524	0.336	0.026	0.115
平均值	—	0.466	0.458	0.009	0.067

观察表6-9可以看出,工业固体废弃物排放强度的变动也主要源于自身,随着预测期的增加对自身的影响出现缓慢下降趋势,平均值为87.7%。环境污染治理投资对工业固体废弃物排放强度的影响从第三期开始维持在14%左右,平均值为11.7%。排污收费对工业固体废弃物排放强度的影响逐步增大,第一期仅为0.3%,之后快速增长,从第4期开始超过10%,平均贡献度为8.3%。

表6-9 方差分解结果(工业固体废弃物排放强度)

	s	gf	wrtz	pwf	GDP
GDP	1	0.050	0.160	0.202	0.588
GDP	2	0.173	0.152	0.204	0.470
GDP	3	0.251	0.122	0.247	0.380
GDP	4	0.276	0.102	0.308	0.314
GDP	5	0.279	0.087	0.370	0.263
GDP	6	0.274	0.076	0.427	0.223
平均值	—	0.217	0.117	0.293	0.373
gf	1	1.000	0.000	0.000	0.000
gf	2	0.951	0.004	0.042	0.003
gf	3	0.898	0.003	0.094	0.005
gf	4	0.848	0.004	0.142	0.005

	s	gf	wrtz	pwf	GDP
gf	5	0.803	0.005	0.187	0.005
gf	6	0.761	0.006	0.229	0.005
平均值	—	0.877	0.004	0.116	0.004
pwf	1	0.003	0.127	0.870	0.000
pwf	2	0.072	0.082	0.844	0.002
pwf	3	0.098	0.058	0.841	0.003
pwf	4	0.105	0.046	0.845	0.004
pwf	5	0.108	0.038	0.849	0.004
pwf	6	0.109	0.033	0.852	0.005
平均值	—	0.083	0.064	0.850	0.003
wrtz	1	0.000	1.000	0.000	0.000
wrtz	2	0.123	0.873	0.003	0.000
wrtz	3	0.143	0.837	0.020	0.000
wrtz	4	0.145	0.812	0.043	0.000
wrtz	5	0.145	0.789	0.066	0.000
wrtz	6	0.145	0.767	0.088	0.000
平均值	—	0.117	0.846	0.037	0.000

从平均值贡献度来看,环境污染治理投资对工业"三废"(废水、二氧化硫、固体废弃物)排放强度的贡献程度依次为0.6%、46.6%、11.7%。排污收费对工业"三废"排放强度的贡献程度依次为15.5%、70.9%、8.3%。经济发展水平对"三废"排放强度贡献程度依次为2.5%、7.1%、0.5%。由此可见,环境污染治理投资更多地影响工业二氧化硫的排放强度,第二是工业固体废弃物,最后才是工业废水。与环境污染治理投资不同,排污收费对工业"三废"的影响首先是工业二氧化硫,第二是工业废水,最后才是工业固体废弃物。从经济发展对工业"三废"的影响来看,排第一的是工业二氧化硫,第二是工业废水,影响最小的是工业固体废弃物。可见,环境污染治理投资从长期看可以解释近50%左右的工业二氧化硫排放强度变动,排污收费从长期看可以解释70%以

上工业二氧化硫排放强度变动,应继续加大环境污染治理投资和排污收费力度。要做到这一点,需要改变目前地方政府"唯 GDP 论"的行为倾向,因"唯 GDP 论"对于具有长期影响效果的环境财政投入与收费会显得十分不足。

4. 格兰杰因果检验

理论上,环境污染治理投资、排污收费、经济发展、工业"三废"排放强度之间相互影响,实际的数据是否支持上述结论呢? 本小节将进行面板数据的格兰杰因果检验。因格兰杰因果检验目的是检验 x 滞后项对 y 的联合影响,故不必拘泥于选出的滞后阶数,本书在进行检验时将滞后期数设为 1 期。本书主要关注环境污染治理投资与排污收费对环境治理的直接影响以及环境污染治理投资与排污收费影响经济发展间接影响环境质量的内在机制是否成立,所以重点汇报以上检验的结果,具体如表 6 - 10 所示。

表 6 - 10　格兰杰因果检验

假设	F 检验	P 值	结论
$wrtz$ 不是 fs 的格兰杰因	5.187	0.023	拒绝
pwf 不是 fs 的格兰杰因	1.741	0.187	接受
$wrtz$ 不是 so_2 的格兰杰因	1.865	0.172	接受
pwf 不是 so_2 的格兰杰因	0.170	0.680	接受
$wrtz$ 不是 gf 的格兰杰因	6.7911	0.009	拒绝
pwf 不是 gf 的格兰杰因	7.278	0.007	拒绝
$wrtz$ 不是 GDP 的格兰杰因	3.8491	0.050	拒绝
pwf 不是 GDP 的格兰杰因	10.147	0.001	拒绝
GDP 不是 fs 的格兰杰因	22.944	0.000	拒绝
GDP 不是 so_2 的格兰杰因	4.318	0.038	拒绝
GDP 不是 gf 的格兰杰因	2.650	0.004	拒绝
$wrtz$、pwf、GDP 不是 fs 的格兰杰因	23.474	0.000	拒绝
$wrtz$、pwf、GDP 不是 so_2 的格兰杰因	4.518	0.000	拒绝
$wrtz$、pwf、GDP 不是 gf 的格兰杰因	13.93	0.003	拒绝

从表 6 - 10 可以看出,在滞后一期的情况下,pwf 不是 fs 的格兰杰因、$wrtz$

不是 so_2 的格兰杰因、pwf 不是 so_2 的格兰杰因接受了原假设,说明排污收费不是工业废水排放强度和工业二氧化硫排放强度统计上的原因,是因为排污收费标准偏低,管理不严,甚至低于企业的治污成本,因此企业依然扩大生产并排放污染物。环境污染治理投资不是工业二氧化硫排放强度统计上的原因,但是确是工业废水排放强度和工业固体废弃物排放强度的格兰杰因,可能是因为政府将环境污染治理投资集中到某些环境污染指标上而忽视了对其他污染指标的治理,如重点治理工业废水和工业固体废弃物等反而给工业企业排放二氧化硫更多的机会。其他因果关系的检验均拒绝了原假设,表明环境污染治理投资与排污收费影响经济发展间接影响环境质量的内在机制成立。

第二节 中国财税政策对环境治理的 空间溢出效应分析

一、问题的提出

国内外学者(Rupasingha A. 等,2004;Poon J. P. H. 等,2006;许和连、邓玉萍,2012;Kang Y Q 等,2016;)研究表明烟尘、二氧化碳等环境污染物的确存在空间溢出性。但是目前关于财税政策与环境质量的关系大多运用传统计量方法,很少考虑到空间因素的作用。学者们认为研究对象是相互独立的,即相邻区域之间不发生任何的联系,区域之间的信息和资源不发生交换、共享和溢出。然而现实的情况是相邻区域之间或多或少存在地理上的空间效应,即某地区的环境污染物排放会经过扩散或者回流对临近区域产生影响。Toblers(1979)地理第一定律表明,区域间的一切事物都有联系,其距离与联系程度成反向关系,即事物间距离越近,联系程度越大,反之则越小。

中国处于"政治集权与经济分权"的背景之下,地方政府无疑拥有发展经济的众多资源,而且拥有改变辖区环境的资源与能力。由于区域之间的竞争行为,地区之间在节能减排行为上相互影响,即地区在做决策时会考虑其他地区情况,反之,地区决策一旦实施也会对其他地区产生影响。张玉(2014)基于污染溢出对财税政策的环境治理效应采用了空间计量方法,采用的模型是空间滞后模型与空间误差模型,实证结果证实了省区在部分环境污染物排放(工业二氧化硫和工业固体废弃物)上具有空间效应,但是未考虑到核心解释变量财税政策对其他地区被解释变量环境质量的影响。黄亮雄(2017)认为区域互动不但表现为省区在污染排放与环境治理行为上具有趋同性,而且还表现为省区的具体政策行为对其他地区也会产生影响。基于此,我们会问:一个地区的财税政策除了对本地区环境污染物排放产生影响外,是否对临近地区环境污染物排放也产生影响? 从空间计量模型的设定来看,外生交互效应正好衡量的是特定单位被解释变量取决于其他单位的解释变量这种现象,即空间杜宾模型便能很好地对上述问题做出实证检验与解答。鉴于以上分析,本小节将利用空间面板杜宾模型考察环境财税政策除了影响本地区环境治理效果外,是否对周边地区环境质量具有空间溢出效应,以克服以往研究中忽视空间因素导致的模型估计偏误或者即使考虑空间因素但是未考虑外生交互效应等不足。

二、空间计量模型设定与变量选择

1. 空间自相关系数

空间相关性是指相邻省份之间存在环境治理的溢出和扩散效应,而空间异质性主要是指环境治理的空间不均衡性,即存在环境治理的中心和边缘地区,由此导致环境治理效应存在省际差异。空间效应可通过空间相关系数 Moran's I 指标(莫兰指数 I)表示:

$$\text{Morans ' I} = \frac{\sum_{i=1}^{n} \sum_{j=1}^{n} w_{ij} (x_i - \bar{x})(x_j - \bar{x})}{\sum_{i=1}^{n} (x_i - \bar{x})^2} \qquad (6-2)$$

(6-2)式中,w_{ij} 表示空间权重矩阵,n 表示空间单元数目,x_i、x_j 表示第 i、j 地区所考察变量的观测值,$\bar{x}$ 表示所考察变量观测值的平均值。莫兰指数 I 一般介于 -1 与 1 之间,取值为正表示正相关,即高值与高值相邻、低值与低值相邻;取值为负表示负相关,即高值与低值相邻。取值接近于 0 表示空间分布随机性强,不存在空间自相关。上述莫兰指数 I 被称为"全局莫兰指数 I",它考察整个空间序列 $\{x_i\}_{i=1}^n$ 的空间集聚情况。为了表征某区域 i 附近的空间集聚情况,则采用"局部莫兰指数 I":$I_i = (x_i - \bar{x}/s^2) \sum_{i=1}^n w_{ij}(x_j - \bar{x})$。$I_i$ 取值为正表示区域 i 的高(低)值被周围的高(低)所包围,I_i 取值为负表示区域 i 的高(低)值被周围的低(高)所包围。

2. 模型设定

普通计量模型在应用 *OLS* 进行参数模拟时,忽略了残差项的空间相关性,导致模型估计结果与实际存在有偏性和不一致性,因此使用空间计量模型有效解决考察变量存在的空间依赖性和空间相关性等问题。经典空间计量经济模型有三种,即空间滞后模型(*SLM*)、空间误差模型(*SEM*)和空间杜宾模型(*SDM*)。分别定义如下:

空间滞后模型(*SLM*)为:

$$y = \rho Wy + X\beta + \varepsilon \qquad \varepsilon \sim N(0, \sigma^2 I_n) \qquad (6-3)$$

其中,y 表示被解释变量;ρ 表示空间自相关参数,考察被解释变量自身空间依赖性的大小;W 表示 $n \times n$ 维 0、1 型空间权重矩阵;Wy 表示空间滞后因变量项,衡量被解释变量间的内生交互效应,X 表示解释变量向量,β 表示与 X 相关的估计参数向量,ε 表示随机误差项。

空间误差模型(*SEM*)为

$$y = X\beta + \mu \qquad \mu = \lambda W + \varepsilon \qquad \varepsilon \sim N(0, \sigma^2 I_n) \qquad (6-4)$$

其中,λ 表示空间误差系数,衡量变量残差空间相关性的大小,μ 表示随机误差项。

空间杜宾模型(*SDM*)为:

$$y = \rho Wy + X\beta + + WX\gamma + \varepsilon \qquad \varepsilon \sim N(0, \sigma^2 I_n) \qquad (6-5)$$

其中 WX 代表自变量的空间滞后项,γ 表示空间滞后自变量的系数向量。空间杜宾模型(*SDM*)可以通过假设条件 $H_0 : \gamma = 0$ 检验是否可以转化为空间滞后模型(*SLM*),通过假设条件 $H_0 : \gamma + \rho\beta = 0$ 检验是否可以转化为空间误差模型(*SEM*)。

综上,本节建立模型为:

$$lns_{O_2 \, it} = c + \rho Wlns_{O_2 \, it} + \beta_1 lnhbzc_{it} + \beta_2 lnpwf_{it} + \beta_3 lnGDP_{it} + \beta_4 lnGDP_{it}^2 +$$

$$\beta_5 lngdzc_{it} + \beta_6 lnjs_{it} + \gamma_1 Wlnhbzc_{it} + \gamma_2 Wlnpwf_{it} + \gamma_3 WlnGDP_{it} + \gamma_4 WlnGDP_{it}^2$$

$$+ \gamma_5 Wlngdzc_{it} + \gamma_6 Wlnjs_{it} + \delta_i + \mu_i + \varepsilon_{it}$$

$$\varepsilon_{it} \sim N(0, \sigma_{it}^2 I_n) \tag{6-6}$$

3. 变量选择与数据来源

本小节选取 2007~2015 年中国省级面板数据作为样本。原始数据来源于 2008~2016 年的《中国统计年鉴》、《中国环境年鉴》、《中国环境统计年鉴》等。运用的软件为 Stata13.1 和 Matlab R2016a。

被解释变量与本章第一节一致,采用环境污染物排放强度表示,本小节以工业二氧化硫排放强度(so_2)作为被解释变量。选择工业二氧化硫作为被解释变量的原因与第四章第一节一致。

核心解释变量包括财政政策与税收政策,本小节选取环保财政支出($hbzc$)作为财政政策的代表,选取排污收费(pwf)作为税收政策的代表,其中 $hbzc$ 以各省环境保护财政支出占 GDP 比重来衡量,pwf 用各省排污收费占总税收比重来衡量。

控制变量主要选择经济发展水平、固定资产投资与技术创新。其中经济发展水平(GDP)用经过价格平减以后的实际人均 GDP 来衡量,加入经济发展水平的平方项检验环境库兹涅茨(EKC)曲线是否存在;固定资产投资($gdzc$)用各省固定资产投资占 GDP 比重衡量;技术创新(js)以企业研发经费内部支出除以 GDP 来衡量。

以上所有变量均取自然对数以减小异方差性。

三、空间相关性及实证结果分析

1. 空间相关性检验与分析

本节采用的是空间邻近 0-1 矩阵,若两省相邻,则取值为 1,否则取 0[①]。在对权重矩阵进行标准化处理基础上,操作 Stata13.1,测算出中国 2007-2015 年

---

① 为避免出现单个岛屿,设定海南省与广东省、广西壮族自治区拥有共同边界。

各省被解释变量和核心解释变量的"*Moran's I*",结果见表 6–11。可以看出,*lnso$_2$*、*lnhbzc* 的"全局莫兰指数 I"在通过 1% 显著性检验基础上全部为正,这验证了中国工业二氧化硫排放强度和环保财政支出的空间分布格局没有表现出随机分布的特征,而是具有空间聚集性。*lnpwf* 的"*Moran's I*"除了 2007 年以外全部通过 5% 甚至更低水平显著性检验,其值不断增大,说明排污收费在空间分布上具有集聚性。

表 6–11 2007–2015 年 lnso$_2$、lnhbzc 及 lnpwf 的 *Moran's I* 指数

年份	lnso$_2$			lnhbzc			lnpwf		
	Moran's I	Z	P	*Moran's I*	Z	P	*Moran's I*	Z	P
2007	0.527	4.151	0.000	0.565	5.048	0.000	0.071	1.362	0.173
2008	0.493	3.880	0.000	0.447	4.304	0.000	0.189	2.267	0.023
2009	0.432	4.183	0.000	0.399	3.890	0.000	0.205	2.378	0.017
2010	0.424	4.127	0.000	0.474	4.587	0.000	0.204	2.304	0.021
2011	0.472	3.667	0.000	0.426	4.132	0.000	0.246	2.804	0.005
2012	0.460	3.555	0.000	0.385	3.776	0.000	0.272	2.768	0.006
2013	0.462	3.560	0.000	0.334	3.425	0.001	0.240	2.512	0.012
2014	0.466	3.614	0.000	0.368	3.655	0.000	0.209	2.227	0.026
2015	0.469	3.612	0.000	0.281	2.958	0.003	0.282	2.847	0.004

lnso$_2$ 与 *lnhbzc* 2007 年、2015 年的 Moran 散点图见图 6–2～6–5[①]。散点图的象限分布可清晰看出较强的空间相关性。位于 H–H(第一象限)与 L–L(第三象限)指自身具有较高或较低水平,周边邻近省份也比较高或低的省份,而位于 L–H(第二象限)与 H–L(第四象限)指自身较低但空间滞后值却较高或自身较高但空间滞后值却较低的省份。其中 2007 年、2015 年分别有 25 个(93.33%)、21 个(70%)省份 *lnso$_2$* 数值落在了 H–H 和 L–L,分别有 25 个(93.33%)、23 个(75.56%)省份 *lnhbzc* 数值落在了 H–H 和 L–L,虽然空间

---

① Moran 散点图在 Stata 中生成,图中数字 1–30 依次代表:北京、天津、河北、山西、内蒙古、辽宁、吉林、黑龙江、上海、江苏、浙江、安徽、福建、江西、山东、河南、湖北、湖南、广东、广西、海南、重庆、四川、贵州、云南、陕西、甘肃、青海、宁夏、新疆。

正相关性有逐渐减弱的趋势,但是仍然表明 $lnso_2$、$lnhbzc$ 存在较强的空间正相关性。2008 年、2015 年分别有 20 个(67.33%)、26 个(95.56%)省份 $lnpwf$ 数值落在了 H–H 和 L–L(见图 6–6、6–7),且 $Moran's\ I$ 指数从 0.189 上升到 0.282,即 $lnpwf$ 的空间正相关性逐渐增加。

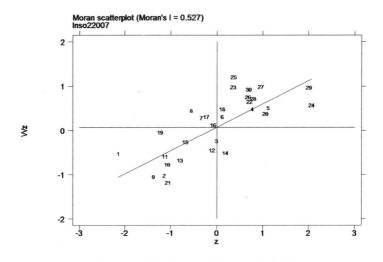

图 6–2　2007 年 $lnso_2$ 的 Moran 散点图

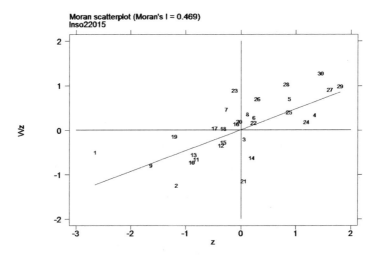

图 6–3　2015 年 $lnso_2$ 的 Moran 散点图

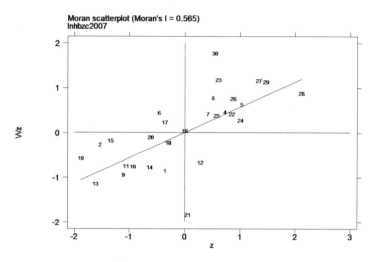

图 6 - 4　2007 年 lnhbzc 的 Moran 散点图

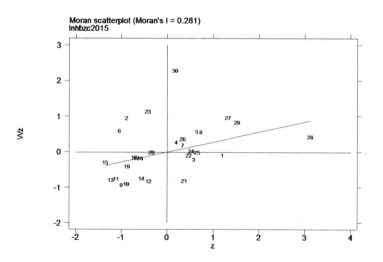

图 6 - 5　2015 年 lnhbzc 的 Moran 散点图

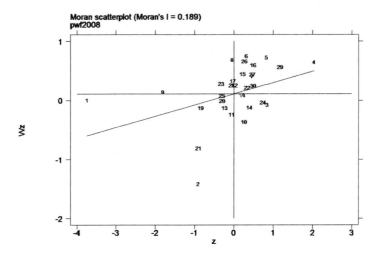

图 6 – 6　2007 年 lnpwf 的 Moran 散点图

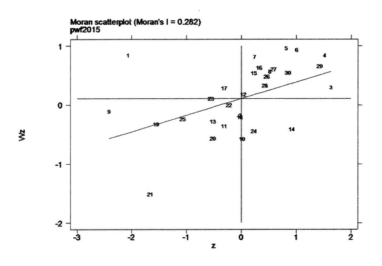

图 6 – 7　2015 年 lnpwf 的 Moran 散点图

2. 空间计量模型检验与选择

Anselin(1996)证明 *LM*(拉格朗日乘子)检验结果可用于判断是否存在空间相关性,同时可以帮助判断建立何种空间计量模型比较合适。检验结果见 6 – 12。结果发现,在四种情形下,检验结果稍有不同,其中联合 *OLS* 下稳健 *LMerr*、空间固定效应下稳健 *LMsar* 未通过显著性检验,其他情况均拒绝"不存在空间自相关"和"不存在空间误差项"原假设。空间和时间固定效应下，LM-sar、$LMerr$ 虽未通过显著性检验，但是稳健 $LMsar$、稳健 $LMerr$ 均通过 10% 水平的显著性检验。因此建立包括空间因素在内的模型是更优的选择。从四种情形下的 $Log - L$ 值来看，空间和时间固定效应下值最大。表 6 - 14 显示 $Hausman$ 检验结果通过 1% 水平的显著性检验，拒绝面板随机效应的原假设。同时，表 6 - 14 中 Wald 与 LR 检验拒绝了 $H_0 : \gamma = 0$ 和 $H_0 : \gamma + \rho\beta = 0$，故空间杜宾模型不能退化成空间滞后或空间误差模型。综上本小节最终采用空间和时间双固定效应下的空间面板杜宾模型。

表 6 - 12　不同效应下检验结果

检验类型	检验方法	统计量	$Log - L$	P 值
联合 OLS	$LMsar$	75. 1928	- 124. 5054	0. 000
	稳健 $LMsar$	46. 3352		0. 000
	$LMerr$	29. 2004		0. 000
	稳健 $LMerr$	0. 3429		0. 558
空间固定效应	$LMsar$	22. 5911	129. 2725	0. 000
	稳健 $LMsar$	0. 5476		0. 459
	$LMerr$	24. 9146		0. 000
	稳健 $LMerr$	2. 8711		0. 090
时间固定效应	$LMsar$	47. 2446	- 100. 6585	0. 000
	稳健 $LMsar$	42. 1625		0. 000
	$LMerr$	8. 6928		0. 003
	稳健 $LMerr$	3. 6106		0. 057
空间和时间固定效应	$LMsar$	1. 1922	162. 0081	0. 270
	稳健 $LMsar$	3. 5605		0. 059
	$LMerr$	0. 2219		0. 638
	稳健 $LMerr$	2. 5902		0. 080

表 6 – 13　普通面板个体固定效应回归结果

变量	系数	t 值	P 值
$lnhbzc$	– 0.151	– 3.20	0.002
$lnpwf$	– 0.022	– 0.59	0.549
$lnGDP$	– 4.273	– 4.58	0.000
$(lnGDP)^2$	0.131	2.97	0.003
$lngdzc$	0.694	7.28	0.000
$lnjs$	– 0.160	– 2.89	0.004
常数项	33.042	6.46	0.000
R^2	0.8467		
个体效应	$F(29,234)=44.80, Prob>F=0.000$		
$Hausman$ 检验值	$Chi2(6)=60.27, Prob>chi2=0.000$		

3. 实证结果分析

空间、时间双固定效应下,空间杜宾模型、空间杜宾模型偏误校正、空间滞后模型以及空间误差模型的回归结果详见表 6 – 14。与表 6 – 13 汇报的普通面板数据个体固定效应回归结果相比,拟合优度有较大幅度的提升,说明空间面板模型建立合理。本小节重点对空间杜宾模型的回归结果进行解释。因变量的空间自相关系数显著为正,说明工业二氧化硫排放强度具有空间外溢性,本地区工业二氧化硫排放强度上升会使得周边地区工业二氧化硫排放强度上升。

环境保护财政支出回归系数未通过显著性检验;但权重矩阵与环境保护财政支出乘积为负,且通过 10% 水平的显著性检验,表明环保财政支出对工业二氧化硫的治理具有空间溢出效应,本地区环保财政支出的增加将有助于减少临近地区工业二氧化硫排放强度,即环境保护财政支出具有"利他"性。

排污收费回归系数未通过显著性检验,且权重矩阵与排污收费的乘积也未通过显著性检验,说明排污收费并未对工业二氧化硫排放强度起到应用的治理作用,原因在于环境分权治理结构与 GDP 导向的考核机制导致地方政府"逐底竞争",更愿意获取经济收益而共同承担由此带来的环境成本。

从控制变量结果来看,经济发展水平一次项回归系数显著为负,其平方项未通过10%水平的显著性检验,并不存在环境库兹涅茨曲线,与前文结论一致,经济发展与环境污染的关系因环境污染物度量指标的选择不同而不同。权重矩阵与经济发展水平的乘积项未通过10%水平的显著性检验,没有证据表明本地经济发展对周边地区环境污染物排放产生影响。固定资产投资回归系数显著为正,权重矩阵与固定资产投资的乘积为正,但是未通过显著性检验。技术创新回归系数显著为负,说明先进的技术有利于减少污染物排放,权重矩阵与技术创新的乘积项系数方向发生改变,且通过5%水平的显著性检验,说明污染具有溢出性,本地区技术创新改善了本地环境质量,但不利于周边地区环境质量的提升。

表6-14　双固定空间计量模型回归估计与检验结果

变量	空间杜宾模型（SDM）	空间杜宾模型偏误校正	空间滞后模型（SLM）	空间误差模型（SEM）
$lnhbzc$	-0.070(-1.30)	-0.067(-1.16)	-0.081(-1.46)	-0.083(-1.57)
$lnpwf$	-0.040(-1.20)	-0.042(-1.15)	-0.032(-0.89)	-0.033(-0.99)
$lnGDP$	-2.799***(-2.45)	-2.761**(-2.23)	-3.475***(-3.49)	-3.513***(-3.63)
$(lnGDP)^2$	0.053(1.01)	0.053(0.92)	0.088*(1.88)	0.091**(2.03)
$lngdzc$	0.569***(6.07)	0.567***(5.61)	0.667***(6.64)	0.661***(6.95)
$lnjs$	-0.188***(-3.64)	-0.192***(-3.44)	-0.205***(-3.81)	-0.197***(-3.96)
$W*lnhbzc$	-0.144*(-1.83)	-0.138*(-1.65)		
$W*lnpwf$	0.092(1.18)	0.092(1.10)		
$W*lnGDP$	-1.218(-0.67)	-1.047(-0.53)		
$W*(lnGDP)^2$	-0.015(-0.16)	-0.018(-0.18)		
$W*lngdzc$	0.257(1.30)	0.219(1.03)		
$W*lnjs$	0.281***(2.53)	0.289***(2.42)		
λ/ρ	0.054**	0.117*	0.150***	0.019
R^2	0.9768	0.9768	0.9750	0.845
$Log-L$	173.315	173.315	162.655	162.3973
$Wald\text{-}spatial\text{-}lag$	21.7950 [0.0013]	17.9023 [0.0065]		
$LR\text{-}spatial\text{-}lag$	21.3204 [0.0016]	21.3204 [0.0016]		

续表

变量	空间杜宾模型（SDM）	空间杜宾模型偏误校正	空间滞后模型（SLM）	空间误差模型（SEM）
Wald-spatial-error	23.2378 [0.0007]	19.6268 [0.0032]		
LR-spatial-error	22.3424 [0.0010]	22.3423 [0.0010]		
Hausman 检验	60.2758 [0.0000]			

说明：*、**、*** 分别表示10%、5%、1%显著性水平。圆括号内为 t 值，方括号内为各统计量检验 P 值。

4. 空间溢出效应

为进一步分析各影响因素对环境污染物排放的冲击，本小节用空间杜宾模型的直接效应、空间溢出效应和总效应分别检验各因素对本地区、周边地区以及对全部地区的影响程度。结果见表6－15。

各解释变量直接效应和上述表6－14中回归系数不同的原因是由于反馈效应，即解释变量对本地区的影响会传递给临近的地区且把临近地区的影响传回本地区。由表6－15可知，环保财政支出对环境污染物排放具有负向空间溢出效应，从系数值上看，环保财政支出每提高1%，周边地区环境污染物排放强度平均降低0.156%，环保财政支出对本地区和周边地区影响总体效应为0.227，即环保财政支出每提高1%，所有地区环境污染物排放平均降低0.227%。可见进一步提高环保财政支出水平将显著改善本地区及周边地区的环境质量。排污收费无论是对本地区还是周边地区的影响均不显著。经济发展水平对本地区环境污染物排放弹性为－2.808，对周边地区的平均弹性为－1.483，但未通过显著性检验；固定资产投资对环境污染物排放的溢出效应也未通过显著性检验；技术进步的直接效应为负，但是空间溢出效应为正，总体效应为正，表明不同地区技术创新水平对环境污染物排放作用具有差异。

表 6 – 15 根据空间杜宾模型估计结果估算的直接效应、空间溢出效应与总效应

决定因素	空间时间固定效应	空间时间固定效应偏误校正
直接效应 lnhbzc	– 0.072(– 1.34)	– 0.069(– 1.24)
空间溢出效应 lnhbzc	– 0.156 * (– 1.90)	– 0.162 * (– 1.77)
总效应 lnhbzc	– 0.227 *** (– 2.63)	– 0.231 *** (– 2.45)
直接效应 lnpwf	– 0.040(– 1.19)	– 0.039(– 1.07)
空间溢出效应 lnpwf	0.096(1.17)	0.087(0.95)
总效应 lnpwf	0.055(0.69)	0.048(0.53)
直接效应 lnGDP	– 2.808 *** (– 2.49)	– 2.820 ** (– 2.36)
空间溢出效应 lnGDP	– 1.483 (– 0.78)	– 1.498(– 0.72)
总效应 lnGDP	– 4.291 ** (– 2.40)	– 4.322 ** (– 2.14)
直接效应(lnGDP)^2	0.052(1.00)	0.054(0.96)
空间溢出效应(lnGDP)^2	– 0.011(– 0.11)	– 0.013(– 0.12)
总效应(lnGDP)^2	0.042(0.43)	0.041(0.37)
直接效应 lngdzc	0.575 *** (6.16)	0.574 *** (5.72)
空间溢出效应 lngdzc	0.308(1.50)	0.308(1.32)
总效应 lngdzc	0.883 *** (3.78)	0.882 *** (3.34)
直接效应 lnjs	– 0.183 *** (– 3.47)	– 0.181 ** (– 3.13)
空间溢出效应 lnjs	0.284 *** (2.38)	0.301 ** (2.17)
总效应 lnjs	0.100 *** (2.71)	0.120 ** (2.07)

第三节　中国财税政策的环境治理效率分析

一、问题的提出

关于环境财政投入的效率研究方面,国内学者王宝顺等(2011)选择以城市环境治理财政支出为投入变量,选择以工业废水排放达标量、工业二氧化硫和工业烟尘去除量为产出指标,采用多阶段产出导向 DEA 测算了中国 29 个省

份城市环境治理效率,结果显示各省份差异较大。然后选择人均 *GDP*、财政分权等指标作为影响因素利用受限 Tobit 模型进行回归分析。潘孝珍(2013)以各省人均环境保护财政支出作为投入变量,以工业"三废"达标量和综合利用量作为产出指标,利用可变规模报酬的 BCC 模型测算中国 2010 年 30 个省份的环保支出效率,结果显示各省效率值较低,然后着重以财政分权为核心解释变量,利用 Tobit 模型分析对环保支出效率的影响,并得出财政分权与环保支出效率负相关的结论。张玉(2014)选择的投入变量是环境污染治理投资,产出变量包括一般工业固体废弃物综合利用量、二氧化硫以及烟粉尘的去除量,运用产出导向的 DEA - BCC 方法测算了中国 2003～2010 年 30 个省份的环境治理效率,然后以财政分权和公众参与为核心解释变量利用 Tobit 模型分析二者对环境治理效率的影响。田丹(2014)以地方政府人均环境财政支出作为投入指标,产出指标选择的是废物处理率与环境治理率,运用 DEA 方法对中国地级市 2008～2011 年共 4 年的环境财政支出效率进行测算,并对其影响因素进行采用受限 Tobit 模型分析。陈明(2015)利用1998～2010 年 31 省污染治理支出为投入变量,产出变量选择工业废水排放达标量、工业二氧化硫以及工业粉尘去除量,利用 DEA 方法分别计算对不同类别的环境污染物环境治理支出效率,然后利用随机效应 Tobit 回归模型分析了财政分权等对环境治理支出效率的影响。迟美青(2015)以节能财政支出作为投入变量,以能源强度、二氧化硫排放量、化石能源消耗比重、能源消费弹性为产出变量,利用 DEA - BCC 测算省级节能财税政策的实施效率,然后以测算的效率为被解释变量,研究财政分权、公众参与、经济发展水平等影响实施效率的因素。燕洪国(2015)以地方政府人均环保支出作为投入变量,以垃圾无害化处理率、污水日处理能力等作为产出指标,采用DEA - BCC 模型测算中国 30 个省份 2007－2013 年环保支出效率,结果显示各省差异较大,然后以财政自给能力、人均税收收入、人均专项收入等为解释变量利用受限 Tobit 模型进行回归分析。

关于税收优惠的环境治理效率,目前只有较少学者进行了分析。张玉(2014)以节能减排税收减免数据和税务人员数为投入变量,产出变量选择三废综合利用产品产值、一般工业固体废弃物综合利用量,运用 DEA - CCR 方法测算 2008～2010 年中国大陆 30 个省份税收优惠的环境治理效率,发现中国绝大多数省份税收优惠的环境治理效率都较低。燕洪国(2015)分别以总体税收优惠和企业所得税优惠为核心解释变量,用 2004 ~ 2013 年中国省级面板数据对以上税收优惠的环境治理效应进行实证检验,实证结果显示税收优惠对二氧化硫排放和固体废弃物产生具有显著的治理作用。

综上可知,较多学者从环境财政投入视角对环境治理的效率进行了分析,但是从环境税收优惠角度分析其环境治理效率的文献较少,把财政投入与税收结合起来研究其环境治理效率的更是鲜有涉及。鉴于上述分析,本小节采用 DEA 中产出导向的 BCC 模型,以环境污染治理投资和节能减排税收优惠为投入变量,对中国财政与税收政策的环境治理效率进行实证研究,分析其区域差异,以期为财税政策调整提供实证支持。

二、环境治理效率测算方法

1. 数据包络分析方法静态效率

数据包络分析方法(即 DEA)是一种对多投入与多产出决策单元的全要素生产率进行评价的典型方法,通过构建各省财税政策的投入与产出指标,可对各省财税政策的环境治理效率进行测算。DEA 方法的静态模型最常用的有两种,一是假设规模报酬不变的 CCR 模型,二是假设规模报酬可变的 BCC 模型,以上两种模型都是通过线性规划,构建最具有效率的生产前沿面(Frontier),然后对比其他决策单元与其相比的相对相率。在 CCR 模型基础上扩展即可得到 BCC 模型式,CCR 模型计算得出的效率可以进行分解,得出纯技术效率和规模效率。DEA 模型可分为两种类型:一是投入导向型,二是产出导向型,其中产出导向主要研究的是在一定投入基础上,怎样使产出增加。鉴于以上分析,本节重点研究在既定的财税投入下怎样提高环境治理的效率,因此本小节采用产出导向的 BCC 模型。BCC 模型为:

目标函数:　　　　　　　　　　　$\min(\theta)$　　　　　　　　　　(6 - 7)

约束条件:s. t. $\sum_{j=1}^{n} X_j \lambda_j + s^- = \theta X_0$; $\sum_{j=1}^{n} Y_j \lambda_j - s^+ = Y_0$, $\sum_{j=1}^{n} \lambda_j = 1$, (6 - 8)

其中,$\lambda_j \geq 0$,$j = 1, 2, \cdots n$,$s^- \geq 0$,$s^+ \geq 0$

上述公式中,X_0、Y_0 分别表示决策单元投入、产出指标,s^-、s^+ 分别表示投入、产出松弛变量,θ 为效率评价指数,取值范围介于 $0-1$ 之间,越接近于 1,表示效率值越高,当 $\theta=1$,并且 s^-、s^+ 同时为 0 时,相应的决策单元 DEA 有效;当 $\theta=1$,s^-、s^+ 至少有一个非零时,相对应的决策单元 DEA 是弱有效的。

2. 数据包络分析方法动态效率:Malmquist 指数

Malmquist 指数由 $F\ddot{a}re\ R(1994)$ 等人创建,是基于生产前沿距离函数测算生产率变化情况,该指数测度从时期 t 到 $t+1$ 生产率的变化,具体表示为:

$$M_{ac}=(x^{t+1},y^{t+1},x^t,y^t)=\sqrt{\frac{E^t(x^{t+1},y^{t+1})}{E^t(x^t,y^t)}\frac{E^{t+1}(x^{t+1},y^{t+1})}{E^{t+1}(x^t,y^t)}}$$

$$=\frac{E^{t+1}(x^{t+1},y^{t+1})}{E^t(x^t,y^t)}\sqrt{\frac{E^t(x^t,y^t)}{E^{t+1}(x^t,y^t)}\frac{E^t(x^{t+1},y^{t+1})}{E^{t+1}(x^{t+1},y^{t+1})}} \tag{6-9}$$

$$=EC(x^{t+1},y^{t+1},x^t,y^t)\times TC(x^{t+1},y^{t+1},x^t,y^t)$$

$(6-9)$ 式中,M_{ac} 表示 $Malmquist$ 指数,即从时期 t 到 $t+1$ 全要素生产率变化;$E^t(x^t,y^t)$、$E^{t+1}(x^{t+1},y^{t+1})$ 分别表示决策单元在 t、$t+1$ 时期的技术效率值,EC 表示两个时期的技术效率变化,测度从时期 t 到 $t+1$ 的追赶状况,TC 表示两个时期的技术变化,是测度从 t 到 $t+1$ 时期的前沿移动状况。效率变化与技术变化的乘积等于 $Malmquist$ 指数的数值。

$Malmquist$ 指数的优点在于:一是无需对利润最大化或成本最小化做出假设;二是从动态上考察决策单元"前沿移动效应"和"追赶效应"的有效性,弥补静态 CCR 和 BCC 模型存在的缺陷;三是不以投入产出价格变量作为必要的条件。

三、指标与数据来源

数据包络分析方法的关键在于确定投入与产出变量,本节选取的投入变量定义如下:

1. 环境污染治理投资:代表财政政策。

2. 节能减排税收优惠:代表税收政策,即各省因节能减排而享受的税收优惠金额,也是政府一种税式支出和投入。

本节选取的产出指标主要通过废物处理和环境治理两个方面来衡量。前者包括一般工业固体废弃物综合利用量、"三废"综合利用产品产值;后者包括工业废水排放达标量、工业二氧化硫以及工业烟粉尘去除量。具体的财税政策环境效率评价投入与产出指标见表6-16。

表6-16　环境治理效率评价指标

投入指标	产出指标	
	一级指标	二级指标
环境污染治理投资	废物处理	一般工业固体废弃物综合利用量
		"三废"综合利用产品产值
节能减排税收优惠	环境治理	工业废水排放达标量
		工业二氧化硫去除量
		工业烟尘去除量
		工业粉尘去除量

考虑数据可得性原则,本节选取2008～2010年共3年中国30个省(直辖市、自治区、不包括西藏和港澳台)①作为分析对象,节能减排税收优惠数据来源于国家税务总局,其它数据来源于2009～2011年的《中国环境统计年鉴》。

四、实证结果分析

基于上述公式(6-7)～(6-8),经Deap2.1软件运行,表6-17给出了中国30个省份财税政策2008～2010年环境治理综合效率。2008年有山西、吉林、福建、江西、广西、贵州、云南、甘肃等8个省(自治区、直辖市)财税政策综合效率总体有效,2009～2010年财税政策综合效率有效的省份均为11,占比36.57%。每年财税政策环境治理效率总体有效的仅有福建、广西、贵州和甘肃四个,占比13.33%。

图6-8显示,除了每年都有效的4个省份外,其他绝大部分省份的环境污染治理投资和税收优惠环境治理效率总体较低,但是大部分省份呈逐步上升的趋势,说明中国地方政府环境治理效率一度较低,但是随着政府对环境污染的重视,环境治理效率有所回升。少部分省(自治区、直辖市)环境治理效率表

---

① 2011年以后环境统计指标发生了变化,不再提供工业废水排放达标量、工业二氧化硫及工业烟、粉尘去除量,节能减排税收优惠数据只能获得2008-2010年。

现为下降的趋势,这不代表其环境治理效果差,只能说明环境污染治理投资和税收优惠刺激环境治理的作用不显著。

表6-17 2008~2010年中国地方政府环境治理综合效率

省(自治区、直辖市)	2008年	2009年	2010年
北 京	0.081	0.118	0.069
天 津	0.492	0.655	1.000
河 北	0.900	1.000	0.527
山 西	1.000	0.890	0.757
内蒙古	0.830	1.000	0.380
辽 宁	0.568	0.459	0.541
吉 林	1.000	0.694	0.715
黑龙江	0.552	0.576	0.464
上 海	0.234	0.243	0.285
江 苏	0.506	0.758	0.615
浙 江	0.351	1.000	1.000
安 徽	0.768	0.737	0.544
福 建	1.000	1.000	1.000
江 西	1.000	1.000	0.800
山 东	0.607	0.738	0.896
河 南	0.851	0.928	1.000
湖 北	0.665	0.822	0.804
湖 南	0.753	0.813	1.000
广 东	0.641	0.536	0.183
广 西	1.000	1.000	1.000
海 南	0.302	0.239	0.232
重 庆	0.592	0.420	0.477

续表

省(自治区、直辖市)	2008 年	2009 年	2010 年
四 川	0.671	1.000	1.000
贵 州	1.000	1.000	1.000
云 南	1.000	1.000	0.766
陕 西	0.789	0.826	0.859
甘 肃	1.000	1.000	1.000
青 海	0.761	1.000	1.000
宁 夏	0.510	0.901	1.000
新 疆	0.273	0.270	0.359
平均值	0.616	0.678	0.616

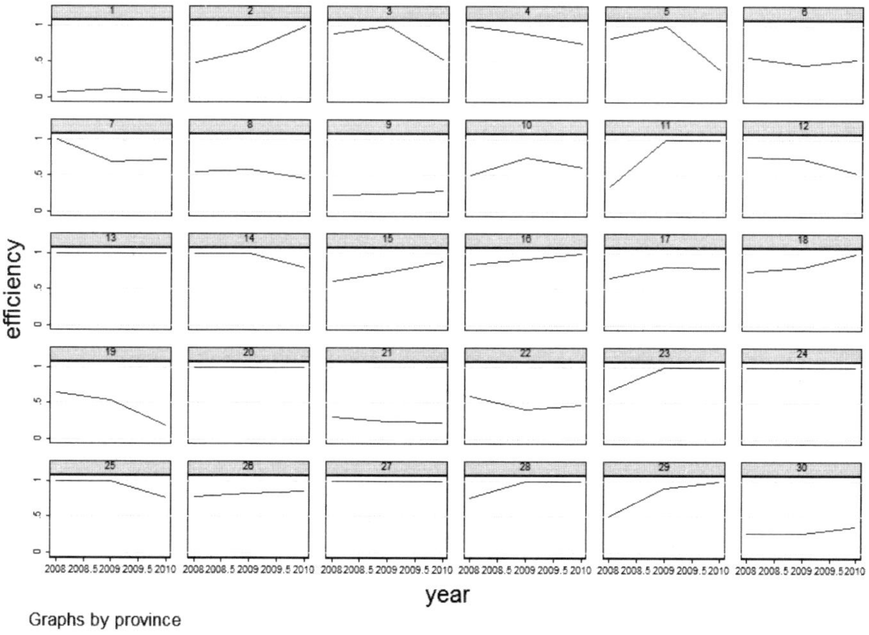
efficiency
year
Graphs by province

图 6-8 2008~2010 年中国地方政府环境治理综合效率①

---

① 图 6-8 在 Stata13.1 中生成,图中数字 1-30 依次代表:1 北京、2 天津、3 河北、4 山西、5 内蒙古、6 辽宁、7 吉林、8 黑龙江、9 上海、10 江苏、11 浙江、12 安徽、13 福建、14 江西、15 山东、16 河南、17 湖北、18 湖南、19 广东、20 广西、21 海南、22 重庆、23 四川、24 贵州、25 云南、26 陕西、27 甘肃、28 青海、29 宁夏、30 新疆。

从全国及分区域环境污染治理综合效率来看(见图 6－9)，中国环境污染治理投资和税收优惠环境治理效率具有区域差异性，环境治理效率较高的省份主要集中在中部地区，环境治理效率较低的省份主要分布在东部地区。从变化趋势看，西部地区表现为上升趋势，全国与东部、中部地区环境治理效率变化一致，先上升后下降，东部地区效率值低于全国平均水平，均小于0.55。与东部地区相反，中西部地区的环境治理效率高于全国平均水平，均在0.68以上。这可能是由于东部地区享受税收减免优惠较少，而污染排放增加，导致其效率低下。

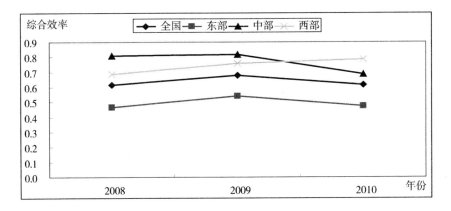

图6－9 2008－2010 年全国及东、中、西部地区的环境治理效率①

图 6－10 显示，从 2008～2010 年平均环境治理效率来看，综合效率、纯技术效率在东、中、西部三大区域间表现为中部地区最高，西部地区次之，东部地区最低，且三大区域之间差异较大。而规模效率则表现为西部地区＞中部地区＞东部地区。东部地区无论是规模效率还是纯技术效率都是最低值，这正好可以解释东部地区综合效率值低下的原因。

---

①　东部地区包括北京、天津、河北、辽宁、上海、江苏、浙江、福建、山东、广西、海南等 12省(自治区、直辖市)。中部地区包括山西、内蒙古、吉林、黑龙江、安徽、江西、河南、湖北、湖南等 9 省(自治区、直辖市)。西部地区包括重庆、四川、贵州、云南、陕西、甘肃、青海、宁夏、新疆等 9 省(自治区、直辖市)。

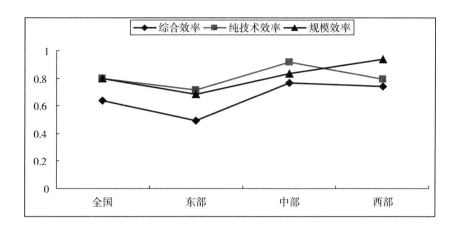

图 6 – 10　2008 – 2010 年全国及分区域平均环境治理效率变化图

图 6 – 11 ~ 6 – 14 显示,全国、东部和中部地区的综合效率和规模效率均表现为先升后降的趋势,其中,综合效率和规模效率的最大值出现在 2009 年。西部地区的综合效率和规模效率均表现为逐渐上升趋势。无论从全国还是东、中部地区来看,纯技术效率值也表现先缓慢上升后缓慢下降的趋势,但是各年差距不大。西部地区纯技术效率也表现为缓慢上升趋势。

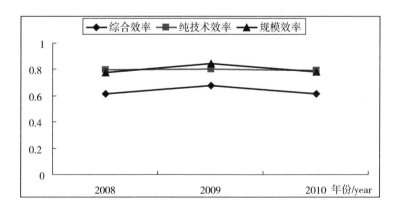

图 6 – 11　中国各省(自治区、直辖市)平均环境治理效率变化图

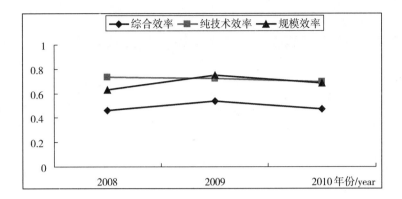

图 6 – 12 东部地区各省（自治区、直辖市）平均环境治理效率变化图

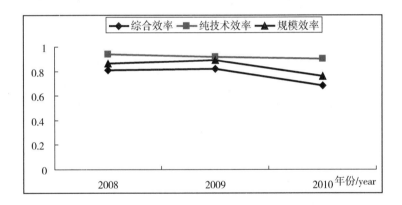

图 6 – 13 中部地区各省（自治区、直辖市）平均环境治理效率变化图

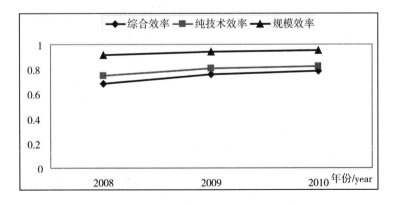

图 6 – 14 西部地区各省（自治区、直辖市）平均环境治理效率变化图

从各省平均综合效率值来看(见表6-18),各省差异比较大。综合效率最高的有福建省、广西壮族自治区、贵州省和甘肃省,连续3年有效,其平均效率值为1;综合效率平均值后五位的依次是广东(0.398)、新疆(0.298)、海南(0.256)、上海市(0.253)和北京市(0.087),其中北京市与福建等综合效率最高4省的差距有10倍以上。我们发现环境治理效率的高低与经济是否发达并不相关。原因在于经济发达地区更加注重高GDP增长率,不惜以环境污染为代价,但是近几年环境污染的状况已经逐步得到各地方政府的高度重视。特别需要指出的是山西省,平均效率值为0.877。虽然山西省是出名的环境污染大省,但是其财税政策的环境污染治理效率较高,说明山西省在工业二氧化硫、工业烟粉尘及工业固体废弃物的综合利用上取得了较好的治理效果。

从各省纯技术效率平均值来看,河北、江苏、浙江、福建、江西、山东、河南、广西、贵州、甘肃、青海各省平均技术效率值为1,上海和北京两市的纯技术效率值最低,分别文0.311、0.161,这也是上海市和北京市综合技术效率值低的原因。从各省规模效率均值来看,福建、广西、贵州、甘肃各省平均规模效率为1,海南省和广东省平均规模效率为0.462、0.433,这正是导致海南省和广东省综合效率平均值低下的原因。

表6-18　2008-2010年中国地方政府环境治理效率均值

省(自治区、直辖市)	综合效率均值	纯技术效率均值	规模效率均值
北　京	0.087	0.161	0.541
天　津	0.686	0.745	0.920
河　北	0.780	1.000	0.780
山　西	0.877	0.996	0.880
内蒙古	0.681	0.964	0.706
辽　宁	0.521	0.975	0.534
吉　林	0.792	0.867	0.913
黑龙江	0.528	0.659	0.802
上　海	0.253	0.311	0.814
江　苏	0.618	1.000	0.618

省（自治区、直辖市）	综合效率均值	纯技术效率均值	规模效率均值
浙 江	0.705	1.000	0.705
安 徽	0.675	0.931	0.725
福 建	1.000	1.000	1.000
江 西	0.928	1.000	0.928
山 东	0.738	1.000	0.738
河 南	0.924	1.000	0.924
湖 北	0.760	0.965	0.788
湖 南	0.849	0.944	0.899
广 东	0.398	0.918	0.433
广 西	1.000	1.000	1.000
海 南	0.256	0.554	0.462
重 庆	0.491	0.568	0.864
四 川	0.875	0.953	0.918
贵 州	1.000	1.000	1.000
云 南	0.915	0.972	0.941
陕 西	0.824	0.912	0.904
甘 肃	1.000	1.000	1.000
青 海	0.913	1.000	0.913
宁 夏	0.772	0.781	0.988
新 疆	0.298	0.327	0.914
平均值	0.636	0.796	0.799

表6-19报告的是中国2008~2010年财税政策环境治理效率曼奎斯特（Malmquist）指数，还得出了财税政策环境治理的技术效率变化、技术进步变化、纯技术效率变化、全要素生产率变化、规模效率变化等值。其中，全要素生产率主要反映财税政策的环境污染治理效率；技术进步主要反映环境相关技术改进与革新的程度；纯技术效率反映技术无效率在多种程度上是由纯粹的技术原因引起；规模效率反映各省环境污染治理投资和节能减排税收优惠是

否处于最佳状态。以上各指数存在以下关系:技术进步变化×纯技术效率变化×规模效率变化=全要素生产率变化。由表6-19看出,2009~2010年环境污染治理投资和节能减排税收优惠的全要素生产率增长较快(0.957),主要原因是2009~2010年技术进步变化较快(1.052)。

表6-19　2008~2010年中国年均环境污染治理效率的 *Malmquist* 指数

年份	技术效率变化	技术进步变化	纯技术效率变化	规模效率变化	全要素生产率变化
2008~2009	1.099	0.817	1.007	1.091	0.898
2009~2010	0.909	1.052	0.985	0.923	0.957
平均值	1.000	0.927	0.996	1.003	0.927

从表6-20可以看出,Malmquist指数均值增长排前三位的分别是宁夏、天津和浙江,其值分别为1.884、1.627和1.337。而Malmquist指数均值增长排后三位的分别是江西、吉林和广东,其值分别是0.688、0.550和0.436。Malmquist指数均值增长排在第三位的浙江指数值波动较为剧烈,2008~2009年财税政策Malmquist指数增长率为2.311,2009~2010年指数增长率低至0.773。由此可见,环境治理效率的改善不是一蹴而就的事情,应尽量保持政策的稳定和有效,在保持每年投入一定量的环境财政资金时,还要提高环境投资的环境治理效率才能有效提升环境质量。

表6-20　2008~2010年各省财税政策的环境治理效率 *Malmquist* 指数

省(自治区、直辖市)	2008~2009	2009~2010	平均值
北　京	1.239	0.462	0.757
天　津	1.025	2.584	1.627
河　北	1.093	0.697	0.873
山　西	0.881	1.333	1.084
内蒙古	0.926	0.675	0.791
辽　宁	0.756	0.958	0.851
吉　林	0.379	0.798	0.550

省(自治区、直辖市)	2008~2009	2009~2010	平均值
黑龙江	0.836	1.173	0.990
上　海	0.942	1.162	1.046
江　苏	1.009	0.896	0.951
浙　江	2.311	0.773	1.337
安　徽	0.906	0.937	0.921
福　建	0.96	0.775	0.863
江　西	0.751	0.63	0.688
山　东	0.928	1.514	1.185
河　南	0.957	0.928	0.942
湖　北	0.892	1.132	1.005
湖　南	0.81	1.594	1.136
广　东	0.648	0.294	0.436
广　西	0.783	0.89	0.835
海　南	0.611	0.782	0.691
重　庆	0.569	1.057	0.776
四　川	1.322	1.002	1.151
贵　州	1.08	1.258	1.166
云　南	0.637	0.86	0.740
陕　西	0.944	0.927	0.935
甘　肃	0.75	1.101	0.909
青　海	1.145	0.531	0.780
宁　夏	1.456	2.438	1.884
新　疆	0.84	1.368	1.072
平均值	0.857	0.981	0.917

第四节　本章小结

本章首先通过 PVAR 模型估计并分析环境污染治理投资、排污收费、经济发展水平以及环境质量四变量的互动关系,发现环境污染治理投资和排污收费影响环境质量的途径为:环境污染治理投资与排污收费的增加——经济发展水平上升——工业废水排放强度下降。工业固废排放强度与环境污染治理投资和排污费之间的互动关系与工业废水、工业二氧化硫和环境污染治理投资和排污收费之间的互动关系存在一定差异。方程分解结果表明环境污染治理投资对工业"三废"排放强度的贡献程度依次为 0.6%、46.6%、11.7%。排污收费对工业"三废"排放强度的贡献程度依次为 15.5%、70.9%、8.3%。经济发展水平对工业废水、工业二氧化硫、工业固体废弃物贡献程度依次为 2.5%、7.1%、0.5%。格兰杰因果检验表明 pwf 不是 fs 的格兰杰、$wrtz$ 不是 so_2 的格兰杰、pwf 不是 so_2 的格兰杰接受了原假设。其他因果关系的检验均拒绝了原假设,表明环境污染治理投资与排污收费影响经济发展间接影响环境质量的内在机制成立。

其次通过建立空间杜宾模型考察中国财税政策对环境治理的空间溢出效应,"全局莫兰指数 I"表明,中国工业二氧化硫排放强度、环境保护财政支出及排污收费的空间分布格局均没有表现出随机分布特征,而是具有空间集聚性,且排污费的空间集聚性有逐步增大的趋势。空间杜宾模型结果显示,工业二氧化硫排放强度具有空间外溢性,本地区工业二氧化硫排放强度上升会使得周边地区工业二氧化硫排放强度上升。环保财政支出对工业二氧化硫的治理具有空间溢出效应,本地区环保财政支出的增加将有助于减少临近地区工业二氧化硫排放强度,即环境保护财政支出具有"利他"性。空间溢出效应从系数值上看,环保财政支出每提高 1%,周边地区环境污染物排放强度平均降低 0.156%,环保财政支出对本地区和周边地区影响总体效应为 0.227,即环保财政支出每提高 1%,所有地区环境污染物排放平均降低 0.227%。排污收费无论是对本地区还是周边地区的影响均不显著。

　　然后通过 DEA—BCC 模型对中国 30 个省(自治区、直辖市)2008~2010
年环境污染治理投资与节能减排税收优惠的环境治理效率进行了测算。从效
率值上看,有 4 个省(自治区、直辖市)环境治理综合效率连续 3 年有效,占比
13.33%。除了每年都有效的 4 个省份外,其他绝大部分省份的环境污染治理
投资和税收优惠环境治理效率总体较低,但是大部分省份的表现呈逐步上升
的趋势。中国环境污染治理投资和税收优惠环境治理效率具有区域差异性,
环境治理效率较高的省份主要集中在中部地区,效率较低的省份主要分布在
东部地区。从变化趋势看,西部地区表现为上升趋势,全国与东部、中部地区
的环境治理效率变化情况一致,均表现为先上升后下降,但是东部地区效率值
低于全国平均水平,而中、西部地区的环境治理效率高于全国平均水平。从
2008-2010 年三年平均环境治理效率来看,综合效率值、纯技术效率值在东、
中、西部表现为中部地区>西部地区>东部地区。规模效率则表现为西部地
区>中部地区>东部地区。全国、东部和中部地区的综合效率和规模效率均
表现为先升后降的趋势,西部地区的综合效率和规模效率均表现为逐渐上升
趋势。无论从全国还是东、中部地区来看,纯技术效率值也表现先缓慢上升后
缓慢下降的趋势,但是各年差距不大。西部地区纯技术效率也表现为缓慢上
升趋势。*Malmquist* 指数均值增长排前三位的分别是宁夏、天津和浙江,其值分
别为 1.884、1.627 和 1.337。而 *Malmquist* 指数均值增长排后三位的分别是江
西、吉林和广东,其值分别是 0.688、0.550 和 0.436。

第七章

发达国家环境治理的财税政策经验借鉴与启示

前文在理论分析基础上,第四、五、六章分别采用多种计量方法对中国财税政策的环境治理总效应、门槛效应、长期影响、空间溢出效应及效率进行了实证检验,发现中国财政政策的环境治理效应比较明显,然而中国环境相关税收政策的环境治理效应却并不显著,可见中国现行财政体制在发挥环境治理作用方面还不尽如人意。

美国、德国、荷兰、日本等发达国家在世界环境治理方面堪称典范,他们完成城镇化与工业化进程的时间较早,综合环境质量已经实现了关键性的改善。发达国家工业化进程的经历表现为"先污染后治理",他们当今高效的环境保护财政体制是前几代人利用环境风险换来的。发达国家具有稳定的环保资金来源,已开征环境保护税多年,有丰富的实践经验。中国在环境承载能力已经达到或接近极限的条件下,如何积极转变经济发展方式,构建环境保护财政体制,实现"人与自然和谐共生"的目标? 这需要我们系统分析和比较并充分借鉴发达国家环境治理财税政策实践成功的经验,为改革与优化环境财政体制提供参考。

第一节 美国环境治理的财税政策

一、美国环境治理的财政政策

1. 美国环境治理财政预算规模

美国环境保护署(EPA)的财政预算规模呈现上升趋势,从 1993 年至 2009

年,稳定在70亿美元左右,里根时代相对缩减,布什和克林顿时代增加,奥巴马时代达到顶峰。自20世纪80年代末~2017年以来,美国环境保护署的财政预算规模详见表7-1。

表7-1 1988~2017年美国EPA环境保护预算规模

单位:十亿美元

年份	金额	年份	金额
1988	2.7	2003	7.7
1989	4.8	2004	7.6
1990	4.9	2005	7.8
1991	5.6	2006	7.6
1992	6.2	2007	7.3
1993	7.0	2008	7.2
1994	6.4	2009	7.1
1995	7.2	2010	10.5
1996	7.4	2011	10.0
1997	7.0	2012	9.0
1998	7.6	2013	8.3
1999	7.8	2014	8.2
2000	7.2	2015	7.9
2001	7.3	2016	8.6
2002	7.3	2017	8.3

数据来源:美国环保署(EPA)网站

2. 美国环境治理财政支出结构

由于历史原因,19世纪末美国开始拓展殖民地运动,耗费大量资源,20世纪初美国出现能源供应危机。1903年美国发起了一场自下而上的环保运动,开启了联邦政府保护自然资源的先河,该时期美国财政资金运用的重点是自然资源恢复。20 世纪 30 年代,美国处于经济危机,此时积极财政政策占据主导地位,美国总统罗斯福成立民间环保组织,财政支出重点是解决经济困境。20 世纪七八十年代,美国联邦政府财政支出重点是环境基础设施建设,在污水处理方面,财政投资达到年均 50 亿美元。20 世纪 90 年代以后,美国环境保护财政支出重点是专项治理与环境保护技术的研发①。表 7 - 2 是 1997 ~ 2017 年美国环保署财政预算支出的构成情况。

表 7 - 2 美国 1997 ~ 2017 年 EPA 环境财政预算支出构成

单位:十亿美元

年份	运行费用（Operating Budget）	信托基金（Trust Funds）	基础设施融资（Infrastructure Financing）	分类补助款（Categorical Grants）	合计
1997	3.4	1.5	2.2	–	7.0
1998	3.4	2.2	2.1	–	7.6
1999	3.6	2.2	2.0	–	7.8
2000	3.6	1.6	2.0	–	7.2
2001	3.9	1.5	1.8	–	7.3
2002	2.2	1.3	3.8	–	7.3
2003	4.1	1.4	2.3	–	7.7
2004	4.2	1.5	1.9	–	7.6
2005	4.3	1.5	2.0	–	7.8
2006	4.4	1.4	1.8	–	7.6
2007	4.3	1.3	1.7	–	7.3
2008	4.2	1.3	1.7	–	7.2
2009	4.3	1.3	1.6	–	7.1
2010	3.9	1.4	4.1	1.1	10.5
2011	3.8	1.4	3.5	1.3	10.0
2012	3.8	1.3	2.7	1.2	9.0

① 廖红等. 美国环境管理的历史与发展[M]. 北京:中国环境科学出版社,2006.

年份	运行费用（Operating Budget）	信托基金（Trust Funds）	基础设施融资（Infrastructure Financing）	分类补助款（Categorical Grants）	合计
2013	3.7	1.3	2.2	1.2	8.3
2014	3.5	1.2	2.5	1.1	8.2
2015	3.6	1.3	1.9	1.1	7.9
2016	3.7	1.2	2.4	1.2	8.6
2017	3.8	1.2	2.1	1.2	8.3

数据来源:根据美国环保署(EPA)网站各年财政预算表整理而来

美国环境署财政预算资金主要由运行费用、信托基金、基础设施融资及分类补助款等构成。其中,运行费用主要用于空气项目、有害废弃物项目、农药项目、多介质项目、有毒物质项目、管理支持项目和石油泄漏项目等。信托基金是指美国的"超级基金项目",美国该项目始于1980年国会通过的《综合环境反应、赔偿与责任法》(CERCLA),主要是对美国的废弃物处理场所集中治理,特别关注对危险物品泄漏做出应急反应。超级基金支出在美国环保署预算中比例维持在20%左右,是环境保护中的重要支出。而基础设施融资在美国环保署预算中的比例更高,维持在25%左右,个别年代甚至超过30%,重点关注空气和水质相关的环境保护项目。

二、美国环境治理的税费政策

美国已开征的独立型环境税主要有以下几种:

货物消费税。货物消费税主要指对环境税规定范围内的货物征收,涉及原材料、成品、半成品与部分消费品。该税种设立初衷是为调节经济行为,鼓励转变消费方式,减少使用或消费对环境造成损害的货物,环境保护目的性很强。征收对象主要涉及石油、特殊化学品、特殊进口物资以及对臭氧造成损害的化学品,货物税执行定额税率。

开采税。美国联邦未执行统一的资源开采税制,各州政府自主确定税率。当前美国有30个州征收开采税,开采税收入占各州总收入的1%～2%,税率较高,如阿肯色州对煤、燃气、钻石等自然资源的开采税率为开采时市场价的5%,怀俄明州对地表煤、天然碱、铀等资源开采税率为产出的 3.75% ~7%①。

汽油使用税。美国汽车使用税征收分为三个环节:即购买环节、持有环节与使用环节。美国联邦政府对卡车与高耗油汽车征收消费税与年汽车使用税。卡车消费税税率为12%。高耗油汽车消费税针对未达最低燃烧指标的无效燃料。购买与持有环节税收额占比汽车使用税的比例较低,使用环节占比较高。汽油税由联邦和州政府分别征收,联邦和州政府税率不同,税负不断增加,采取从量定额征收。目前美国联邦政府汽车使用税率标准为18.4 美分/加仑,州和地方政府税率不一,但是总体偏高。

固体废弃物处理税(费)。美国37 个州中约有3400 个地方社区对家庭征收垃圾税。关于固体废弃物的处理,美国采取了多种经济手段。有的州采取收费的方式,标准为每30 加仑废弃物包装袋征收 1 ~1.5 美元,每个家庭要求使用标准尺寸袋子装盛废弃物。对可回收利用的废弃物免收或少收费,例如报纸、铝容器、玻璃瓶等。另外,美国有9 个州实行押金返还法案,即购买饮料时预先支付押金,退回空瓶时再返还押金,这种方式也极大地起到了保护资源、节约资源的作用。

燃料税。美国联邦政府和州政府同时对汽油、柴油等课征燃料税。20 世纪30 ~40 年代,美国燃料税收入占联邦政府收入的25% 以上,是重要的税种,该税种的征收,限制了石油的使用,减少汽车尾气排放,达到改善生态环境的目的。为平衡法律与政治分歧,截至1998 年,美国22 个州宪法有这一条款:燃油税收入必须用于交通基金,不可挪作他用。

图 7 - 1 显示,1994 ~2014 年,美国环境税收入占 GDP 比重处于 0.7% ~1.1% 之间,从趋势上看,呈现逐年下降趋势。美国环境税收入占总税收的2% ~4%。从环境税收的构成看,能源税占比在60% ~70% 之间,道路运输税占比在30% 左右,二者构成了美国环境税收入的主要来源。美国能源税主要体现于消费税之中,包括零售能源消费税、环境领域消费税、生产领域能源消费

① 燕洪国. 两型社会视角下我国环境税体系重构研究[M]. 经济科学出版社,2015:171 - 172.

税。从比例构成来看,生产领域能源消费税占比最高,平均占50%。环境领域与零售领域能源税占比较低,但是随着时间的推移,环境领域征收的能源税所占比重呈现出递增的趋势①。

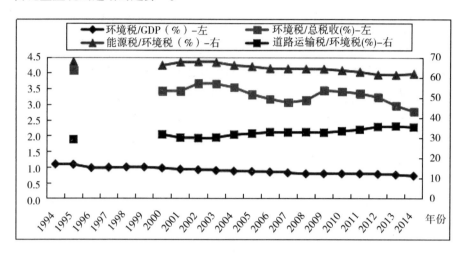

图7-1 1994-2014年美国环境税费收入占比情况

资料来源:OECD数据库

第二节 欧盟环境治理的财税政策

一、欧盟环境治理的财政政策

从绝对指标上看,欧盟各国不断加大环境保护财政支出,图7-2显示,1995~2013年,欧盟各国环境保护财政支出逐年增加,其中德国环境保护财政支出规模在10276.19~20001.33百万美元,是欧盟各国中财政支出规模最大的国家。荷兰环保财政支出规模稳定在6396.242百万美元以上,1997年为13868.14百万美元,在欧盟国家中处于第二位。法国环境保护财政支出规模在5100百万美元以上,2012年达到92766.616百万美元,在欧盟国家中处于第

———————

① http://www.taxpolicycenter.org/taxfacts/根据美国税收中心数据测算.

三位。居于第四位的是西班牙,其环保财政支出规模介于 2051.191 ~ 4896.618 百万美元。居于后三位的分别是爱沙尼亚、斯洛伐克和斯洛文尼亚,其中,爱沙尼亚环保支出规模不足 82 百万美元,斯洛伐克的环境保护财政支出规模在 100 百万美元左右,斯洛文尼亚的环境保护财政支出规模在 100 ~ 150 百万美元之间。

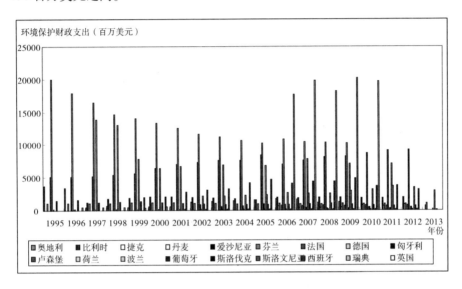

图 7 - 2   1995 ~ 2013 年欧盟部分国家环境保护财政支出规模

资料来源:OECD 数据库

从相对指标上看,2011 ~ 2014 年间,德国中央政府环境保护支出占总支出的比重超过 1%(见表 7 - 3)。法国中央政府环境保护财政支出占总支出的比重介于 0.54% - 0.56%。荷兰这一比重在 2011 ~ 2012 年达到 0.62%,但是 2013 年下降到 0.39%。西班牙的这一比重 2011 年为 0.44%,2012 ~ 2014 年分别为 0.26%、0.25%、0.27%。

表 7 - 3   欧盟部分成员国中央政府环境保护财政支出占总支出的比重   单位:%

国家＼年份	2011	2012	2013	2014
德国	1.13	1.03	1.12	1.24
法国	0.55	0.54	0.54	0.56

续表

年份 国家	2011	2012	2013	2014
荷兰	0.62	0.62	0.39	—
西班牙	0.44	0.26	0.25	0.27

资料来源:OECD 数据库

二、欧盟环境治理的税费政策

环境税费政策在欧盟国家经历了不同发展阶段。20 世纪 70 ~ 80 年代初期,主要以补偿成本向排污者征收污染税。20 世纪 90 年代以后,可持续发展得到世界各国的公认。欧盟国家纷纷推行绿色税收政策,环境税获得较快发展。图 7 - 3 显示,1995 ~ 2014 年间,欧盟国家环境税费收入占 GDP 平均比例处于 2% ~ 3% 之间。

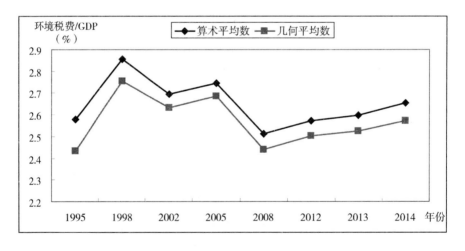

图 7 - 3　欧盟各国环境税费收入占 GDP 比例的平均数

资料来源:欧洲环保署(EEA)数据库

图 7 - 4 显示,荷兰、克罗地亚、斯洛文尼亚环境税费收入占 GDP 比例在 3% ~ 4% 之间,丹麦环境税费收入占 GDP 比例在 4% ~ 5% 之间,为欧盟成员国最高值。

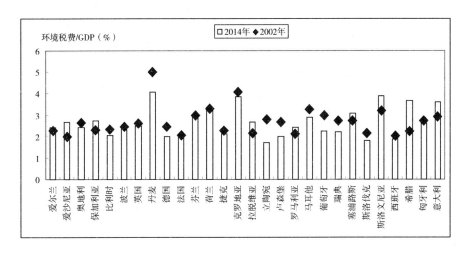

图7-4 2002年和2014年欧盟各国环境税费占GDP比例

资料来源:欧洲环保署(EEA)数据库

欧盟成员国环境税费收入主要来源于能源税、交通运输以及资源开采等(见图7-5),其中能源税占比最高,欧盟能源产品为税基而产生的收入占绿色税收比重达到80%以上,其次是交通运输税,资源与污染税占比较低。各国课税对象、范围以及力度不同,表7-4展示了所有欧盟成员国的部分环境税征收情况。数据显示,欧盟能源税征收有奥地利、比利时在内的16个国家征收了二氧化碳排放税,占比57.14%。交通运输税方面,有包括保加利亚、捷克在内的8个国家征收机动车进口或销售税,占比28.57%;有包括奥地利、塞浦路斯等在内的13个国家征收道路使用税,占比46.43%;有24个国家征收拥堵费,占比85.71%。污染物方面,征收空气污染和废水排放的国家分别有16个、10个,所占比重分别达到57.14%、35.71%。有9个国家征收水资源税,占比32.14%;8个国家征收提取原材料税(如矿产、石油和天然气),占比为28.57%。

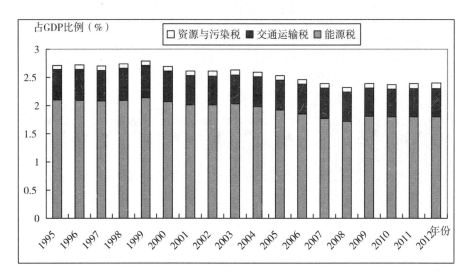

图7-5　欧盟国家各类税基平均收入占 GDP 的比例

资料来源：欧洲环保署（EEA）数据库

表7-4　欧盟成员国环境税（部分）征收情况表

	奥地利	比利时	保加利亚	克罗地亚	塞浦路斯	捷克	丹麦	爱沙尼亚	芬兰	法国	德国	希腊	匈牙利	爱尔兰	意大利	拉脱维亚	立陶宛	卢森堡	马耳他	荷兰	波兰	葡萄牙	罗马尼亚	斯洛伐克	斯洛文尼亚	西班牙	瑞典	英国
能源税（包括运输燃料）																												
碳税			×			×	×	×	×				×	×						×	×						×	×
交通运输税（不包括运输燃料）																												
机动车进口或出售	×	×	×	×		×	×		×	×			×	×	×					×	×	×	×	×	×	×		
道路使用（基于距离）	×		×	×		×					×	×	×	×							×	×	×	×				
拥堵收费														×	×												×	×

212

续表

	奥地利	比利时	保加利亚	克罗地亚	塞浦路斯	捷克	丹麦	爱沙尼亚	芬兰	法国	德国	希腊	匈牙利	爱尔兰	意大利	拉脱维亚	立陶宛	卢森堡	马耳他	荷兰	波兰	葡萄牙	罗马尼亚	斯洛伐克	斯洛文尼亚	西班牙	瑞典	英国
污染税																												
空气污染			×			×	×	×		×				×			×				×			×	×		×	
废水排放		×				×		×	×	×				×												×		
资源税																												
取水		×	×	×		×	×	×		×				×							×				×		×	
提取原材料（如矿产、石油和天然气）	×	×	×	×		×		×		×			×				×			×					×		×	×

资料来源：根据欧盟环境署网站 2016 年资料整理。

　　表 7 - 5 展示的是部分欧盟成员国与能源相关的环境税征收具体情况，可以看出，虽然各国能源环境相关税种类繁多，且税种差异较大，但是大多数国家都对燃油和其他能源产品征税，而且能源税是各国环境税的主体。大部分国家都引进了二氧化碳排放税，并且根据国情国力不同，税率差别较大，如瑞典的二氧化碳税率实行高税率，达到 120 欧元/吨，而法国等则实行低税率，2016 年征收标准仅为 22 欧元/ 吨。

表 7 - 5　部分欧盟国家能源环境税征收具体情况

国家	能源环境税征收情况
芬兰	1990 年 1 月，欧洲第一个引进碳税的国家。差别化税率：运输 70 欧元/吨，取暖 54 欧元/吨，2011 年有所改变，用于取暖的增幅加大。
瑞典	1991 年瑞典通过减少消费税的方式开征碳税，税率逐步增加，初始税率为 25 欧元/吨，目前是世界上最高的，标准为 120 欧元/吨。

国家	能源环境税征收情况
丹麦	1992 年丹麦对包括电力在内的所有矿物燃料征收碳税,逐步形成包括二氧化硫税、二氧化碳税、能源税;化石燃料税;能源增值税等。
挪威	挪威针对不同能源产品和目的实施差别二氧化碳税率,具体标准从 38 欧元至 61 欧元/吨不等。
斯洛文尼亚	斯洛文尼亚 1997 年实施碳税,税率为 17 欧元/吨,只针对化石燃料,液化石油气和天然气免征。
瑞士	瑞士 2008 年开始征收二氧化碳排放税,初始税率为 12 欧元/吨,2016 年 1 月上升至 76 欧元,如果预定减排目标无法实现,可能会在 2018 年税率增至 109 欧元/吨。
爱尔兰	爱尔兰引进的碳税涵盖了所有能源产品和使用者。2009 年 12 月中旬开始对运输燃料征收碳税,开始只针对石油和天然气。2013 年 5 月对固体燃料如煤炭征收碳税,税率从 15 欧元/吨增加至目前的 20 欧元/吨。
法国	法国能源税为其环境税第一大税种,占环境税总收入的 68% 以上。法国 2014 年 4 月引进碳排放税,对煤炭、重油和天然气征税,初始税率为 7 欧元每吨,2015 年上升至 14.5 欧元,2016 年进一步上升至 22 欧元。2020、2030 年可能会分别增加至 56 欧元/吨、100 欧元/吨。
英国	英国从 2001 年对工商业、公共部门使用电力、天然气、液化石油气、固体燃料等征收气候变化税。目前拥有广泛且复杂的三种工具实现碳减排方案:一是气候变化税(CCL);二是能源效率计划(CCR);三是碳公积金(CPF)。
意大利	意大利从 1999 年开始征收二氧化硫环境税,并对所有的能源产品征收碳税。

资料来源:根据欧盟环境署网站资料整理。

截至目前,欧盟国家已开征的独立性环境税种主要有以下几种:

一是在资源开采与消费方面,德国早在 1879 年已对石油征税,并在税制改革中形成了《能源税法》,征税对象是石油、煤炭等能源产品,不同产品税率不同,划分非常细致。法国的矿物油税,税目有柴油、燃料油和汽油,石油种类不同税率不等。瑞典的能源税主要针对煤、石油、天然气等自然资源,根据能源种类及用途不同实行差别税率。荷兰于 1997 年开征环境税,涉及燃料税、能源税等税种,荷兰环境税占税收总额的3%左右。

二是对机动车与航空消费方面,法国对机动车辆征税车辆税,根据车辆种类(柴油车和汽油车)及车辆首次登记时间不同税率不同。法国民航税针对乘坐飞机或使用飞机运输货物的行为,根据航程或乘坐地点不同具体税率不同。德国民航税于2011年开征,根据航程不同对长途、中程、短途航班实行差别税率,里程越长税率越高。瑞典于1992年征收车辆税,税率介于89 – 538欧元之间,2001年废除汽车销售环节的车辆税,1998年加入欧盟后开始对机动车辆征税道路使用费。

三是在垃圾处理及污染物排放方面,法国针对单位和家庭排放的废物垃圾征收垃圾税,对于单位垃圾,按照每焚烧1吨垃圾4.575欧元的标准征收,对于家庭,计征税率由地方政府确定。德国的垃圾税是由收费的形式征收,分为居民垃圾和厂商垃圾。德国大部分地区按照家庭人口数征收垃圾税,并对垃圾处理技术有明确而详细的规定。德国最早征收废水税,于1994年颁布了《废水纳税法》,1998年对该法进行修订,对纳税范围、纳税人、纳税评估基础、税率等做出了详细的规定。法国对家庭和单位排放污水征收水污染税,对于单位用水与家庭用水,实行差别税率。瑞典针对地下水开采征收水资源税,对消费者自用水和单位抽取地下水实行差别税率,具体而言,消费者用水实行低税率,单位抽取地下水实行高税率。

第三节　日本环境治理的财税政策

一、日本环境治理的财政政策

1990年,日本政府的环境保护财政支出为13403亿日元,1999年增加到30213亿日元,增加了1.25倍。1995年以后,环保投资占会计支出比重为1.6%以上,1990年该比重仅为1.1%。各地方政府环保投资1990年为37218亿日元,1996年为61751亿日元,增长65.9%,环保支出占地方财政的比重从

4.5%增加到5.9%①。

如表7-6所示,日本中央政府财政支出由一般公共服务、国防、公共秩序与安全、经济事务、环境保护、房屋与社区设施、健康、娱乐文化与宗教、教育和社会保障等十项支出构成,其中环境保护支出在2012~2014年占整个财政支出的比重分别为0.84%、1.18%、1.04%,由此可见,日本保护资金主要由地方财政负担,中央政府所占的比重较低。

日本从1994年开始实施政府绿色采购计划,2000年制定《绿色采购法》,2001年4月正式执行。《绿色采购法》规定国家机关和地方政府优先采购的义务是优先采购环境友好型产品,2003年政府办公用纸、文具类等绿色采购占总采购的比重超过95%,2004年政府所有普通公车全部改装为低公害车。实行环保标识制度完善绿色采购信息网络,规定绿色采购商品总量及标准,2001年日本绿色采购商品品种为101种,2005年增加到201种,确立与公共事业相关的绿色采购商品55个,国家机关每年定期公布年度绿色采购执行情况,起到了良好的示范带头作用。统计数据显示,日本各级政府采购绿色产品的比重2001年为44.4%,2011年上升到96.2%,同时由于政府绿色采购制度的实施使得相关产品市场占有率明显提升②。

表7-6   日本中央政府各项财政支出所占比重   单位:%

类别	2012	2013	2014
一般公共服务	36.67	34.99	35.64
国防	4.88	4.79	5.11
公共秩序与安全	1.50	1.54	1.53
经济事务	12.86	12.90	12.06
环境保护	0.84	1.18	1.04
房屋与社区设施	2.36	8.28	3.31
健康	9.30	9.29	9.64

---

① 李钟. 日本环境国防保护政策与经济措施[J]. 全球科技经济瞭望, 2007,22(2):49 -53.

② 崔成. 牛建国:日本绿色消费与绿色采购促进政策. 中国能源,2012(6):22-25.

类别	2012	2013	2014
娱乐、文化与宗教	0.16	0.14	0.16
教育	5.22	5.49	5.23
社会保障	26.60	26.39	26.29

资料来源：OECD 数据库

二、日本环境治理的税费政策

日本环境税征收相对较晚，于 1990 年开始征收。以前日本环境税政策主要在能源征税和对污染物排放收费中体现。随着日本经济的高速发展，不断加强对环境的保护力度，目前已经形成汽油税、地方道路税、轻油交易税、石油税及飞机燃料税等一系列环境税种。详细情况表表 7－7。

日本从 2012 年 10 月 1 日开始，向天然气与石油等化石燃料开征"地球温暖化对策税"，即环境保护税，其目的是对可再生能源普及和环保产品的补助。计征初始标准为每千升石油 250 日元（约 3.2 美元），每吨天然气 260 日元（约 3.3 美元），每吨煤炭 220 日元（约 2.8 美元）。之后，计税标准逐年增加，到 2016 年，每年环境税征收达 2623 亿元（约 33.7 亿美元），由此每个家庭每年将增加 1228 日元（约 15.8 美元）。①

图 7－6 显示，1994～2014 年，日本环境税收入占 GDP 比例处于 1%～2% 之间，从增长趋势上看，呈逐年缓慢下降趋势。环境税占总税收的比重介于 5%～7% 之间，也表现为下降趋势。从日本环境税构成来看，能源税占环境税的比重为 60% 左右，且逐年增加，道路与运输税占环境税的比重为 30% 左右，二者共同构成日本环境税收的主要来源。

---

① 北极星环保网，2016 年 12 月 27 日。

表7－7 日本环境相关税收政策

类型	课税对象	应缴税种	税率
燃料	无铅汽油	汽油税 地方道路税	48.6 日元/L 5.2 日元/L
	柴油	轻油交易税	32.1 日元/L
	煤气	煤气税	17.5 日元/kg
	天然气	石油税	0.72 日元/kg
	原油	石油税	2.04 日元/L
	进口石油	石油税	0.67 日元/L
	飞机燃料	飞机燃料税	26 日元/L
汽车	汽车(汽油或柴油)	汽车交易税	5%(3%)
	汽车交易税	电、天然气汽车	2.3%(0.3%)
	卡车和巴士	汽车交易税 汽车重量税 汽车说	2.3%(0.3%) 根据吨位征收 按最高载重量和准乘人数

资料来源:燕洪国.两型社会视角下我国环境税体系重构研究[M].经济科学出版社,2015:174－181.

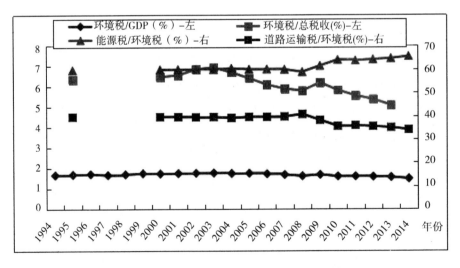

图7－6 1994－2014年日本环境税收入占比情况

资料来源:OECD数据库

第四节　发达国家环境治理的财税政策对中国的启示

纵观发达国家环境财税政策体系,在许多方面值得中国学习与借鉴,发达国家健全的环境税费制度为环境保护资金提供了稳定的来源,科学的环境预算体系与资金管理方式保证了资金的专款专用,发达国家在环境保护方面取得了骄人的成绩,对我们有如下启示:

一是财政投入是改善环境质量的重要举措。纵观发达国家的环境财政支出,各国都投入大量的人力、物力、财力用于环境保护,虽然环境质量已经得到改善,虽然宏观经济发生过波动,但是环境保护财政支出仍然占财政总支出和GDP 的较大比例,这一事实从未改变,而中国环境财政支出却在相当长一段时期内没有得到足够重视,环境保护资金游离于中央与地方政府的财政支出预、决算表之外,直到 2007 年才得以正式列入,节能环保支出作为独立支出类别至今走过了十个年头,但是节能环保支出增长缓慢,结构单一。针对中国环境承载能力已经达到或接近上限的事实和公众对环境问题的呼声日益高涨,提高环境保护财政支出是历史必然趋势。中国环境保护资金投入分散、监管不足,而美国等发达国家的环境保护资金使用多以项目形式进行,这种形式具有无可比拟的优势,国家可以保证财政资金使用有的放矢,避免挪作他用,又可以对项目实施情况进行监管与绩效考评。

二是环境税覆盖能源开采、资源使用、污染物排放等各个环节。纵观各国环境税实践来看,发达国家经历了从零散、个别环境税开征到税收绿色化的发展过程。环境税涉及范围从资源开采到使用再到环境污染物排放全部环节,征收对象涵盖了能源开采、资源使用与消费、废水、废气、固体废弃物、噪声等,对大气、水资源、生活环境等均实行全方位保护,已经构成完整的环境税收体系。相比发达国家,虽然中国在能源开采环节征收资源税,在资源使用与消费环节计征消费税、车辆购置税和车船税,但在 2018 年以前,大气污染物、水污染物、固体废弃物污染物和噪声污染物以排污费征收;2018 年 1 月 1 日起排污费才改为环境保护税。事实上,我国资源税、消费税、车辆购置税和车船税的征收均不是用于环境保护,而是以筹集财政收入为主,弱化环境治理功能。而单独开征的环境保护税只是排污收费的别名,征税范围包括大气、水、固体及噪声等污染物,而并不包含二氧化碳,所以应该借鉴发达国家经验,完善环境保护税体系,改革与环境相关的融入型税种,真正实现对环境的全方位、全过程保护。

三是环境财税政策改革应遵循因地制宜、循序渐进的原则。上述发达国家环境治理的财税政策各具特色,但都与本国国情相适应,遵循了因地制宜原则,统一服务于本国总体发展战略。美国作为高能源消耗与碳排放国家,考虑到对本国经济的影响,一直拒绝承担强制减排责任,但是并未将自己排除在环境保护范围之外,相反特别重视发展绿色经济,关注技术的研发与创新,紧抓低碳产业主动权,保障未来环境安全。欧盟各国在环保工作中立场也不尽相同。英国工业革命带来经济发展的同时,引起了严重的环境污染,因此他们在全世界最早倡导绿色低碳经济发展,以此倒逼环境保护。德国更加注重能源使用的绩效,因此他们的环境财税政策重点关注可再生能源与新能源。日本本土资源匮乏,同时还面临气候变暖导致海平面上升的威胁,因此他们早已将节能环保列入本国发展战略,并从财税政策上对建设绿色低碳经济进行积极引导。另一方面,发达国家相对完善的环境财税政策体系形成也是经过了漫长的过程,因此我国在借鉴他们先进的经验时,切不可盲目照搬,以免造成水土不服而前功尽弃。我国环境财税政策改革应遵循循序渐进的原则,可先做微调,如排污费平移成环境保护税就是一个很好的做法,待广大社会公众接受这一做法后,再对环境保护税进行改革与完善,以减小改革所面临的阻力。

第五节　本章小结

本章选择在环境治理方面堪称典范的发达国家为重点,主要介绍美国、欧盟、日本等发达国家在环境财政支出规模、支出结构、财政体制、环境税费规模、构成、来源等方面的基本状况,了解发达国家环境财税政策的变化趋势。

美国环境署财政预算资金主要由运行费用、信托基金、基础设施融资及分类补助款等构成。其中,运行费用主要用于空气项目、有害废弃物项目和石油泄漏项目等。信托基金在美国环保署预算中比例维持在20%左右,基础设施融资的比例更高,维持在25%左右,个别年代甚至超过30%,重点关注空气和水质相关的环境保护项目。1994~2014年,美国环境税收入占GDP比重处于0.7%~1.1%之间,占总税收的2%~4%。从环境税收的构成看,能源税占比在60%~70%之间,道路运输税占比在30%左右,二者构成了美国环境税收入的主要来源。

从绝对指标上看,1995~2013年,欧盟各国环境保护财政支出逐年增加,其中德国环境保护财政支出规模是欧盟各国中规模最大的国家。荷兰、法国分别处于第二、第三位。居于后三位的分别是爱沙尼亚、斯洛伐克和斯洛文尼亚。1995~2014年间,欧盟国家环境税费收入占GDP平均比例处于2%~3%之间。欧盟成员国环境税费收入主要来源于能源税、交通运输以及资源开采等,其中能源税占比最高,其次是交通运输税,资源与污染税占比较低。

日本中央政府财政支出由一般公共服务、国防、环境保护等十项支出构成,其中环境保护支出占整个财政支出的比重不足1.2%,可见日本环保保护资金主要由地方财政负担。1994~2014年,日本环境税收入占GDP比例处于1%~2%之间,环境税占总税收的比重介于5%~7%之间。从日本环境税构成来看,能源税占比为60%左右,道路与运输税占比为30%左右,二者共同构成日本环境税收的主要来源。

基于发达国家环境治理财政支出与税收政策的实施情况,总结出对中国环境财政体制改革的三点重要启示:一是财政投入是改善环境质量的重要举措,二是环境税涵盖能源开采、资源使用、污染物排放等各个环节,三是环境财税政策改革应遵循因地制宜、循序渐进的原则。

第八章

研究结论、政策建议及研究展望

第一节 研究结论

本书利用中国大陆地区除西藏以外的 30 个省（自治区和直辖市）以及 41 个工业行业面板数据，通过规范分析、描述统计分析、一般面板回归分析、门槛回归分析、面板向量自回归分析、空间计量和 DEA 等研究方法，系统地研究中国财税政策的环境治理效应。一是梳理了财税政策与环境治理关系问题的国内外研究现状及不足；二是厘清了财税政策促进环境治理的作用机理；三是认识了中国环境污染和环境治理的财税政策实施状况；四是通过面板回归、门槛回归、面板向量自回归模型、空间计量和数据包络等计量方法，对中国财政政策与税收政策的环境治理效应进行实证研究，主要检验中国财政政策和税收政策的环境治理直接效应、间接效应、总效应、门槛效应、长期影响以及空间溢出效应，分析了环境污染治理投资与节能减排税收优惠的环境治理效率及引起区域差异的原因；五是借鉴美国、欧盟各国及日本在环境治理方面的财税政策实施经验并得出对中国财政体制改革的启示；六是根据实证分析结论，提出了相应的政策建议。具体的分析结论如下：

第一，从全国层面和分区域的估计结果表明中国环境保护财政支出取得了较好的环境治理效果，环境治理的直接效应显著。同时环保财政支出对环境治理具有间接效应，即环保财政支出影响经济发展而间接影响环境质量。对于工业废水，环境保护财政支出的环境治理效应主要表现为间接效应。对

222

于工业二氧化硫,环境保护财政支出的环境治理直接效应与间接效应均非常明显。对于工业固体废弃物,环境保护财政支出环境治理直接效应和总效应均为正,可能与样本数据有关。尤其是在区域1(包括的北京、天津、山西、内蒙古、吉林、黑龙江、安徽、海南、重庆、四川、贵州、云南、陕西、甘肃、青海、宁夏、新疆)的17个省(市)环保财政支出环境治理直接效应非常显著,总效应大于区域2,表明前文分区是合理的。

第二,省级面板数据和工业行业面板数据的回归结果都表明环境相关税费的环境治理效应不明显。资源税、城镇土地使用税、城市维护建设税、车船税、车辆购置税、耕地占用税等通过个别条款发挥环境治理作用,上述税种均不以环境保护为直接目标,且占总税收比重和GDP比例均不高,导致环境治理效果不佳。排污费不具备税收性质,征管混乱,计征比例偏低;因此环境相关税收政策的约束作用还需进一步加强。

第三,环境保护财政支出的环境治理效应具有显著的经济发展水平、能源消费结构、产业结构与对外开放程度的门槛效应。即环保财政支出可通过较低水平的经济发展、高水平能源消费结构、低水平产业结构和低程度对外开放产生显著的环境治理效应,在较高水平的经济发展、低水平能源消费结构、高水平产业结构和高程度对外开放地区对环境治理作用减弱。以经济发展水平为门槛变量时,270个观测值中有84个观测值小于门槛值,主要分布在贵州、甘肃、云南等省份,占总观测值的31.11%;以产业结构为门槛变量时,270个观测值中有65个观测值小于门槛值,主要分布在北京、上海、海南等省份,占总观测值的24.07%;而以对外开放程度为门槛变量时,270个观测值中有123个观测值不大于门槛值,主要分布在河北、山西、内蒙古等省份,占总观测值的45.56%;以能源消费结构为门槛变量时,270个观测值中有148个观测值高于门槛值,主要分布在河北、山西、内蒙古等省份,占总观测值的54.81%。样本期内270个观测值中只有17个观测值同时位于经济发展水平、技术水平、对外开放程度低门槛区域与能源消费结构高门槛区域,占总观测值的6.47%,这17个观测值中有15个位于区域1,即环保财政支出环境治理效应非常显著的区域,占88.24%,进一步说明环保财政支出在经济发展水平、产业结构、对外开放程度较低的区域更易发挥作用,前文环保财政支出治污效应系数分区具有合理性。

第四,资源税的环境治理效应具有显著的能源消费结构、对外开放程度和技术创新的门槛效应。即资源税可通过低水平能源消费结构、高水平的技术创新和对外开放产生一定的环境治理效应。以能源消费结构为门槛变量时,377 个观测值中有 210 个观测值低于门槛值,主要分布在北京、天津等省份,所占比重为 55.7%;当门槛变量为技术创新为时,377 个观测值中有 39 个观测值处于高门槛区域,主要分布在北京、四川等省份,占总观测值的 10.34%;以对外开放程度为门槛变量时,377 个观测值中有 303 个观测值高于门槛值,而且 2007 年以后对外开放程度全部位于高门槛区域,占总观测值的 80.37%。样本期内 377 个观测值中,没有任何省份同时位于能源消费结构低门槛区域、技术创新与对外开放程度高门槛区域,这进一步说明资源税环境治理效应不显著的原因在于,在粗放型经济发展模式下,能源消费结构较高,技术创新水平较低,污染物排放居高不下,而样本期内又缺乏单独的环境税种,所以近似环境税种很难发挥环境治理的功效。

第五,PVAR 模型分析环境污染治理投资、排污收费、经济发展水平与环境质量的互动关系,发现环境污染治理投资和排污收费影响环境质量的途径为:环境污染治理投资与排污收费的增加——经济发展水平上升——工业废水排放强度下降。工业固废排放强度与环境污染治理投资和排污费之间的互动关系与工业废水、工业二氧化硫和环境污染治理投资和排污收费之间的互动关系存在一定差异。方差分解结果表明,环境污染治理投资对工业“三废”排放强度的贡献程度依次为 0.6%、46.6%、11.7%。排污收费对工业“三废”排放强度的贡献程度依次为 15.5%、70.9%、8.3%。经济发展水平对工业“三废”排放强度的贡献程度依次为 2.5%、7.1%、0.5%。格兰杰因果检验表明 pwf 不是 fs 的格兰杰因、$wrtz$ 不是 so_2 的格兰杰因、pwf 不是 so_2 的格兰杰因接受了原假设。

第六,中国工业二氧化硫排放强度、环境保护财政支出及排污收费的空间分布格局均没有表现出随机分布特征,而是具有空间集聚性,且排污收费的空间集聚性有逐步增大的趋势。工业二氧化硫排放强度具有空间外溢性,本地区工业二氧化硫排放强度上升会使得周边地区工业二氧化硫排放强度上升。

环保财政支出对工业二氧化硫的治理具有空间溢出效应,本地区环保财政支出的增加将有助于减少临近地区工业二氧化硫排放强度,即环境保护财政支出具有"利他"性。从系数值上看,环保财政支出每提高1%,周边地区环境污染物排放强度平均降低0.156%,环保财政支出对本地区和周边地区影响总体效应为0.227,即环保财政支出每提高1%,所有地区环境污染物排放平均降低0.227%。排污收费无论是对本地区还是周边地区的影响均不显著。

第七,中国环境污染治理投资和税收优惠的环境治理效率具有区域差异性,环境治理效率较高的省份主要集中在中部地区,环境治理效率较低的省份主要分布在东部地区。从变化趋势看,西部地区表现为上升趋势,全国与东部、中部地区环境治理效率都表现为先上升后下降趋势,但是东部地区效率值在0.55以下,低于全国平均水平,而中、西部地区的环境治理效率都在0.68以上,高于全国平均水平。综合效率值、纯技术效率值在东、中、西部三大区域间表现为中部地区最高,西部地区次之,东部地区最低,且三大区域之间差异较大。而规模效率则表现为东部地区最低,中部地区次之,西部地区最高。

第八,发达国家特别注重环境财政投入。美国等发达国家的环境保护资金使用多以项目形式进行,这种形式具有无可比拟的优势,国家可以保证财政资金使用有的放矢,避免挪作他用,又可以对项目实施情况进行监管与绩效考评。环境税涉及范围从资源开采到使用再到环境污染物排放全部环节,征收对象涵盖了能源开采、资源使用与消费、废水、废气、固体废弃物、噪声等,对大气、水资源、生活环境等均实行全方位保护,环境税收体系完整。

第二节　政策建议

基于上述财政与税收政策的环境治理效应研究结果,本书提出如下几条政策建议:

一、基于环境保护需求的财政体制改革

1. 环境财政体制改革的目标

十八届三中全会提出深化财税体制改革。《深化财税体制改革总体方案》于2014年6月30日中央政治局会议审议通过。新财税体制改革路径是2016年基本完成重点工作,2020年基本建立现代财政制度。财税体制改革要基于环境保护需求,保障和促进环境保护,实现整体改革目标。

环境财税体制改革的目标是:以科学发展观和可持续发展为指导,以生态环境实际情况为依据,修订并完善环境治理的财政支出与收入政策。加大环境污染治理投资力度、财政转移支付以及政府绿色采购力度,设立以环境保护为目的的支柱税种,明确各级政府部门职责、落实环境保护责任制度、提高行政效率,推进环境治理工作朝健康、可持续方向发展,真正让广大的人民群众享受到生态文明建设带来的红利。

2. 环境财政体制改革的原则

环境财政体制改革应遵循以下基本原则:一是"基层首创"与"顶层设计"相结合的原则。杨姝影(2014)指出,"基层首创"与"顶层设计"两个路径在环境财税体制改革中发挥不同的作用,在强调政府基本环境责任的相关领域,基层政府往往处于最前线,更加了解情况与问题,因此采取"基层首创"更切合实际。而在强化企业相关责任的领域,需要发挥财政政策的引导和杠杆作用,使"顶层设计"更加全面和科学。在强化各方环境责任的领域,应分门别类地推进改革,根据不同情况,要么以"基层首创"为主,要么以"顶层设计"为主。二是事权与支出责任相适应的原则。环境财政体制改革必须加强中央事权与支出责任,发挥中央在财力格局中的优势地位,通过设立跨区域重点环境保护项目、加大生态补偿转移支付等,确保地方环保的财力保障。三是财政收支透明原则。在环境财政支出方面,环境保护财政支出、财政转移支付、环境污染治理投资、政府绿色采购等具体支出项目、金额、程序等要保证及时公开;在环境财政收入方面,各项环境相关税收、排污费、环境保护税、节能减排税收优惠等具体收入项目、金额等及时向公众公开,提高财政资金使用的透明度。四是审计监督原则。审计监督有助于提高环保财政支出、环境污染治理投资、政府绿

色采购、生态转移支付、环境保护税、节能减排税收优惠等资金的使用效率,提高环境财税政策的环境治理作用。

二、完善环境财政支出政策

1. 加大环境保护财政支出

沈满洪(2001)指出,据世界银行估算,当一国环境污染治理投资占 GDP 的比例达 1%~1.5% 时,能够基本控制污染恶化趋势,当这一比例大于 2% 时,有助于改善该国环境质量。由表 8-1 中数据可知,从绝对指标看,我国环境污染治理投资从 2000 年的 1014.9 亿元增长到 2016 年的 9219.8 亿元,增长了 8 倍多。从相对指标看,2010 年环境污染治理投资占 GDP 比例为 1.84%,达到最大,之后开始逐步下降,2016 年这一比例减少至 1.24%,离世界银行提出的高于 2% 的比例标准还相距甚远,环保投入不足必定会制约我国环境质量的改善。

表 8-1 中国环境污染治理投资　　　　　单位:亿元

时间	环境污染治理投资总额	城市环境基础设施建设投资	工业污染源治理投资	建设项目"三同时"环保投资	占 GDP 比例（%）
2000	1014.90	515.50	234.79	260.00	1.01
2001	1106.70	595.80	174.53	336.40	1.00
2002	1367.20	789.10	188.37	389.70	1.12
2003	1627.70	1072.40	221.83	333.50	1.18
2004	1909.80	1141.20	308.11	460.50	1.18
2005	2388.00	1289.70	458.19	640.10	1.27
2006	2566.00	1314.90	483.95	767.20	1.17
2007	3387.30	1467.50	552.39	1367.40	1.25
2008	4937.03	2247.73	542.64	2146.70	1.55
2009	5258.39	3245.06	442.62	1570.70	1.51

时间	环境污染治理投资总额	城市环境基础设施建设投资	工业污染源治理投资	建设项目"三同时"环保投资	占GDP比例（％）
2010	7612.19	5182.21	396.98	2033.00	1.84
2011	7114.03	4557.23	444.36	2112.40	1.45
2012	8253.46	5062.65	500.46	2690.35	1.53
2013	9037.20	5222.99	849.66	3425.84	1.52
2014	9575.50	5463.90	997.65	3113.95	1.49
2015	8806.30	4946.80	773.68	3085.82	1.28
2016	9219.80	5412.02	819.00	2988.78	1.24

资料来源：作者根据《中国环境统计年鉴》、国家统计局官网相关资料整理。

本书实证结果表明环保财政支出具有显著的环境治理效应，空间计量结果发现，环保财政支出还有助于改善临近地区环境质量，因此环保财政支出可谓是"利己利他"。发达国家环境保护财政支出占GDP比例一般在1%～2%以上，表8－2显示，2007年我国环保环保财政支出占GDP比例为0.37%，之后呈现逐年增加趋势，2015年这一比例增加了一倍，达到0.7%，但是我国环境保护财政支出占GDP比例仍然比较小，不足1%，还有较大的提升空间。

加大环境保护财政支出可通过以下两个方式进行，一是界定中央政府环境事权。由于环境问题具有公共产品性质，因此应明确界定中央政府环保与环境治理的事权，使得环境保护财政支出成为行驶环境事权的手段。二是多渠道筹集环境污染治理资金。目前环境污染治理资金主要来自于政府财政收入，这明显是不够的，应多引导和鼓励民间资本参与到环境污染治理中来，以有效缓解环境污染治理和环保资金投入不足的压力。

表 8-2 2007-2016 年中国环境保护财政支出情况

单位:亿元

指标	2007	2008	2009	2010	2011	2012	2013	2014	2015	2016
全国财政支出	49781.35	62592.66	76299.93	89874.16	109247.79	125952.97	140212.10	151785.56	175877.77	187755.21
中央财政支出	11442.06	13344.17	15255.79	15989.73	16514.11	18764.63	20471.76	22570.07	25542.15	27403.85
地方财政支出	38339.29	49248.49	61044.14	73884.43	92733.68	107188.34	119740.34	129215.49	150335.62	160351.36
中央环保支出	34.59	66.21	37.91	69.48	74.19	63.65	100.26	344.74	400.41	295.49
地方环保支出	961.23	1385.15	1896.13	2372.50	2566.79	2899.81	3334.89	3470.90	4402.48	4439.33
国家财政环境保护支出	995.82	1451.36	1934.04	2441.98	2640.98	2963.46	3435.15	3815.60	4802.89	4734.82
国家环保财政支出/GDP(%)	0.37	0.45	0.55	0.59	0.54	0.55	0.58	0.59	0.70	0.64
中央环保支出/中央财政支出(%)	0.30	0.50	0.25	0.43	0.45	0.34	0.49	1.53	1.57	1.08
地方环保支出/地方财政支出(%)	2.51	2.81	3.11	3.21	2.77	2.71	2.79	2.69	2.93	2.77
国家环保支出/全国财政支出(%)	2.00	2.32	2.53	2.72	2.42	2.35	2.45	2.51	2.73	2.52

资料来源:作者根据《中国环境统计年鉴》相关资料整理。

2. 完善政府绿色采购制度

近年我国政府采购规模增大较快,每年政府采购支出占 GDP 比例约为 1.5 ~ 3.5%,占整个财政支出中比例约为 10%。发达国家前者比例通常在 10 ~ 25%,后者比例更是高达 30%。王晓红和张传鹏(2010)指出,美国政府采购占 GDP 比例约为 20%、欧盟约为 14%、日本约为 10%。可见,我国政府采购总体规模较小而且范围较窄。尤其在绿色采购方面,因为没有推行强制性的绿色购买,因此我国目前政府绿色购买规模很小且绿化率不高,故在发挥政府绿色购买的环境治理方面作用十分有限。2007 ~ 2016 年,我国政府节能与环保产品规模占整个政府采购的规模平均比重为 11.81%,并且近两年具有逐步下降的趋势。由此可见,强化政府绿色采购需要进一步加强。2013 年 2 月 6 日,国务院印发《循环经济发展战略及近期行动计划》认为,建立政府绿色采购制度,扩大并完善政府绿色采购制度体系,加强政府绿色采购立法及实施机制建设、建立政府绿色采购绩效考评制度与制定法定购买比例、政府绿色采购产品范围扩围、以及给予绿色产品适当价格倾斜等着手。

3. 完善环境财政转移支付

因为我国人口、资源分布不均衡,各地区经济发展水平参差不齐,因此政府在实施环境财政转移支付时应充分考虑地区差异与环境污染物本身的性质。一是中央政府应对环境治理贫困的地区给予较多的补贴,这样可以减少地方政府因强制性完成环境治理目标产生扭曲性经济损失。二是对特殊环境治理行为给予补贴。例如二氧化碳减排,在短期内需要大量投入,而效果却在短期内难以体现,对此种特殊环境治理行为必须给予照顾和补贴。三是着力建立横向生态补偿机制。贾若祥、高国力(2015)认为,相对于纵向转移支付,横向转移支付对协调那些生态关系密切的相邻区域或者流域内上游与下游地区间的利益冲突更为直接有效。但是目前我国仍以中央对地方的纵向转移支付为主,地区间的横向转移支付为辅,应从生产补偿主体、标准、方式、程序等探索建立完善横向生态转移支付补偿机制。

三、完善环境税收政策

1. 改革现有环境相关税种

（1）构建绿色税制。邓晓兰和王赟杰（2013）研究认为，中国现行与环境保护和环境治理直接相关的税收绿化程度较低，仅为0.5%，与发达国家相比有较大差距。其原因在于我国现有的与环境保护和环境治理相关的税种均不以环境保护为目标，且差别税率级次设计细化不够、税负结构不合理等，因此需要绿化现有与环境相关的税种，构建绿色税制。

中国环境保护相关税费（见表8-3）显示，环境税费总额1996年为429.17亿元，2015年高达12744.86亿元，20年来增长近30倍，占税收的比重也缓慢增长，2013年已经超过10%，占GDP的比重虽然呈增长趋势，但是仍不足2%，比例较低，加上以上税种在设计时不以节约资源保护环境为主要目的，排污费又不具备税收功能（2018年1月1日以前），征收管理缺乏规范，所以其环境治理作用非常有限，因此也需要更加绿色化现有环境相关税种。

表8-3　中国环境保护相关税费收入情况　　　单位：亿元

时间	资源税	耕地占用税	城镇土地使用税	城市维护建设税	车船税	车辆购置税	排污费	环境类税费总额	环境税费/税收（%）	环境税费/GDP（%）
1996	57.35	31.20	39.42	245.10	15.15	—	40.96	429.17	6.21	0.60
1997	56.52	32.49	44.05	268.67	17.00	—	45.43	464.16	5.64	0.58
1998	61.93	33.35	54.21	294.98	19.05	—	49.00	512.53	5.53	0.60
1999	62.86	33.03	59.07	315.29	20.86	—	55.45	546.57	5.12	0.60
2000	63.65	35.32	64.94	352.13	23.44	—	57.96	597.44	4.75	0.60
2001	67.11	38.33	66.18	384.40	24.61	254.8	62.20	897.63	5.87	0.81
2002	75.14	57.34	76.84	470.92	28.89	348.8	67.44	1125.36	6.38	0.92
2003	83.30	39.90	91.57	550.01	32.20	468.2	73.10	1338.24	6.69	0.97
2004	98.80	120.09	106.23	674.06	35.60	545.7	94.20	1674.68	6.93	1.03
2005	142.20	141.85	137.34	795.68	38.90	583.3	123.2	1962.39	6.82	1.05
2006	207.11	171.12	176.81	939.72	50.00	687.5	144.1	2376.36	6.83	1.08
2007	261.15	185.04	385.49	1156.39	68.16	876.9	173.6	3106.73	6.81	1.15

时间	资源税	耕地占用税	城镇土地使用税	城市维护建设税	车船税	车辆购置税	排污费	环境类税费总额	环境税费/税收(%)	环境税费/GDP(%)
2008	301.76	314.41	816.90	1344.09	144.21	989.9	185.2	4096.50	7.55	1.28
2009	338.24	633.07	920.98	1544.11	186.51	1163.92	172.6	4959.45	8.33	1.42
2010	417.57	888.64	1004.01	1887.11	241.62	1792.59	188.2	6419.73	8.77	1.55
2011	595.87	1075.46	1222.26	2779.29	302.00	2044.89	189.9	8209.67	9.15	1.68
2012	904.37	1620.71	1541.72	3125.63	393.02	2228.91	188.9	10003.28	9.94	1.85
2013	1005.65	1808.23	1718.77	3419.90	473.96	2596.34	204.8	11227.66	10.16	1.89
2014	1083.82	2059.05	1992.62	3644.64	541.06	2885.11	186.8	12393.10	10.40	1.92
2015	1034.94	2097.21	2142.04	3886.32	613.29	2792.56	178.5	12744.86	10.20	1.85
2016	950.83	2028.89	2255.74	4033.6	682.68	2674.16	—	—	—	—

资料来源:作者根据《中国环境统计年鉴》《中国税务年鉴》相关资料整理。2016 年排污收费数据缺失,故无法计算 2016 年环境类税费总额。

(2)改革资源税。党的十八届三中全会决定全面推进资源税改革,构建绿色税收制度。资源税改革于 2016 年 7 月 1 日开始在全国全面铺开,增强了地方政府保护绿水青山和保障民生的能力。资源税改革具有四大特点:

①征税范围扩大。资源税改革的意图是通过资源税协调人与资源关系,保护自然生态环境。资源税税改前,许多自然资源没有纳入,资源税征税范围小,资源税不能促进资源节约与环境保护。这次税改从水资源费改税开始,率先在河北省试点,待成熟后再在全国推开试点范围,以前许多只征收矿产补偿费的矿产资源,都列入资源税征税范围。

②全面推行从价计征。在前期改革的探索实践中,资源税改革已先后对原油、天然气、煤炭、钨、钼、稀土 6 个品目实施从价计征改革,发挥资源税"自动稳定器"的调节作用。这次税改对绝大多数矿产实施从价计征,但对少数矿产品仍实施从量定额计征(如经营分散、以现金交易且难以管控的粘土、砂石等)。根据企业销售额来征税,征税方式由"从量计征"改为"从价计征";税额随企业效益和市场行情变化而波动,税收随企业经营状况变化,当资源价格上涨时税收增加,价格下降时税收减轻企业负担。

③全面清理收费基金。此次税改全面清理涉及矿产资源的收费基金,解决企业税费重置问题,降低企业负担。税改规范税费关系,废黜矿产资源补偿费、停止征收价格调节基金,促使企业转型升级、为企业生产经营创造良好的政策环境。

④赋予地方税收管理权。由于各地区存在经济发展水平、资源条件的差异,税改在全国统一市场秩序稳定情况下,适当赋予地方的税政管理权。由省级人民政府按照税改前后"税费平移"原则,依照资源禀赋、企业承受能力等,对计税矿产品提供适用税率建议或确定适用税率范围,这样更能因地制宜,精准施策,发挥地方政府主观能动性,促进当地经济社会发展。

(3)调整消费税

①消费税"扩围"。李升、宁超等(2017)指出,若对通用飞机、艺术品、顶级品牌茶叶、以会所为代表的旅游和餐饮高端消费、高档奢侈品楼盘、奢侈品类家具、包装废弃物等消费品和消费服务征收消费税,不论是按照10%的税率,还是按照20%的税率,每一项的消费税收入都显著高于已经课征消费税的一些税目的收入。因此应适时将一些奢侈消费品、奢侈消费、对环境有影响的消费等纳入消费税的征税范围。其次,消费税还有扩围到应税服务业,例如娱乐消费、高级家政服务、高档体育休闲服务、桑拿等。

②调整消费税税率。消费税的首要功能是调控,包括调节分配,矫正负外部性,引导健康消费,促进资源、能源节约、集约消费等。消费税税率应对高污染、高能耗、高排放产品课以重税,对低能耗、低排放产品征税轻税。如中国成品油消费税的定额税率很难实现价格联动,只能根据油价适时调整。未来应适度提高烟消费税税率,更好地纠正烟消费产生的负外部性,体现烟消费税的主体功能。

(4)完善税收优惠政策。未来中国环境税制应以对环境保护和环境治理的产业为主,税法应对主动采用先进技术与工艺减少污染物排放,进行各项环境污染治理取得一定效果的单位和个人给予一定的税收减免优惠,以便提高单位和个人环境污染治理的意识。鼓励发展清洁能源,对太阳能、风力、沼气、地热等新能源的生产和消费给予税收减免。

2. 完善环境保护税

(1)现行环境保护税设计趋于保守①。征收环境保护税是建立和完善我国基础能源价格形成机制的重要环节,税率的设定应充分考虑环境污染排放引起的外部社会成本,而现行实施的环保税税率设定偏低。"将排污费制度向环境保护税制度平稳转移"是环保税法遵循的原则,包括以现行排污费收费标准为基础设置税率标准。而原排污费被诟病的原因是征收标准偏低,对环境治理无效。征收标准远低于排放企业的污染治理成本,导致排放企业宁愿缴纳排污费也不愿意治理污染,与"设立排污费形成经济激励促进企业减排"相背离。

(2)新的环保税税率需考虑地区差异,实施税率可以低于或高于国家标准。《环境保护税法》规定了环境保护税税额上限,地方政府不能依照自身节能减排设定更高税率的,不能确保环境保护税促进地方政府的节能减排。今后应预留地方在该法的动态优化中给予较大的地方权变空间,替代、置换原区域性的税外调节。

(3)《环境保护税法》规定对于非规模化养殖的农业、生活垃圾处理厂、城镇污水处理厂达标的免征环境保护税。这虽然平移了现有排污费体系中对于免征范围的规定,但这几类排放源仍然是我国的主要污染排放源。2013年城市排放占到我国废水排放总量的70%,在过去五年仍呈逐年上升态势。2014~2020年,我国城镇生活垃圾将新增约3162万吨,导致生活垃圾处理厂渗滤液的化学所需氧量、氨氮、磷等污染物问题相当严重,这种情况将长期存在。因此,在将来探讨行之有效的包括环境保护税在内的长效调节治理机制。在今后环境保护税修订过程中,应当寻求突破,对这些行业开征环境保护税。

(4)增加二氧化碳子税目。现行的环境税征税对象主要是平移了排污费征收体系中的四大类污染物,即大气污染物、固体废弃物污染物、水污染物和噪声污染物。其中大气污染物涉及二氧化硫、氮氧化物、一氧化碳等44类子税目,没有涉及对环境造成重大影响的二氧化碳。我国的二氧化碳排放高居世界榜首,自20世纪90年代以来,瑞典、芬兰等纷纷开征碳税。根据北欧国家

---

① 红网官方微博,2017年2月8日。

的经验,征税碳税对改善环境治理具有显著的积极作用,叶金珍、安虎森(2017)指出,开征针对化石燃料的碳税能够有效治理空气污染。因此我国应借鉴北欧国家经验,开征碳税,二氧化碳子税目加入到现有环境保护税的应税大气污染中。二氧化碳税制建议如下(见表8-4)。

四、环境政策的搭配与组合

(1)行政手段与经济手段相结合

虽然环境财政支出政策和环境税收政策对环境治理都能起到一定的积极作用,但是环境治理是一项系统工程,单独依赖某一项政策均很难有效控制环境污染问题。虽然经济手段相较于直接管制往往更具有优势,但是在实际中,通常是发生大气污染或水污染等环境问题时,首先试图以直接管制解决,当直接管制不能在环境保全方面发挥十分的有效性时,再加上实施直接管制费用较高时,才开始导入经济手段(张宏翔,2015)。因此,环境政策的搭配更加接近于现实状况,更是有欧美等发达国家的国际经验借鉴:德国的排污费制度实际上就包含了收费、直接管制、财政补贴等多项政策的搭配,美国的排放许可交易项目也是排放许可证交易制度与直接管制的政策搭配。表8-5显示了各种政策搭配的可能性。第1种是包括日本在内的大多数国家普遍采用的方式,第2、3种德国采用过,第5种美国、日本、德国都采用过,第3、6种现实中虽然没有采用,但是在理论上是可行的。

表8-4 二氧化碳税制设计

征税对象	纳税人	计税依据	税率	优惠措施
原煤、原油、天然气、电力等资源。征税环节设在"下游"	在中国境内使用、消耗化石燃料且排放二氧化碳的单位和个人	化石燃料消耗量	每吨二氧化碳10元。折算为原煤每吨19元,原油每吨30元,汽油每吨28元,柴油每吨30元,天然气每千立方米22元	对于积极进行碳减排的单位和个人给予减免优惠或者财政补贴

表 8 - 5　政策手段搭配组合的可能性

序号	政策手段				手段数
	排放许可证	环境税	直接制度	补助金	
1			○	○	2
2		○	○		2
3		○	○		3
4	○	○		○	3
5	○		○		2
6	○	○			2

资料来源:张宏翔. 环境税理论和实践:基于西方先进国家的成功经验分析[M]. 科学出版社,2015 年 3 月第一版,第 41 页.

(2)公众环保意识建设

各项环境政策的实施离不开公众的参与。环境治理过程中充满了矛盾,公众的有效参与才能真正促进环境污染的治理和保护。公众参与环境治理和保护的方式有:一是监督环境财政政策的实施过程。可向社会公开聘请观察员,允许旁听并参与环保会议、参加政府环保部门举行的各类听证会,加大对环境治理的监督,激励政府切实履行环境治理和环境保护的职能。二是建立环境信息公开披露制度。通过环境信息及时发布,使社会公众了解和共享环境信息,对周围环境污染形成正确判断,对环境污染排放施加压力,促使污染者降污减排,改善环境质量。三是成立环境 NGO。政府可把一些环境项目权力下放到环境 NGO,并给予一定的资金资助,激励公众参与环境治理,促使公众环境治理主体地位观念深入人心,促进环境与经济社会协调可持续发展。

五、充分考虑外部经济因素对财税政策环境治理效应的影响

门槛回归结果表明,环境保护财政支出的环境治理效应受制于经济发展水平、产业结构、能源消费结构及对外开放程度,资源税的环境治理效应受制于能源消费结构、技术创新水平与对外开放程度。PVAR 模型回归结果表明,财税政策、经济发展水平和环境治理之间具有互动关系,且财税政策可通过经济发展间接影响工业"三废"排放强度。因此政府与企业在制定财税政策和进行环境污染治理时应全面考虑上述外部因素对财税政策环境治理效应的影响。政府在推动本地区经济发展过程中,要改变"唯 GDP 论英雄"的导向,"治污先治官",注重经济发展的质量,注重保护环境,实现经济与社会协调发展,真正实现"人与自然和谐共生"。同时积极鼓励发展生态产业与循环经济产业,给予环境相关产业相应的财政支持与生态补助,促进系统产业链形成,推进供给侧结构性改革,加快发展现代服务业,推动产业结构优化与升级。各地区鼓励技术创新,提高资源的利用效率,加快科技创新成果市场化与应用化的转化速度。能源消费结构方面,我国"富煤贫油少气"的能源禀赋结构将在长时间内阻碍"美丽中国"目标的实现,要实现能源消费结构的低碳化,可从能源价格改革着手,通过资源税等的征收提高能源使用的内部成本,煤炭资源税实现从量到从价计证。对外开放方面,虽然对外开放不是工业环境污染物排放统计上的原因,其技术溢出效应在一定程度上有助于减少环境污染。但是如果对外开放程度过高,其规模效应和结构效应将占据主导地位,刺激经济增长将加速产业集聚,从而加快环境污染物排放,在有限的环境保护财政投入下,环境治理效应将大打折扣。因此应保持适度的对外开放以扩大环保财政支出的环境污染治理效应。

第三节　研究展望

本书对财政和税收政策的环境治理效应进行了比较深入的研究,但是仍然存在不足之处,有待于开展更进一步的充实与扩展。

第一,指标的选取上,本书在区域经济发展理论基础上,参照投入—产出比,利用各地区环保财政支出占全国环保财政支出的比重与各地区工业三废排放量占全国工业三废排放量的比重之比来代表环保财政支出的环境治理效应系数,表示环保财政支出与环境污染物排放的偏离程度。该值越大,说明环境保护财政支出政策环境治理效应越显著。依据计算结果,将中国除西藏以外的 30 个省、自治区和直辖市划分为两大区域。区域 1 包括北京、天津、山西、内蒙古、吉林、黑龙江、安徽、海南、重庆、四川、贵州、云南、陕西、甘肃、青海、宁夏、新疆等 17 个省(市),其环境治理效应系数大于或等于 1;区域 2 包括河北、辽宁、上海、江苏、浙江、福建、江西、山东、河南、湖北、湖南、广东、广西等 13 个省(市),其环境治理效应系数介于 0 到 1 之间。而现实的情况是工业三废排放量受多种因素的影响,如经济发展水平、产业结构、能源消费结构等,因此本书的研究没有考虑到其他因素对环境污染物排放的影响问题。在后续的研究中,我们将从更全面的角度测量环境财政投入与环境污染物排放的关系,使之更加符合现实情况。

第二,研究方法上,本书利用一般面板回归、门槛回归模型、面板向量自回归模型、空间计量等方法实证检验了财税政策的环境治理效应,但是本书没有考虑到各因素可能存在的双向反馈机制,比如环境质量对经济增长的影响以及经济增长对环境财政支出及环境税收的影响等,在后续的研究中应考虑建立联立方程组,考虑各因素之间的双向反馈作用,更全面地把握影响环境质量的因素。

第三,研究内容上,本书以财税政策与环境治理效应的关系为研究对象,而中国作为能源消耗大国,与其他国家相比较,具有"富煤贫油少气"的能源结构,煤炭占有绝对优势,煤炭的过多消耗是影响环境治理效果的一个重要原因,在"建设美丽中国"的目标背景下,如何优化能源结构,以及环境财税政策的环境治理效应与能源结构是否存在联系等问题都需要我们进行更加深入的研究。

参考文献

包群,邵敏,杨大利. 环境管制抑制了污染排放吗? [J]. 经济研究,2013(12):42 – 54.

陈工,邓逸群. 我国环境税的政策效应研究—基于个体异质性 OLG 模型[J]. 当代财经,2015(8):26 – 36.

陈工,邓逸群. 中国式分权与环境污染—基于空气质量的省级实证研究[J]. 厦门大学学报哲学社会科学版,2015(4):110 – 120.

陈华文,刘康兵. 经济增长与环境质量:关于环境库兹涅茨曲线的经验分析[J]. 复旦学报(社会科学版),2004(2):87 – 94.

陈明. 财政分权视角下的环境污染问题研究[D]. 中央财经大学博士学位论文,2015:88 – 93.

陈思霞,薛钢. 地方环境公共支出如何影响了经济增长? —技术效率与健康资本的视角[J]. 中国软科学,2014(5):173 – 181.

陈素梅,何凌云. 环境、健康与经济增长:最优能源税收入分配研究[J]. 经济研究,2017:(4):120 – 134.

迟美青. 节能财税政策的经济效应研究[D]. 山西财经大学博士学位论文,2015:117 – 128.

崔亚飞,刘小川. 中国地方政府间环境污染治理策略的博弈分析—基于政府社会福利目标的视角[J]. 理论与改革,2009:(6):62 – 65.

崔亚飞,刘小川. 中国省级税收竞争与环境污染—基于 1998 – 2006 年面板数据的分析[J].财经研究,2010:(4):47－56.

邓晓兰,王赟杰.中国税收制度的绿化程度研究—基于大中小三个统计口径指标的测算[J].审计与经济研究,2013:(6):71－79.

樊丽明,李文.中国工业化进程中的税制绿化[C].中国法学会财税法学研究会,2005年年会暨全国财税法学学术研讨会,2005.

范庆泉,周县华,张同斌.动态环境税外部性、污染累积路径与长期经济增长—兼论环境税的开征时点选择问题[J].经济研究,2016:(8):116－128.

冯海波,方元子.地方财政支出的环境效应分析—来自中国城市的经验考察[J].财贸经济,2014(2):30－43.

高萍.丹麦"绿色税收"探析[J].税务研究,2005(4):91－94.

高萍.开征碳税的必要性、路径选择与要素设计[J].税务研究,2011(1):50－54.

郭焦锋,白彦锋.资源税改革轨迹与他国镜鉴:引申一个框架[J].改革,2014(12):52－61.

何建武,李善同.节能减排的环境税收政策影响分析[J].数量经济技术经济研究,2009(01):31－44.

何利辉.促进生态环境保护的财税政策探讨[J].财政科学,2016(7):118－125.

贺俊,刘亮亮,唐述毅.环境污染、财政分权与中国经济增长[J].东北大学学报(社会科学版),2016,18(1):23－28.

贺俊,刘启明,唐述毅.环境污染治理投入与环境污染—基于内生增长的理论与实证研究[J].大连理工大学学报(社会科学版),2016,37(3):12－18.

黄菁,陈霜华.环境污染治理与经济增长:模型与中国的经验研究[J].南开经济研究,2011(1):142－152.

黄亮雄.区域互动视角下的中国污染排放与环境治理研究[M].经济科学出版社,2017:30－31.

黄韬.财税政策治理环境污染的动态博弈分析[D].中央财经大学博士学位论文,2015:142－143.

贾若祥,高国力. 地区间建立横向生态补偿制度研究[J]. 宏观经济研究, 2015(3):13-23.

蒋尉. 欧盟环境政策的有效性分析:目标演进与制度因素[J]. 欧洲研究, 2011(5):73-87.

克洛德·热叙阿,克里斯蒂昂·拉布鲁斯,达尼埃尔·维特里,达米安·戈蒙主编,李玉平,译. 经济学词典[M]. 社会科学文献出版社,2013:217+257.

李伯涛,马海涛. 分权视角下的中国环境税收体系设计研究[J]. 财政研究,2015(7):70-74.

李建军,刘元生. 中国有关环境税费的污染减排效应实证研究[J]. 中国人口·资源与环境,2015,25(8):84-91.

李静,饶梅先. 中国工业的环境效率与规制研究[J]. 生态经济,2011(2):24-30.

李凯杰. 环境支出、健康与经济增长[J]. 经济经纬,2016(5):84-89.

李凯杰. 环境支出促进了经济增长吗?—基于省级面板数据的研究[J]. 世界经济研究,2014(12):77-83.

李绍荣,耿莹. 中国的税收结构、经济增长与收入分配[J]. 经济研究, 2005(5):118-125.

李升,宁超,盛雅彬. 消费税改革研析[J]. 税务研究,2017(5):41-45.

李胜兰,出善冰,申晨. 地方政府竞争、环境规制与区域生态效率[J]. 世界经济,2014(4):88-108.

李小捧,段国旭. 促进循环经济发展的财政政策研究[J]. 经济研究参考,2007(37):21-25.

梁伟,朱孔来,姜巍. 环境税的区域节能减排效果及经济影响分析[J]. 财经研究,2014,40(1):40-49.

林伯强,蒋竺均. 中国二氧化碳的环境库兹涅茨曲线预测及影响因素分析[J]. 管理世界,2009(4):27-36.

林永生,孙颖. 中国省域节能环保支出与绿色经济发展[J]. 宏观质量研究,2016,4(4):21-28.

林永生.中国环境污染的经济追因与综合治理[M].北京:北京师范大学出版社,2016:184,192-196.

刘凤良,吕志华.经济增长框架下的最优环境税及其配套政策研究—基于中国数据的模拟运算[J].管理世界,2009(6):40-51.

卢洪友,祁毓.我国环境保护财政支出现状评析及优化路径选择[J].环境保护,2012(17):28-31.

卢洪友,田丹.中国财政支出对环境质量影响的实证分析[J].中国地质大学学报(社会科学版),2014,14(4):44-51.

卢洪友,张靖妤,许文立.中国财政政策的绿色发展效应研究[J].财政科学,2016(4):100-111.

卢洪友.公共商品供给制度研究[M].北京:中国财政经济出版社,2003.

陆旸,郭路.环境库兹涅茨倒U型曲线和环境支出的S型曲线:一个新古典增长框架下的理论解释[J].世界经济,2008,31(12):82-92.

马草原,周亚雄.配套型环境税、技术进步与污染治理—基于新经济地理学的分析[J].南开经济研究,2015(2):118-135.

潘孝珍.中国地方政府环境保护支出的效率分析[J].中国人口·资源与环境,2013,23(11):61-65.

彭小兵,涂君如.中国式财政分权与环境污染—环境群体性事件的经济根源[J].重庆大学学报:社会科学版,2016,22(6):51-61.

祁毓,卢洪友,吕翅怡.社会资本、制度环境与环境治理绩效—来自中国地级及以上城市的经验证据[J].中国人口·资源与环境,2015,25(12):45-52.

祁毓,卢洪友,徐彦坤.中国环境分权体制改革研究:制度变迁、数量测算与效应评估[J].中国工业经济,2014(1):31-43.

秦昌波,王金南.征收环境税对经济和污染排放的影响[J].中国人口·资源与环境,2015,25(1):17-23.

任力,梁晶晶.环境宏观经济学的兴起与发展[J].经济学动态,2013(9):

129－143.

阮俊英,孙钰峰.环保支出、通货膨胀和经济成长的关系[J].经济研究,2013(1):1－30.

沙文兵,石涛.外商直接投资的环境效应—基于中国省级面板数据的实证分析[J].世界经济研究,2006(6):76－81.

沈满洪.环境经济手段研究[M].北京:中国环境科学出版社,2001:72.

沈能.环境规制对区域技术创新影响的门槛效应[J].中国人口·资源与环境,2012(6):12－16.

沈能.环境效率、行业异质性与最优规制强度—中国工业行业面板数据的非线性检验[J].中国工业经济,2012(3):56－68.

沈悦,李善燊,马续涛.VAR 宏观计量经济模型的演变与最新发展—基于2011 年诺贝尔经济学奖得主 Smis 研究成果的拓展脉络[J].数量经济技术经济研究,2012(10):150－160.

盛丽颖.中国碳减排财政政策研究[D].辽宁大学博士学位论文,2011:48.

石晓波.政府绿色采购制度:海外规制经验与中国制度建设[J].财政研究,2009(1):45－47.

司言武.环境税经济效应研究:一个趋于全面分析框架的尝试[J].财贸经济,2010(10):51－57.

苏明,许文.中国环境税改革问题研究[J].财政研究,2011,36(2):2－12.

苏明.支持清洁能源发展的财政税收政策建议[J].中国能源,2007,29(3):12－17.

孙刚,ZHAO Ji－min,房岩等.我国开征环境税的可行性分析[J].生态经济(中文版),2008(8):75－77.

谭光荣,李廷.环境税与环保税制体系的调整[J].财经理论与实践,2008,29(2):76－81.

谭志雄,张阳阳.财政分权与环境污染关系实证研究[J].中国人口·资源与环境,2015,25(4):110-117.

田丹.中国财政收支政策的环境效应实证研究[D].武汉大学博士学位论文,2014:16,36,77-88.

田民利.我国现行环境税费制度缺失原因分析及对策建议[J].财政研究,2010(12):56-58.

童锦治,朱斌.欧洲五国环境税改革的经验研究与借鉴[J].财政研究,2009(3):77-79.

王宝顺,刘京焕.中国地方城市环境治理财政支出效率评估研究[J].城市发展研究,2011,18(4):71-76.

王敏,黄滢.中国的环境污染与经济增长[J].经济学(季刊),2015(1):557-578.

王晓红,张传鹏.资源与环境保护财政政策实证研究[J].山东财政学院学报,2010(3):50-54.

魏光明.我国环境税收问题研究[D].中国海洋大学博士学位论文,2010:84-92.

吴江,贾蕾,石磊,等.美国环境财政的发展历程及其对我国的启示[J].环境保护,2012(20):74-76.

吴俊培,丁玮蓉,龚旻.财政分权对中国环境质量影响的实证分析[J].财政研究,2015(11):56-63.

吴玉萍,董锁成,宋键峰.北京市经济增长与环境污染水平计量模型研究[J].地理研究,2002,21(2):239-246.

武亚军,宣晓伟,环境税经济理论及对中国的应用分析[M].北京:经济科学出版社,2002:310-335.

熊波,陈文静,刘潘等.财税政策、地方政府竞争与空气污染治理质量[J].中国地质大学学报(社会科学版),2016(1):20-33.

胥力伟.基于环境税作用机理的我国环境税改革风险分析[J].中央财经大学学报,2010(4):13-17.

许和连,邓玉萍.外商直接投资导致了中国的环境污染吗?—基于中国省际面板数据的空间计量研究[J].管理世界,2012(2):30-43.

宣晓伟.用CGE模型分析硫税对中国经济的影响[J].调查研究报告,2002(197):1-19.

闫文娟,钟茂初.中国式财政分权会增加环境污染吗[J].财经论丛(浙江财经大学学报),2012,165(3):32-37.

燕洪国.两型社会视角下我国环境税体系重构研究[M].经济科学出版社,2015:119-147.

杨翔,刘纪显.模拟征收碳税对我国经济的影响—基于DSGE模型的研究[J].经济科学,2014(6):53-66.

杨继生,徐娟,吴相俊.经济增长与环境和社会健康成本[J].经济研究,2013(12):17-29.

杨姝影,赵雪莱,刘文佳.加快推进基于环境保护需求的财税体制改革[J].环境与可持续发展,2014,39(6):7-10.

杨芷晴,柳光强.促进环保产业的财税政策质量探讨[J].财政研究,2014(12):82-86.

叶金珍,安虎森.开征环保税能有效治理空气污染吗[J].中国工业经济,2017(5):54-74.

俞杰.环境税政策目标与经济效应评析[J].财政研究,2015(9):63-67.

袁华萍.财政分权下的地方政府环境污染治理研究[D].首都经济贸易大学博士学论文,2016:57-59.

张红凤,周峰,杨慧等.环境保护与经济发展双赢的规制绩效实证分析[J].经济研究,2009(3):14-26.

张宏翔.环境税理论和实践:基于西方先进国家的成功经验分析[M].科学出版社,2015:39-41.

张硕.我国环境保护财政支出的现状及建议[J].河北经贸大学学报,2016,37(6):80-85.

张玉.财税政策的环境治理效应研究[M].北京:经济科学出版社,2014:136-139.

赵桂梅,陈丽珍. 非线性视域下工业污染排放的 EKC 检验[J]. 工业技术经济,2015(8):12-17.

赵美丽,吴强. 促进环境保护的财政支出政策[J]. 环境与发展,2014(1):115-118.

郑垂勇,徐利,王海赟,等. 税收杠杆调控太湖污染的初步设想[J]. 生态经济(学术版),2008(1):426-428.

周力,庞辰晨. 中国对外直接投资的母国环境效应研究—基于区域差异的视角[J]. 中国人口·资源与环境,2013,23(8):131-139.

朱厚玉. 我国环境税费的经济影响及改革研究[D]. 青岛大学博士学位论文,2013:60-70.

朱建华,吴舜泽,逯元堂. 财税制度对环境保护的不利影响分析[C]. 中国环境科学学会 2009 年学术年会,2009:1041-1047.

朱平芳,张征宇,姜国麟. FDI 与环境规制:基于地方分权视角的实证研究[J]. 经济研究,2011(6):133-145.

朱小会,陆远权. 环境财税政策的治污效应研究—基于区域和门槛效应视角[J]. 中国人口·资源与环境,2017,27(1):83-90.

朱小会,陆远权. 开放经济、环境保护财政支出与污染治理—来自中国省级与行业面板数据的经验证据[J]. 中国人口·资源与环境,2017,27(10):10-18.

Andreoni,J.,Levinson,A. The simple analytics of the environmental Kuznets curve[J]. Journal of Public Economics,2001,80(2):269-286.

Anselin,L.,Bera,A. K.,Florax,R. 1996. Simple Diagnostic Tests for Spatial Dependence[J]. Regional Science and Urban Economics,1996,26(1):77-104.

Antweiler,W.,Copeland,B. R.,Taylor,M. S. Is Free Trade Good for the Environment? [J]. Nber Working Papers,1998,91(4):877-908.

Aparicio,J.,Ruiz,J. L.,Sirvent,I. Closest targets and minimum distance to the Pareto-efficient frontier in DEA[J]. Journal of Productivity Analysis,2007,

28(3):209 - 218.

Atonio, A. , Davide, F. Government Size Composition, Volatility and Economic Growth[J]. European Central Bank Working Paper Series, 2008:849.

Atrayee, G. R. Evidence on Economic Growth and Government Size[J]. Applied Economics, 2009, 41(5):607 - 614.

Barro, R. J. Economic Growth in a Cross Section of Countries[J]. Quarterly Journal of Economics, 1991, 106(2):407 - 443.

Baumol, W. J. , Oates, W. E. The Use of Standards and Prices for Protection of the Environment[J]. Swedish Journal of Economics, 1971, 73(1):42 - 54.

Bayindir – Upmann, T. Raith M G. Should high – tax countries pursue revenue – neutral ecological tax reforms? [J]. European Economic Review, 2003, 47(1): 41 - 60.

Bernauer, T. , Koubi, V. Are bigger governments better providers of public goods? Evidence from air pollution[J]. Public Choice, 2013, 156(3 – 4):593 - 609.

Bjorner, T. B. , Jensen, H. H. Energy Taxes, Voluntary Agreements and Investment Subsidies – A Micro Panel Analysis of the Effect on Danish Industrial Companies' Energy Demand [J]. Resource and Energy Economics, 2002, 24(3):229 - 249.

Blackman, A. , Kildegaard, A. Clean Technological Change in Developing – country Industrial Clusters: Mexican Leather tanning[J]. Environmental Economics and Policy Studies, 2010, 12(3):115 - 132.

Bovenberg, A. L. , Ploeg, F. V. D. Optimal taxation, public goods and environmental policy with involuntary unemployment [J]. Journal of Public Economics, 1996, 62(1 - 2):59 - 83.

Bovenberg, A. L. , Ploeg, F. V. D. Tax Reform, Structural Unemployment and the Environment[J]. The Scandinavian Journal of Economics, 1998, 100(3): 593 - 610.

Bovenberg, A. L., Smulders, S. Environmental Quality and Pollution Augmenting Technological Change in a 2 – Sector Endogenous Growth Model[J]. Journal of Public Economics, 1995, 57(3):369 – 391.

Brock, W. A., Scott, T. M. The Green Solow model[R]. NBER Working Paper Series, 2004:10557.

Brock, W. A., Taylor, M. S. The Green Solow model[J]. Journal of Economic Growth, 2010, 15(2):127 – 153.

Brock, W. A, Taylor, M. S. Economic Growth and the Environment: A Review of Theory and Empirics [M]. Handbook of Economic Growth. Elsevier B. V. 2005(1):1749 – 1821.

Bruyn, S. M. D., van den Bergh, J. C. J. M., Opschoor, J. B. Economic growth and emissions: reconsidering the empirical basis of environmental kuznets curves[J]. Ecological Economics, 1998, 25(2):161 – 175.

Buchanan, J. M., Flowers, M. An Analytical Setting For A "Taxpayers' Revolution"[J]. Economic Inquiry, 1969, 7(4):349 – 359.

Burrows, P. The Economic Theory of Pollution Control[J]. Plant Systematics and Evolution, 1980, 156(1):91 – 115.

Chen, J. H., Shieh, J. Y., Chang, J. J. et al. Growth, welfare and transitional dynamics in an endogenously growing economy with abatement labor[J]. Journal of Macroeconomics, 2009, 31(3): 423 – 437.

Coase, R. H. Problem of Social Cost[J]. Journal of Law and Economics, 1960, 3(4):1 – 44.

Conrad, K., Wastl, D. The impact of environmental regulation on productivity in German industries[J]. Empirical Economics, 1995, 20(4):615 – 633.

Cumberland, J. H. Efficiency and Equity in Interregional Environmental Management[J]. Review of Regional Studies, 1981(2):1 – 9.

Dasgupta, S., Laplante, B., Mamingi, N. et al. Inspections, pollution prices, and environmental performance: evidence from China[J]. Ecological Economics,2001,36(3):487 - 498.

Dean, J. M. , Lovely, M. E. ,Wang, H. Are foreign investors attracted to weak environmental regulations? evaluating the evidence from china[J]. Social Science Electronic Publishing, 2009,90(1):1 - 13.

Economides, G. , Philippopoulos, A. Growth enhancing policy is the means to sustain the environment [J]. Review of Economic Dynamics, 2008, 11 (1): 207 - 219.

Eli, F. , Plessner,Y. Recycled effluent:should the polluter pay? [J]. American Journal of Agricultural Economics,2001,83(4):958 - 971.

Färe, R. ,Grosskopf, S. ,Norris, M. et al. Productivity growth,technical progress, and efficiency change in industrialized countries[J]. American Economic Review,1994,84(1):66 - 83.

Fischer, C. , Newell, R. G. Environmental and technology policies for climate mitigation[J]. Journal of Environmental Economics and Management,2008, 55(2):142 - 162.

Forster, B. A. Optimal Energy Use in a Polluted Environment[J]. Journal of Environmental Economics and Management,1980(7): 321 - 333.

Fullerton, D. , Kim, S. R. Environmental investment and policy with distortionary taxes, and endogenousgrowth[J]. Journal of Environmental Economics and Management,2008,56(2):141 - 154.

Gerlagh,R. , Lise, W. Carbon Taxes: A Drop in the Ocean,or a Drop that Erodes the Stone? The Effect of Carbon Taxes on Technological Change[J]. Ecological Economocs,2005,54(2):241 - 260.

Glomm, G. , Kawaguchi, D. , Sepulveda, F. Green taxes and double dividends in a dynamic economy [J]. Social Science Electronic Publishing,2008,30 (1):19 - 32.

Goldar, B. , Banerjee,N. Impact of informal Regulation of Pollution on Water Quality in Rivers in India [J]. Journal of Environmental Management, 2004, 73

(2):117 – 130.

Goulder, L. H. ,Schneider, S. H. Induced Technological Change and the Attractiveness of Carbon Dioxide Emissions Abatement[J] ,Resource and Energy Economics,1999(21):211 – 253.

Goulder, L. H. Environmental taxation and the double dividend:A reader's guide[J]. International Tax and Public Finance,1995,2(2):157 – 183.

Gradus, R. , Smulders, D. S. The trade – off between environmental care and long – term growth—Pollution in three prototype growth models[J]. Journal of Economics,1993,58(1):25 – 51.

Grossman, G. M. , Krueger, A. B. Economic Growth and the Environment [J]. Quarterly Journal of Economics,1995,110(2):353 – 377.

Grossman, G. M. ,Krueger, A. B. Environmental impacts of a north American free trade agreement[J]. Social Science Electronic Publishing,1992,8(2):223 – 250.

Gupta, M. R. , Barman, T. R. Health, infrastructure, environment and endogenous growth[J]. Journal of Macroeconomics,2010,32(2):657 – 673.

Halkos, G. ,Paizanos, E. The effect of government expenditure on the environment:An empirical investigation[J] ,Ecological Economics,2013,91(6):48 – 56.

Hansen, B. E. Threshold effects in non – dynamic panels:Estimation, testing and inference[J]. Journal of Econometrics,1999,93(2):345 – 368.

Hartman, R. , Kwon, O. S. Sustainable growth and the environmental Kuznets curve[J]. Journal of Economic Dynamics and Control,2005,29(10):1701 – 1736.

Heerden, J. V. , Blignaut, J. Chitiga, M. et al. Redistributing environmental tax revenue to reduce poverty in South Africa:The cases of energy and water[J]. South African Journal of Economic and Management Sciences, 2006,9(4):537 – 552.

Heerden, J. V. , Gerlagh, R. , Blignaut, J. et al. Searching for Triple Dividends in South Africa: Fighting CO_2 pollution and poverty while promoting growth [J]. Energy Journal,2006,27(2):113 – 141.

Heijdra, B. J. ,Kooiman, J. P. , Ligthart, J. E. Environmental quality, the macro economy, and intergenerational distribution[J]. Resource and Energy Economics,2006,28(1):74 – 104.

Hettige, H. , Mani, M. , Wheeler, D. Industrial Pollution in Economic Development: The Environmental Kuznets Curve Revisited[J]. Journal of Development Economics, 2004,62(2): 445 – 476.

Heyes, A. A Proposal for the Greening of the Textbook Macro: IS – LM – EE [J]. Ecological Economics,2000,32(1):1 – 7.

Hhalifa, H. Ghali. Government Size and Economic Growth: Evidence from a Multivariate Cointergration Analysis [J]. Applied Economics, 1999,31(8):975 – 987.

Holtz – Eakin D,Newey, W. , Rosen, H. S. Estimating Vector Autoregressions with Panel Data[J]. Econometrica, 1998,56(6):1371 – 1395.

Jahanshahloo, G. R. , Vakili, J. , Zarepisheh, M. A linear bilevel programming problem for obtaining the closest targets and minimum distance of a unit from the strong efficient frontier. Asia – Pacific Journal of Operational Research,2012,29 (02),1 – 19.

Kang,Y. Q. , Zhao, T. , Yang, Y. Y. Environmental Kuznets curve for CO2, emissions in China: A spatial panel data approach[J]. Ecological Indicators,2016(63):231 – 239.

Knesse, A. V. Managing water quality: economics, technology and institutions. [J]. Resources for the Future,1968,37(1):89.

Laplante ,B. ,Rilstone,P. Environmental inspections and Emissions of the Pulp and Paper Industry in Quebec[J]. Journal of Environmental Economics and Management,1996,31(1):19 – 36.

Lin,B. Q. , Li,X. The Effect of Carbon Tax on Per Capita CO_2 Emissions[J].

Energy Policy,2011,39(9):5137 - 5146.

Lindmark, M. An ekc - pattern in historical perspective: carbon dioxide emissions, technology, fuel prices and growth in sweden 1870 - 1997[J]. Ecological Economics,2002,42(1 - 2):333 - 347.

Lombard, P. The Impacts of Environmental Regulations on Industrial Activity: Evidence from the 1970 and 1977 Clean Air Act Amendments and the Census of Manufactures[J]. Journal of Political Economy,2002,110(6):1175 - 1219.

López, R. The Environment as a Factor of Production: The Effects of Economic Growth and Trade Liberalization[J]. Journal of Environmental Economics and Management, 1994,27(2): 163 - 184.

Lopez,R. ,Galinato,G. I. ,Islam. A. Fiscal Spending and Environment:Theory and Empirics[J]. Journal of environmental Economics and Management, 2011,62 (2):80 - 198.

Louis,W. ,Nadeau. EPA Effectiveness at Reducing the Duration of Plant - Level Noncompliance [J]. Journal of Environmental Economics and Management, 1997,34(1):54 - 78.

Love, I. , Zicchino, L. Financial development and dynamic investment behavior: Evidence from panel VAR[J]. Quarterly Review of Economics and Finance, 2006,46(2):190 - 210.

Magat,W. ,Viscusi,W. Effectiveness of the EPA's Regulatory Enforcement: The Case of Industry Effluent Standards[J]. Journal of Law and Economics,1990, 33(2):331 - 360.

Matthew, A. , Cole. Economic growth and water use[J]. Applied Economics Letters,2004,11(1):1 - 4.

Miliman, R. B. , Prince, M. Efficient Mechanisms for Pollution Reduce [J]. Journal of Economic Theory,1983(29):265 - 281.

Miller, S. , Vela,M. A. Are Environmentally Related Taxes Effective[R]. IDB Working Paper,2013.

Millock, K. , Nauges, C. The French Tax on Air Pollution: Some Preliminary Results on its Effectiveness[J]. Working Papers,2003(44).

Mulugetta,Y. ,Urban,F. Deliberation on Low Carbon Development[J]. Energy Policy,2010(38):7546 – 7549.

Nichols,A. L. Targeting economic incentives for environmental protection[M]. Cambridge,Mass:MIT Press,1984.

OECD. Ecological Fiscal Reform or How to Make Price Work for Environment, OECD Policy Paper to encourage sustainable consumption and production,2004.

Panayotou,T. Demystifying the Environmental Kuznets Curve :Turning a Black Box into a Policy Tool[J]. Environment and Development Economics,1997,2(4): 465 – 484.

Parry,I. W. H. Pollution Taxes and Revenue Recycling[J]. Journal of Environmental Economics and Management,1995,29(3):64 – 64.

Pasche, M. Technical progress, structural change, and the environmental kuznets curve[J]. Ecological Economics,2002,42(3):381 – 389.

Pearce,D. The Role of Carbon Taxes in Adjusting to Global Warming[J]. Economic Journal,1991,101(407):938 – 948.

Peterson, J. M. Estimating an Effluent Charge:The Reserve Mining Case[J]. Land Economics, 1997,53(3):328 – 341.

Pigou, A. C. The Economics of Welfare(4th Edition)[M]. London:Macmillan,1932.

Poon, J. P. H. , Casas, I. ,Canfei ,He. The Impact of Energy, Transport, and Trade on Air Pollution in China[J]. Eurasian Geography and Economics, 2006,47(5):568 – 584.

Qian,Y. ,Weingast,B. R. Federalism as a Commitment to Preserving Market Incentives[J]. Journal of Economic Perspectives,1997,11(4):83 – 92.

Rauscher, M. Economic Growth and Tax – Competing Leviathans[J]. International Tax & Public Finance,2005,12(4):457 – 474.

Rivera – Batiz, F. L. , Rivera – Batiz, L. A. Democracy, participation, and e-conomic development: an introduction [J]. Review of Development Economics, 2002,6(2):135 – 150.

Rupasingha, A. , Goetz, S. J. , Debertin, D. L. et al. The environmental Kuznets curve for US counties: A spatial econometric analysis with extensions[J]. Papers in Regional Science, 2004,83(2):407 – 424.

Selden, T. M, Song, D. Environmental Quality and Development: Is There a Kuznets Curve for Air Pollution Emissions? [J]. Journal of Environmental Economics and Management, 1994,27(2):147 – 162.

Seskin, E. P. , Jr, R. J. A. , Reid, R. O. An empirical analysis of economic strategies for controlling airpollution[J]. Journal of Environmental Economics and Management,1983,10(2):112 – 124.

Shackelton, R. M. , Shelby, M. , Cristofaro, A. et al. The efficiency value of Carbon tax revenues[J]. Costs of Controlling Greenhouse Gas Emissions,1992.

Stern, D. The Rise and Fall of the Environmental Kuznets Curve[J]. World Development, 2004,32(8):1419 – 1439.

Stokey, N. L. Are There Limits to Growth? [J]. International Economic Review,1998,39(1):1 – 31.

Takedaa, S. The double dividend from carbon regulations in Japan[J]. Journal of the Japanese and International Economies,2007,21(3):336 – 364.

Terkla, D. The efficiency value of effluent tax revenues[J]. Journal of Environmental Economics and Management,1984,11(2):107 – 123.

Tobler, W. R. Philosophy in Geography[J]. Theory and Decision Library, 1979(20):379 – 386.

Tullock, G. Excess benefit[J]. Water Resources Research, 1967,3(2):643 – 644.

Wang, H. , Di ,W. The Determinants of Government Environmental Performance:An Empirical Analysis of Chinese Townships[R]. Policy Research Working

Paper 2937, The World Bank, 2002.

Wang, H., Wheeler, D. Financial incentives and endogenous enforcement in china's pollution levy system[J]. Journal of Environmental Economics and Management, 2005, 49(1):174 – 196.

Wilson, J. D. Theories of Tax Competition[J]. National Tax Journal, 1999, 52 (2):269 – 304.

World Bank. World development report 1992: Development and the environment. [M]. Oxford University Press, 1992.

后　记

本书是在本人博士论文基础上拓展而来的，心中满怀感激。

饮水思源，学成念师。首先最要感谢的是我的博士导师陆远权教授，师从陆老师是我莫大的荣幸。三年的学习和生活中无不凝聚着导师辛勤的指导、严格的要求、亲切的关怀和无私的帮助。从博士论文的选题、资料的收集、研究方法的选择、数据的处理和论文的撰写以及修改中，无不倾注着导师辛勤的汗水和心血。导师的严谨治学态度、渊博的知识、无私的奉献精神使我深受启迪。陆老师重视学术交流，鼓励我们参与学术研讨，使我开阔了视野；陆老师鼓励学术创新，教导我多做学术尝试；陆老师重视调查研究，教导我们多做实践，使我深切体会到理论来源于实践，实践出真知。从尊敬的导师身上，我不仅学到了扎实、宽广的专业知识，也学到了为人处世的道理。在此我要向我的导师陆远权教授致以最衷心的感谢和深深的敬意。

在三年的学习生活中，还得到了许多领导和老师的热情关心和帮助，他们分别是张邦辉教授、刘渝琳教授、蒲艳萍教授、陈立泰教授、尹希果教授、李志教授、陈升教授、冉戎教授、曹跃群教授、蒲勇键教授、康继军教授、罗章教授、谭志雄副教授、邹楚沅副教授……，感谢您们教给我学科前沿知识，使我的专业素养得到大幅度提升，也为我论文的完成提供了极大的帮助，向您们表示诚挚的谢意。感谢刘红老师、肖干老师、何薇老师……对我们学习和生活的关心。

在日常学习和生活中，我的师兄张德钢博士、师妹郑威博士，师弟李玉山博士、硕士生文佳丽、单晓蓉、陈昌林、张汝、王希、刘源、毛丹、秦佳佳、刘姜、蔡文波等师弟师妹也给予我极大的帮助和鼓励，我们就像一个大家庭，一起做课题、一起锻炼身体、一起吃饭、一起玩耍,相处得十分融洽。同班同学高燕、成肖、兰庆庆、向礼晖、陈乙酉、王德春、刘泽、代欣玲、余雅洁、田园、杨雪、张昊等博士同样给予了我很大帮助,我的闺蜜吴康妮博士一直给予我莫大的鼓励,在此一并表示感谢!

感谢丈夫的理解和鼎力支持,感谢女儿在母爱不够的情况下依然健康成长! 你们的支持是我前进的动力,你们是我的精神支柱,路途虽充满荆棘,却给予了我克服困难的勇气。路漫漫其修远兮,吾将上下而求索!

感谢相关的研究专家与学者,本书已尽可能罗列出引用的参考文献,以此向他们表示感谢。

由于本人知识结构、经验和水平有限,书稿的写作尚显粗糙,书中可能尚有观点并不成熟,敬请各位尊敬的师长、同学们提出宝贵意见。

感谢出版社老师的辛勤付出。

朱小会

二〇一八年七月 于重庆